法律与社会

主编／高鸿钧 鲁楠

选择的共和国：法律、权威与文化

〔美〕劳伦斯·弗里德曼 著

高鸿钧 等 译

The Republic of Choice: Law, Authority, and Culture

商务印书馆
The Commercial Press

THE REPUBLIC OF CHOICE: Law, Authority, and Culture

by Lawrence M. Friedman

Copyright © 1990 by the President and Fellows of Harvard College

根据哈佛大学出版社1990年版译出

Published by arrangement with Harvard University Press

through Bardon-Chinese Media Agency

Simplified Chinese translation copyright © 2023

by The Commercial Press, Ltd.

ALL RIGHTS RESERVED

总　序

　　18世纪法国著名思想家孟德斯鸠在其名著《论法的精神》中曾谈到，我们应从法与诸社会现象的关联中探寻其精神，而这种精神往往表现为一个地域、族群或国家的生活样式与意义系统。这种视角使孟德斯鸠不同于当时的其他启蒙思想家，成为法律与社会研究的先驱。

　　近三个世纪以来，沿着这条道路，无数思想家投入法律与社会研究，使其成为一个内容丰富、方法多样、特点突出的研究领域。不同国家的学者基于各自学术传统，形成了不同的研究进路。在德国，法律与社会研究深受以马克思和韦伯为代表的古典社会理论影响，寻求社会理论与法学的结合，很多创见源自著名社会理论家，如哈贝马斯、卢曼等人。而在法国，这种研究可追溯至涂尔干，此后发展出以狄骥为代表的社会连带学说。二战后，法国的法律与社会研究一方面深受以列维-施特劳斯为代表的结构主义影响，另一方面又在福柯和布迪厄等学者的推动下，向着后结构主义方向迈进。在英国，法律与社会研究可追溯至梅因的比较历史法学，二战后吸收了韦伯及马克思社会理论的养分，在权力社会学上大放异彩，其中迈克尔·曼与吉登斯等人的作品成为法学研究的重要参考，但在法学家中，罗杰·科特雷尔可谓一枝独秀。与欧陆的发展有所不同，战后美国的法律与社会研究最初围绕着对帕森斯社会理论的赞成、修正和批判而展开，形成了以威斯康星学派为代表的研究中心，其中麦考利、楚贝克和格兰特是核心人物。

法律与社会研究在中国走过了一条蜿蜒曲折的道路，世界上的各种流派都汇入其中。20世纪20年代，陶希圣就开始运用梅因的理论分析中国亲属制与中国社会问题，进而经由狄骥的社会连带说和庞德的社会法学说，开创性地提出了法律社会史的研究路径。其后，瞿同祖受陶希圣的影响，先后出版了《中国封建社会》《中国法律与中国社会》，有意识地用法律与社会的研究透视传统中国法的内在机理，其思想和关怀与梅因之《古代法》颇为相通。1949年之后，法律与社会研究深受马克思主义影响，亦可谓独树一帜的法律与社会研究方式。改革开放以来，通过引入西方的不同研究方法，中国的法律与社会研究呈现出异彩纷呈的局面，除了传统的马克思主义法学之外，还有接续欧陆，特别是德国社会理论传统的"社会理论之法"，以及深受美国法律社会学影响而形成的"法律与社会科学"。后者偏重经验，前者重视理论，可谓各擅胜场，互相补充。近年来，随着留法学人的增加，一些源自法国的法律与社会研究成果开始陆续被引入，福柯、布迪厄乃至拉图尔等思想家的作品引起了法学界的关注。

总体而言，法律与社会研究形成了四对不同的观察视角。第一对是外部视角与内部视角。所谓外部视角，是从社会看法律，更重视影响法律的社会条件；而内部视角则从法律来看社会，由此更重视法律影响社会的观念、技艺与制度。第二对是理论视角与经验视角。理论视角是指从社会理论高度总体把握法现象，而经验视角则更强调经验考察，从实践中提炼理论。这两种视角一个胜在高屋建瓴,一个贵在田野扎根,各有千秋。第三对是冲突视角与协作视角。过去中国的法律与社会研究受马克思主义影响,采取冲突视角;而改革开放以来,协作视角日益受到重视,团结取代斗争成为时代主题。第四对是功能视角与意义视角。所谓功能视角,是从法律对社会所发挥之作用、影响的方面考察,而意义视角则强调法律扎根于文化、价值等规范内容。前者或借鉴帕森斯的结构功能论,或吸收卢曼等人的功能结构论,版本不一;后者则开辟出法文化研究进路,形成别有洞天的盛景。

本丛书扎根于海内外法律与社会研究的丰厚土壤,但并不寻求巨细靡遗地展示其所有成果。与学界同僚所做贡献相比,本丛书更倾向于选择现有研究中具有历史性、哲理性和文化性的部分,可谓孟德斯鸠、马克思与梅因的"三位一体"。这种偏好使本丛书的选择较偏重外部视角、理论视角、协作视角和意义视角,但这并不意味着内部视角、经验视角、冲突视角和功能视角被排除在外,因为经典作品往往能够将前述四对视角兼收并蓄。我们希望,中国的法律与社会研究能对法的意义世界加以探查,对法的历史时空加以扩展,对法的哲理深度加以钻研,使法与人心、人生密切交织在一起,能够在跨文明对话以及古今联通的努力中,形成中国法律与社会研究自身的特色。

是为序。

鲁 楠
2022 年 7 月
于清华园

本书献给利娅

致　谢

我想要感谢马克·加兰特(Marc Galanter)、罗伯特·戈登(Robert Gordon)、托马斯·格雷(Thomas Grey)、罗伯特·凯根(Robert Kagan)、罗伯特·波斯特(Robert Post)、大卫·罗森汉(David Rosenhan)、戴伯拉·罗德(Deborah Rhode)、乔伊斯·斯特灵(Joyce Sterling)、贡塔·托依布纳(Gunther Teubner)以及斯坦顿·威勒(Stanton Wheeler)对本书无比重要的评价,感谢托马斯·罗素(Thomas Russell)和本杰明·昆诺斯(Benjamin Quinones)对本研究提供的协助。我还要感谢乔伊·圣约翰(Joy St. John)大量耐心的惠助。斯坦福大学法学图书馆为本研究提供了丰富和周到的帮助,我亦深表谢意。

目 录

译者导言 走向选择的时代 ………………………………… 1

中文版序言 …………………………………………………… 21

第1章 导论 …………………………………………………… 25

第2章 法条主义与个人主义 ………………………………… 34

第3章 现代性与个人的兴起 ………………………………… 50

第4章 技术与变革 …………………………………………… 97

第5章 论现代法律文化 ……………………………………… 110

第6章 被选择的共和国 ……………………………………… 159

第7章 神灵、国王与电影明星 ……………………………… 184

第8章 犯罪、性与社会分裂 ………………………………… 215

第9章 选择生活方式的社会 ………………………………… 256

第10章 尾论：一个评价的尝试 …………………………… 296

附录 关键词的社会意义 …………………………………… 323

索引 …………………………………………………………… 331

新版译后记 …………………………………………………… 352

译者导言　走向选择的时代

150多年前，法国哲人托克维尔在考察美国时就注意到，美国的强盛主要得益于其地利、法治和民情。正如托氏所料，美国后来变得日益强盛，不仅成了西方世界的领头羊，而且成为世界的超级大国。时至今日，它不仅是经济、政治、军事超级大国，而且还是法律超级大国。有人说，在这个法律全球化的时代，人类法律发展的总体潮流是"世界跟着西方走，西方跟着美国走，美国跟着感觉走"。尽管这种说法具有明显的"戏说"成分，但我们必须承认这样一个事实，即在当今世界的法律体系中，西方的法律占据着支配地位，而在西方的法律中，美国的法律日益取得了霸主的地位。无论我们是否喜欢这种局面，都应正视这一现实；无论我们是否喜欢美国法律，都不应忽视它的存在与发展。

众所周知，在美国这个法律超级大国中，法律著述之多，即便搬用"多如牛毛""汗牛充栋"之类的词语仍不足以形容之。然而，在这些数不胜数、读不胜读的著述中，更多的是对法学理论的阐释，对法律实践的研究较少；更多的是对法律规则的诠释，对法律生活的描述较少；更多的是对法律历史的言说，对法律现状的论述较少。于是，人们纵然遍翻法典，广阅著述，通查判例，也常疑问重重：当代美国的法律实践状况如何？当下美国人的法律生活样态如何？美国法律文化的未来趋向如何？对于这样的问题，我们或许有一鳞半爪的印象，或许有浮光掠影的观感，但无法得到整体的影像和具体的解说。

值得庆幸的是，劳伦斯·M.弗里德曼的《选择的共和国：法律、权威与文化》一书问世了。弗里德曼是美国斯坦福大学的资深法学教授，长期从事美国法律史和法律社会学研究，成就卓著，著述甚丰。本书是他运用法律社会学方法研究美国法律文化的结晶。作者对当代美国法律文化做出了具体的描述、深入的分析，并指出了美国法律文化对西方世界的影响及其发展趋向。可以毫不夸张地说，就美国的法律文化而言，本书是自托克维尔《论美国的民主》以来最值得一读的晚近著作。作者眼光之敏锐、想象之丰富、见地之独到，足以启人心智，发人深思，耐人寻味。[1] 如果读者诸君有兴趣翻开本书，也许不仅会印证这些"判词"绝非溢美之词，说不定还会获得"通俗易懂、平实流畅"的阅读愉悦感呢！

一

虽然本书论述的是美国法律文化，但作者并没有在开篇讨论法律文化的抽象概念，而是从具体的权利意识切入。作者首先引述了这样一个故事：在一个寒冷的冬天，纽约市政当局出于善意，试图将流浪街头的人们集中到特定的住所，但意想不到的是，这项举措却遭到了一些无家可归人士的抵制，因为他们认为这项举措侵犯了他们自由流浪和在街头露宿的"权利"。在这

---

[1] 参见本书英文版第2次印刷本封底的书评摘言。

里，作者意在指出，强健的权利意识是当代美国法律文化的重要特征之一，而弱势群体的权利要求与权利抗争则成为当代美国法律文化的一个突出特色。

当然，美国是个没有封建历史的国家，早在建国之初就步入了走向权利的时代。一直以来，每个人都认为自己是自由的精灵、独特的个体，被造物主赋予了不可剥夺的权利。自独立战争以来，"权利"一词已经成为美国社会中的核心话语，实际上甚至堪称陈词滥调。在作者看来，当代美国法律文化的突出特色不在于权利话语本身，而在于新型权利意识的萌发和权利的崛起。除了传统的财产权、人身权和政治权利之外，当代更强调弱势人群的权利、少数派的权利、选择生活方式的权利以及隐私权等。于是，贫穷者要求享有免于匮乏、过体面生活的权利，少数族裔要求享有获得特殊关照和补偿的权利，残疾人要求享有能够如健康人那样生活的权利，流浪者要求享有在街头露宿而不受驱逐的权利，患者要求享有知情同意的权利，消费者要求享有安全消费的权利，怀孕的少女要求享有选择堕胎的权利，同性恋者要求享有得到法律承认和保护的权利，甚至曾有一位囚犯主张自己享有选择正餐后甜食品种的权利，认为自己有权得到水果鸡尾酒而不是香蕉；如此等等，不一而足。在当代美国，"权利"不仅已经成为时髦话语，而且已经泛滥为一种自恋流行病，"权利爆炸"之语绝非空穴来风。

在现代社会中，人们要求的是确定的权利，而不是模糊的权利；是现实的权利，而不是假想的权利；是生活中的权利，而不是书本上的权利；是得到切实保障的权利，而不是难以兑现的权利。与此相应的是，权利需要法律予以界定、保护和救济。因此，在美国，权利日益获得了法定的形式，被充分法律化了。

在当代美国，伴随权利的扩张，法律的领地急剧扩张，几乎无所不能、无处不在，不属于法律调控的领域已经寥寥无几了。伴随权利的增长，法律的数量也疯狂增长，每种事务都有成千上万条法律规则：有政治选举的规则、立法的规则以及法院审判的规则；有税收的规则、股票管理的规则以及土地规划和使用的规则；有交通的规则、环保的规则以及文化市场管理的规则；等等。据统计，在亚拉巴马州，每年州和联邦立法机构通过的法案就有15万件之多！根据另一项统计，在美国，仅一份牛肉汉堡的夹心，从牛肉长在牛身到煎成肉饼的流程，竟涉及各类法律、法规多达4.1万种！在作者看来，如果"法律爆炸"的说法在过去未免是一种夸张，那么，自20世纪70年代以来，这种说法则已经成为一种无法否认的事实了。

这种"法律爆炸"背后的原因很多，一般的解释是，这是现代性的产物，即伴随传统社会的解体，传统权威也走向了衰落，人们放逐了至上神灵，推翻了专制君主，颠覆了一统道德，消解了部落、家族以及行会等权威。为了有效调控和整合社会，法律便应运而生，并因时得势。弗里德曼除了重申这些一般原因之外，还认为这种"法律爆炸"与"责任爆炸""正当程序革命"以及新型的正义理念有关。所谓新型的正义理念是指，凡被认为是不正义的事务，无论其性质如何都应受到法律的管理，而不应超越法律之外。

如果人们不满足于把法律仅仅用作一种文化符码或社会的饰物，而是旨在经世致用、可诉可求，那么"法律爆炸"便可能导致"诉讼爆炸"。在美国，所有法律事务都可诉诸司法，每一件纠纷最终都有可能诉诸法院。虽然并非所有纠纷都实际上进入了法院，但许多纠纷都通过司法途径解决，而且颇有"诉讼成灾"之势。雇员诉雇主，学生诉老师，纳税人诉收税人，朋友诉朋友，子女诉父母，在美国已是司空见惯的事了。于是，一些奇特的诉讼相继出现，例如：印第安纳州一名9岁女孩起诉父母，诉因是她在一盒蘸糖爆米花中没有发现奖品；明尼苏达州一名14岁女孩起诉父母，诉因是父母想建造一艘小船环游世界并带她一道去，而她想与自己的朋友留在家中；一位男士起诉他的前女友，试图迫使她赔偿因未能赴约所造成的时间和金钱损失。[①]特别值得注意的是，自司法审查制度确立以来，人们甚至能够对立法机关的立法内容本身提起诉讼。"诉讼爆炸"的副产品便是律师人数剧增、法院不堪重负以及司法权迅速扩张等。

如此看来，在以美国为典型的西方，"权利爆炸""法律爆炸"以及"诉讼爆炸"互相关联，三位一体。在作者看来，这种态势很大程度上是"陌生人社会"的产物。现代化过程的城市化、商业化以及流动性解构了传统的"熟人社会"，导致人际关系的陌生化，而与其他现代社会相比，美国这个移民社会尤其是个"陌生人社会"。陌生人为我们提供保护，缝制衣服，建造房屋，烹制食品；陌生人教育我们的孩子，扑灭我们的大火，储存我们的钱财，通过媒体向我们传递信息和灌输思想。当我们乘坐交通工具外出旅行，我们的生命便掌握在陌生人的手中；当我们得病住院，陌生人诊断我们，处置我们，护理我们，杀死或治愈我们，埋葬或火化我们。这是作者在他的另一部书中对美国社

---

① 上述内容参见 Lawrence M. Friedman, *American Law: An Introduction*, revised and updated edition (New York: Norton, 1998), pp. 323-329。

会所做的描述。①

在本书中,作者明确指出,在这个陌生人社会中,我们的健康、生活以及财富受到陌生人的支配,我们与他们从不相识,也许永不谋面。当我们打开包装和罐子,吃下陌生人在遥远的地方制造和加工的食品,我们不知道这些加工者的名字或者他们的任何背景;当我们搬进陌生人建造的房子,我们不知道这些房子架构是否安全,使用的材料是否对人身有害;当我们被"锁"在陌生人为我们制造和操控的机械装置中,我们不知道这些危险的、飞快运转的机器是否安全,驾驶者是否合格可靠。我们没有直接的方法确保罐装汤不会毒死我们,没有直接的方法确保钢筋水泥铸造的巨大建筑物不会倒塌压扁我们,没有直接的方法确保电梯不会骤然跌落,锅炉不会突然爆炸,汽车和飞机不会瞬间失控……如果这一切都是可能的,那么我们的权利、自由和选择不就是一种毫无保障的许诺吗?除了通过法律间接约束和规制这些陌生人的行为,我们如何来防范这类风险呢?除了通过司法这种保护机制,一旦危害发生,我们如何能够获得有效的救济呢?

此外,现代科技创造了经济增长的奇迹,为社会流动带来了难以想象的便利,也为人们实现自由和行使权利带来了前所未有的机会。然而,技术在增加了人类力量的同时,也使人类变得更加脆弱,人们的自由和权利更易受到侵害。人们也许珍视自己自由开车的权利,但如果人们行车毫无规则,无数的汽车随心所欲,任意飞驰,那么这种权利将会处于何种状态呢?因此,仅汽

---

① 上述内容参见 Lawrence M. Friedman, *American Law: An Introduction*, revised and updated edition (New York: Norton, 1998), p. 330。

车的出现本身，就促生了大量的法律规则：关于汽车制造、生产和销售的规则，关于驾驶执照的规则，关于汽车行驶的规则，关于处理交通事故的规则，关于修理汽车的规则，以及关于处理报废汽车的规则，等等。在这里，作者不过仅以交通规则为例，试图表明现代技术是造成"法律爆炸"的又一原因；实际上，与"汽车时代"相比，当今"网络时代"所出现的复杂问题更亟待法律做出应对。

作者注意到，现代的"权利爆炸"和"诉讼爆炸"与当代美国文化的人格类型的变化密切关联。通常认为，美国文化的人格基础是个人主义。在作者看来，这种观点虽然不错，但却失之笼统，因为个人主义是个动态的概念，当代美国的个人主义与先前的含义已经大不相同了：19世纪的美国所奉行的是功利型个人主义（utilitarian individualism），而在当代占据支配地位的则是表现型个人主义（expressive individualism）。显然，这里作者借用了美国社会学家贝拉等人关于个人主义的类型划分。[①] 作者以为，19世纪的个人主义概念在经济领域突出的是自由市场中的个人博弈，在政治领域强调的是对政府的控权，在道德领域凸显的是自我控制。

在描述了19世纪的个人主义特征之后，作者把目光转向了当代的个人主义。在他看来，这种个人主义重视的是自我表现而不是自我控制；推崇的是自己喜欢的生活方式而不是经济领域的成功；衡量成就的标准是主观的、个人的快乐，而不是客观的、社会的评价；看重的是具体的选择而不是抽象的自由。在这种个

---

① 参见贝拉等：《心灵的习性：美国人生活中的个人主义和公共责任》，翟宏彪等译，北京：生活·读书·新知三联书店，1991。

人主义的人格支配下，人们随心所欲地选择自己的生活形式（forms）、模式（models）和方式（ways），淋漓尽致地体验独特的生活，发挥自我的个性，享受此在的生命。由此可见，表现型个人主义体现的是一种追求差异和彰显个性的审美满足，隐含的是一种表现本真和实现自我的价值理念，鼓励的是一种特立独行和率性任情的行为模式，型塑的是一种多姿多彩和轻松快乐的生活方式。根据这种理念，生活的意义在于"自己成为自己"，生命的价值在于"自己创造自己"。与这种表现型个人主义相适应，权利变得更加主观化、个性化和外在化，法律变得更宽容、更开放和更关注个性化的选择。

当然，"权利爆炸""法律爆炸"和"诉讼爆炸"已经引起了种种担忧并引发了诸多批评。有人认为，"权利爆炸"导致了自我膨胀、权利滥用，以及责任危机；"法律爆炸"导致了法网过密、自由丧失，以及法律对"生活世界的殖民"[1]；"诉讼爆炸"导致了社会冲突加剧、人际关系失调，甚至影响了经济效率。某些"好诉的"原告经常被认为脾气暴躁，试图敲诈勒索，被视为妄想狂、精神病患者、偏执狂。美国的一些法院也针对纠缠诉讼的人列出了"黑名单"，拒绝他们的滥讼。针对这些争论，作者在本书中做出了自己的评说。

---

[1] 关于法律对"生活世界的殖民"，具体论述参见 J. Habermas, *The Theory of Communicative Action*, vol. 2, trans. T. McCarthy (Boston: Beacon Press, 1987), p. 325。

二

在美国的政治和法律文化中,"自由"是与"权利"并驾齐驱的另一个核心话语。早在独立战争时期,"自由"就与"生命"和"追求幸福"的权利一道,构成了三大基本权利。在美国的政治、法律、社会乃至哲学话语中,自由也许是使用频率最高的词语。许多美式格言都与自由相关联,其中最为典型的是"不自由,毋宁死"。与此同时,自由还被付诸形象,"自由钟""自由女神像"以及"自由列车"之类的形象表达,使自由具象化为一种现代图腾,升华为一种俗世神灵。具有讽刺意味的是,甚至反对自由的人们也不得不祭起这只万灵"魔戒"。然而,即便在美国这个自由的伊甸园中,自由的含义也并非超越时空,而是受到情境的制约,与时俱变、因势而异。当然,本书作者无意全面考察自由在美国的演变,而是结合美国法律文化的变化,侧重阐释 19 世纪以来自由含义的嬗变。

众所周知,19 世纪曾被奉为自由的黄金时代。那是一个放逐上帝、击败君主的时代,是亚当·斯密式经济自由主义如火如荼的时代,是一个从身份到契约的转变时代,也是一个强调私人自治和限制政府干预的时代。当时的自由主要限于经济领域的市场自由和政治领域的选举自由,而就私人生活而言,主要的价值取向仍旧强调自我克制和节俭勤勉。与这种自由相适应,当时的法律维护绝对财产权,重在保护几乎不受限制的契约自由,漠视弱势群体和边缘人群的实际不平等境况,抑制个人独特的生活方式。

后来,冷酷的现实粉碎了古典自由主义者的理想逻辑,市场有输有赢的博弈结局终结了人人共赢的神话,经济繁荣和财富涌流的预言在经济危机中成为泡影,消极守夜人的政府角色在贫富分化的现实冲突中失去了正当性,利益最大化的功利观压抑了生活多样化的追求,清教徒般的生活方式限制了合理欲望的实现。更为严酷的现实是,在消极自由之下,弱势人群衣不遮体、食不果腹、居无定所,实际上享有的是贫穷与匮乏的自由。

鉴于此,政府便从幕后走到了台前,从消极的守夜人变成了活跃的监管者,于是,一个被称作"福利国家"的时代取代了自由放任的时代。政府通过调整产业政策干预市场,通过税收制度实现财富的再分配,通过社会保障措施维持弱势群体的基本生活条件,通过特殊的补偿措施为黑人及其他少数族裔提供特殊优待,这些措施的重要宗旨之一在于确保所有的人都能享有自由。然而,这种福利国家模式受到了各种反对和攻击。在哈耶克看来,这种福利国家的立法构成了对自由的侵犯,是通往奴役之路,因而他主张恢复"自发秩序"。[①] 在哈贝马斯看来,资本主义社会自由放任时期的"形式法"本来以保障自由为宗旨,但许多人因物质匮乏和生活艰难无法享受自由,福利国家时期的福利法本来旨在解决这种弊端,但不幸的是,这种法律的实施却是以某些个人受到监视为代价的,是以侵犯个人自由的方式来保障个人自由,以妨碍自治的措施来维护自治。[②] 对此,哈贝马斯提

---

① [英]弗里德利希·冯·哈耶克:《通往奴役之路》,王明毅等译,北京:中国社会科学出版社,1997,第83页。

② J. Habermas, *Between Facts and Norms: Contributions to a Discourse Theory of Law and Democracy*, trans. W. Rehg (Oxford: Polity Press, 1996), pp. 402–407.

出的解决方案是,超越"形式法"和"福利法"这两种模式,走向一种程序主义法。① 在实践中,20世纪80年代后,美国的福利国家模式也受到了挑战。面对理论争论和实践挑战,弗里德曼对福利国家及其法律做出了自己的解释,认为福利国家时期福利法的出场不仅完全必要,而且非常及时。

弗里德曼认为,政府对弱势群体的特殊关照之所以具有正当性,根本原因在于它的宗旨是保障自由和维护自治。政府向它的公民提供基本的生活补贴和其他社会保障措施,是它的责任而不是慈善机构的施舍行为,公民获得这种资助和优待是权利而不是接受恩赐。他认为,衣、食、住和保健等物质条件是人们行使自由的必要基础,贫病交加不仅意味着这些人自身的不幸,而且意味着社会的失调和政府的失职。一个体面的社会不应让任何人挨饿受冻,一个负责的政府不应让任何儿童因经济困难而失学,一个健全的国家不应让任何一个病人无力就医。没有这种前提,自由就不过是强者的自由;对于弱势群体来说,它无异于海市蜃楼、水月镜花,永远可望而不可及。因此,福利国家及其法律对经济的干预,对财产权的限制,对契约自由的约束,虽然在某种程度上限制了个人自由,但由此个人自由却得到了更为真实和更为普遍的保障。在作者看来,无论是对放任自由的回归还是对现代自由的超越,都不是现实的选择,自由只能在价值的冲突中动态地实现。

在西方,一些人不无真诚地相信自由与法律之间存在简单的线性关系,以为法律越多,自由的空间就越少,理想的自由状态

---

① J. Habermas, "Paradigms of Law," in M. Rosenfield and A. Arato, eds., *Habermas on Law and Democracy: Critical Exchanges* (Berkeley: University of California Press, 1998), pp. 18-19.

是没有法律约束与规制。无政府主义思潮就是这种主张的典型表现。有些人认为，当代西方社会的"法律爆炸"对自由构成了严重威胁，因而是一种不祥之兆、不幸之征。弗里德曼认为，法律数量的剧增确实限制了人们活动的范围，由此自由似乎有所减少，然而如果没有法律的制约，自由将化为泡影，对诸多特殊领域而言尤其如此。例如，人们享有选择职业的自由，但对大多数人而言，成为医生、建筑师、律师或者飞机驾驶员，不应当像选择一种业余爱好、宗教信仰或者普通工作那样自由。因为人们依赖这些服务，就像他们依赖看不见的食品、汽车或电梯的制造者一样，如果法律不对这类从业者的资质予以限制，他人的自由就会处于危险之中了。

事实上，当法律要求生产者在商品包装上做出详细说明，要求医生具备某种资格，要求飞行员取得飞行驾驶许可证，要求公共交通的乘客不得携带易燃易爆等危险品，要求机动车驾驶员不得饮酒，要求人们不得随地乱扔垃圾，要求食品生产者所提供的食品符合卫生标准……所有这一切虽然限制了个别的自由，但却保障了更为普遍的自由。这似乎又回到了一个关于自由的古老命题，即自由是为法律所许可的行为。不过，当代的自由观还要求法律本身应是良法。自由权虽然是一项基本权利，但这项权利也非绝对不可限制，例如为了维护自由而限制自由就是正当的，因为这种限制有助于防止人们滥用自由，从而确保更广泛的自由得到实现。在作者看来，自由与法律的关系虽然可能紧张，但并非截然对立。

与此同时，作者认为权威与自由也处于一种悖论式关系中：一方面，在权威不受限制的地方，自由便无保障，甚至可能化为乌有；另一方面，如果没有权威，社会也可能陷入无序，那时人们虽然享受"绝对的自由",但这种自由不过是一种类似动物的"丛林的自由"。因此,就自由与权威的关系而言,关键的问题不在于有没有权威,而在于如何使权威能够最大限度和最有效地维护与保障平等的和普遍的个人自由。

作者注意到,权威的模式和类型总是处在变动之中,从来就没有绝对合理和永远正当的权威,更没有关于权威、法律和个人自由这三者唯一正确的组合。换言之,人类社会中不存在解决自由与权威关系的万灵秘方。他随后考察了权威的变化,认为随着现代化的进程,诸如部落首领、家长、主教、行会师傅以及君王等传统权威已经解体,新型权威模式开始形成并得到了确立。在他看来,传统权威是垂直的,而现代权威是平行的;传统权威是封闭的,而现代权威是开放的;传统权威是凝固的,而现代权威是流动的;传统权威是基于身份的,而现代权威是源于契约的。这种二元划分背后隐含着作者的一种观点,即生活在传统权威之下的人们是不平等和不自由的,而生活在现代权威下的人们是平等和自由的。换言之,传统权威的重点在于维持整体秩序,现代权威的宗旨在于维护个人的平等和自由。他认为,在现代社会,受到推崇的是新生的事物而非古老的传统,是世俗的人事而非神圣的神事,是活力四射的年轻人而非年高德劭的长老。伴随传统权威的解体,法律不再是权威强加的命令,而是人们同意的契约;不再是神圣的神谕,而是经世致用的人世规则;不再是强者束缚弱者的枷锁,而是人们维护自由的利器。

在当代社会中,现代权威一般采取非人格的科层制管理模式,尊奉的主要是具备形式合理性的价值及其法律,这常使得人们感到冰冷、隔膜。现代权威往往与金钱"结盟",利用其优势地位和意识形态控制资源、操纵公众、愚弄百姓，这对个人自由构成了严重威胁。对于当代西方社会权威的这些负面效应，弗里德曼虽然也有比较清醒的认识，但整体上他对现代权威持一种基本肯定的态度。

三

现代的自由人与以往不同。他们推着购物车在无边无际的超市中徜徉，在琳琅满目的货架间穿行，随意挑选自己喜欢的商品或品牌。弗里德曼通过这种隐喻式的描述向读者展现了当代自由的图景。这幅图景所隐含的意象是选择的概念，实际上作者将这个概念视为当代自由的核心。作者笔下的"超市"可象征丰富多彩的市场、任由选择的竞选、解决纠纷的法院，以及宗教"购物中心"或者一种性别"商店"。这幅图景正是对本书主题"选择的共和国"的隐喻。

将自由与选择这两个概念联系起来并非弗里德曼的首创，但如此看重选择概念对于自由的重要性，则应归功于他。在他的自由概念中，选择概念已经成为核心话语，颇有取代自由概念之势。在他看来，有选择即有自由，无选择则无自由，当代美国法律文化已经进入了一个选择的时代。

他指出，当代为法律所许可的选择范围比以前要广泛得多。例如，人们可以选择自己的姓名、食品、服装以及发型，可以选择自己的朋友、爱人以及是否生育子女，可以选择自己的爱好、兴趣以及信仰，可以选择自己的职业、工作以及生活地点，甚至还可以选择自己的性偏好。值得注意的是，这些选择与表现型个人主义并行不悖，在法律上被赋予了权利的形式，并成为生活方式。每个人都享有选择生与死、如何生与死的权利；享有选择旅行及其路线的权利；享有选择思想与表达的权利；享有选择工作、思考以及所信仰宗教的权利；享有选择服装、食物以及性伙伴的权利；还享有选择家庭模式的权利；等等。所有这些都是开放的，任由个人选择，这就如同街角的超市任由人们选择不同品牌的汤料和肥皂一样。

作者同时指出，有些选择是真实的，而另一些选择则是虚假的。那么，什么是真实的选择呢？人们也许不能确切地回答这一问题，因为真实的选择往往因人而异。但人们似乎能够列举一些不属于真实选择的境况：当消费者面对空空如也的市场时，无真实的选择可言；当囊中羞涩的人们面对丰富的商品时，无真实的选择可言；当人们面对内定人选的选票画圈时，无真实的选择可言；当人们面对自上而下强加的法律时，无真实的选择可言；当人们面对格式合同的霸王条款时，无真实的选择可言；当工人要么选择危险有害的工作，要么选择失业挨饿时，无真实的选择可言；当患者在看不懂的手术知情同意书上签字表示"同意"时，无真实的选择可言；当同性恋者必须按照"正常人"的方式结婚时，无真实的选择可言；当受害人面对歹徒的威胁交出钱包时，更无真实的选择可言。这里的关键问题是国家和社会如何确保真实的选择。

当然，个人的某些方面是不能选择的，如种族、年龄、出身、性别、身高等遗传特质。我们无法控制自己是白人还是黑人，是男人还是女人，是年轻人还是老年人。这些都属于不可改变的特征。作者认为，现代法律文化的一个重要理念就是，在可选择的空间中，所有的选择机会都应向所有的人平等开放；对于无法选择的事件、特征和身份，任何人都不应因此遭受不利的后果；任何人都不应对自己未选择的后果承担法律责任。

人们做出的选择可能是正确的，也可能是错误的。如果一个人做出了错误的选择，对其一生都可能产生致命的不利影响。为此，当代法律文化中"第二次机会"理念的出现，为这些选择错误的人们提供了新的希望。据此，那些在市场竞争中做出了错误选择的人们，可通过破产制度而东山再起；那些在婚姻中做出了错误选择的人们，可通过自由离婚制度而梅开二度；那些在行为中做出了错误选择的罪犯，可通过矫正和补赎制度而重返社会。与"第二次机会"密切关联的一个概念是"失败者的正义"。这个概念的出现增加了对选择者的宽容程度，为选择失败者提供了新的机会，在一定程度上改变了"成王败寇"的逻辑。

四

在当代，选择的概念与宽容的概念密切关联，实际上，宽容是选择得以实现的重要观念基础和文化背景，在一个不宽容的社会，几乎无真实的选择可言。在西方，19世纪虽然在经济领域较为宽容，但在生活领域仍然很不宽容。具有讽刺意味的是，当时的不宽容却带有十足的伪善特性：蓄奴成性的白人们却奢谈自由和平等；嗜酒如命的议员们却慷慨激昂地通过了禁酒的法律；赌博成瘾的精英们却极力主张在法律上禁止赌博；疯狂嫖妓的男人们却义愤填膺地斥责卖淫。

就是在美国这个宣称最平等、最自由的社会，奴隶制曾经长期畅行无阻；就是在这个以法治秩序为荣的国度，法律并没有能够解决奴隶问题，最终不得不诉诸战争。通过这场内战，代表自由精神的一方取得了胜利，宪法第十三、十四和十五修正案随即颁布，美国在法律上废除了奴隶制。然而，黑人继续受到歧视，无论是臭名昭著的黑人法典，还是美国最高法院"隔离但平等"的畸形判决，都是这种歧视未能被根除的典型例证。

20世纪60年代以后，随着几部民权法（Civil Rights Acts）的制定和实施，黑人在就业、住房、就学和政治参与等方面的境况都得到了实质性改善，其他少数民族和种族的地位和境遇也得到了重要改善。这种变化当然得力于轰轰烈烈的民权运动，但背后也隐含着文化上的宽容趋向。弗里德曼认为，在当今这个自由流动的社会，流动是以个人而非种族或民族为单位的，因而在衡量一个人的价值和地位时，民族和种族的特征越来越不重要了。实际上，在当今的美国，种族和民族歧视仍然存在，问题并未得到彻底解决。在这一点上，弗里德曼教授的判断未免过于乐观了。

众所周知，在奉行"夫妻一体主义"的基督教传统中，婚姻具有神圣性，离婚曾经是一种禁忌。进入现代社会以来，离婚制度才逐渐得到了法律确认，但仍有诸多限制。20世纪70年代以来，"协议离婚"和"无过错离婚"的观念突然从长期的禁锢中爆发出来。在今天的美国，离婚已经成为一种权利，任何已婚的人只要愿意，都可以自由行使这种权利，而不必提供正式的离婚理由。

在传统婚姻中，夫妻结合的重要目的之一在于生育子女，基督教曾经谴责并禁止任何不以生育为目的的夫妻生活。然而，现今的法律文化已经发生了深刻的变化，人们自由决定是否生育孩子，如同决定是否收养一只宠物一样随便。在当代大多数家庭中，如果父母不想要孩子，孩子就不会降生。另外，没有子嗣的夫妻如果特别想要孩子，则可以通过代孕以及人工授精等方式"生育"小孩。这一切在先前都是不被容忍和不可思议的。

在传统社会，同性恋被当作"禽兽行为"从道德上加以谴责和从法律上予以制裁。直到20世纪后期，人们才逐渐对这些"不正常的"心理倾向和生理特性表示理解和同情，医学专家和神学家也改变了先前的态度。在美国，虽然人们对同性恋问题仍有争议，但越来越多的人认识到：是否过一种同性恋生活，是个人选择范围内的事情；对性少数派的歧视和压抑，是婚姻家庭领域中的"多数暴政"；不同形式的"性表现"和"性偏好"应该成为一种权利。

在美国和其他西方国家，同居现象越来越多，传统社会强加的恶名已不复存在。对很多人而言，同居是一种试婚；而对另一些人而言，同居则是对婚姻的拒斥，是一种没有婚姻的家庭生活。值得注意的是，在美国等西方国家，同居不仅得到了道德的宽容，而且已变得合法了。

在传统社会中，许多不符合正统标准的行为都被视为越轨行为。如通奸和性少数派的偏好等，曾经被当作大恶加以挞伐，作为重罪加以严惩。直到19世纪，美国对于各种"越轨行为"的惩罚仍然十分严厉。迄至当代，情形发生了重要的变化，其中之一是刑法走向了宽容。例如，两个成年人之间自愿的性行为在先前被当作犯罪处理，而现在"通奸罪"已经从美国大部分州的刑法中消失了。"鸡奸"曾是可以处以死刑的罪行，而现在它在许多地方已经完全不被当作犯罪了。性偏好在现代社会中已经呈现出自愿选择的趋向,对某些人来说,它变成了一种可选择的生活方式。越来越多的人已经意识到,许多"越轨的行为"或"犯罪的行为"并不具有"社会危害性",而是社会"贴标签"的结果,实际上是社会不宽容的产物。

美国是个宗教势力强大的国度,但随着世俗化的进程,宗教在总体上已经式微。但在 20 世纪 80 年代,宗教却有复兴之势。弗里德曼认为,当代的宗教狂热与 19 世纪的宗教狂热大不相同。在当代,大部分人的信仰不再是真正的信仰,他们把宗教看作个人事务,即个人选择、个人意愿的问题,而不是与生俱来并与生命归属相关的问题。人们在决定宗教的取舍时,主要依据的是宗教能给他们带来什么,而不是把宗教作为献身的超越性权威。换言之,当代人信仰宗教实际上是自我拯救的一种形式,是个人心理治疗的变通方法,是出于对超自然现象的好奇追逐以及对形而上的强烈渴望。由此可见,宗教已经成为一种人们自愿选择的"天堂",信仰者日益带有"消费者的取向",即在各种宗教中选择适合自己的那种加以"消费"。

在过去,人们转变或改换宗教十分困难,除了其他压力之外,宗教法对叛教者通常处以极刑。与此同时,在一种宗教占据统治地位的环境中,少数派的信仰者几乎难以容身。然而,当代美国人的宗教信仰往往具有流动性,人们从一种信仰转换为另一种信仰,比跨越社会阶层的无形之线更加容易。人们可以随时加入某种宗教,同时也可以随意脱离该宗教并加入另一种宗教,也可以随时由宗教信徒转变成无神论者。

作者描摹的上述图景,为我们了解当代美国的法律文化提供了主要线索。弗里德曼明确意识到,法律文化作为一种观念和生活中的活法，难以把握，不易捕捉，因而无法做定性研究和定量分析，而只能对其总体趋向进行描述。他指出：这种趋向并非普遍存在，而主要体现在中产阶级及其之上的阶层中；这种趋向也并非线性发展，而是存在相反的趋向；这种趋向虽然产生了诸多正面效应，但也不乏负面效应。

　　细心的读者会注意到，虽然本书所论述的内容主要限于美国，但作者的视野却覆盖了整个西方世界。实际上，在作者的笔下，美国不过是西方世界的一个典型。他虽然意识到西方世界本身十分复杂，具有丰富性和多样性，但他在字里行间仍然试图透露出这样一个信息，即当代美国法律文化的发展趋势代表了西方法律文化的发展潮流。如果我们把他的这一观点与书中比较乐观的法律全球化观点联系起来，就会发现书中存在另一句潜台词，即当代美国法律文化领导着西方法律文化的新潮流，而当代西方法律文化主导着世界法律现代化的总体方向。对于这样的预言，笔者实在不敢苟同。

　　读者还会注意到，弗里德曼教授特为中译本撰写了序言。文中坦言，中国虽然有自己的文化和传统，但在现代化的进程中和全球化的背景下，中国的法律文化也会沿着这个方向前进，逐渐走向选择之路。对于这样的判断以及书中的其他观点，读者自然会做出自己的评价。

　　本书的内容极为丰富，这篇导言只是大致勾勒全书梗概。如果笔者有曲解和歪批之处，恭请读者诸君批评指正！

高鸿钧
2005 年 1 月

中文版序言

对于任何一位作者来说，得知自己的书被译成中文都是一件让人高兴的事。世界上说汉语的人数超过了任何其他语言的使用者。在中国及其邻国，汉语使用者的人数超过了十亿。此外，汉语还是一种绵延了数千年的古老文化和古老传统的载体。汉语读者是世界上最大的潜在读者群，即使只能把自己的文字传达给他们中的一小部分人，我也很高兴了。

本书所涉及的内容主要是美国法律文化，它同时也牵连到其他西方国家的法律文化。本书的主题是论述选择在某些国家的社会制度以及法律制度中所占据的首要地位，这些国家是指欧洲、北美和其他地方的富裕发达国家。一些国家的文化具有浓厚的个人主义色彩，形象的说法是个人就是国王。他或她所需要或欲求的东西就是最重要的东西。当然，我并不是说我们的愿望总能得到满足。没有人能得到他或她所追求的一切；有很多人几乎从来没有得到他们所追求的东西。对许多贫困的人来说，选择是一种幻想；对监狱里的人来说更是如此；在更为普遍的意义上，对所有身陷逆境的人来说都是如此。然而就大多数人而言，就中产阶级而言，选择确实成了或大体上成了一种现实，这包括对商品的选择、对生活方式的选择，甚至于对宗教的选择。在上述这些社会中，为个人成就、个人满足所做的努力是人生的关键和基础。

正是选择的这种首要地位使我将本书命名为"选择的共和国"。我努力尝试阐明"选择的共和国"在法律和生活的不同领域中所蕴含的种种意义。

如我所说,本书涉及的是美国和其他西方国家的文化与社会。它包含着我对这些国家的当代社会的思考和研究。然而我所做出的这些一般性的论断也适用于其他国家吗?也适用于东方国家吗?它们对于中国而言有什么意义或者重要性吗?当然,即使不能把这些论断依字面含义照搬给中国,或者只有在做出大量解释性说明之后才能将其应用于中国,它们或许仍旧是有价值的。它们可以帮助中国人理解美国和美国之外的世界。不过,带着些许谨慎,我还是想做出断言:即使对中国、对西方世界之外的国家而言,我在本书中的论述也是和它们相关的。

在这里,我们或许可以勾勒一下不同类型的非西方国家之间的差异。首先,存在像日本、韩国这样的国家,它们不属于西方世界,但是人们生活富裕,经济高度发达,而且其结构和政府也(或多或少)和欧洲国家相类似。也有一些非常传统的国家,它们抵制现代化,这里首先映入脑海的例子是沙特阿拉伯。还有一些国家,例如索马里,似乎是在开倒车。剩下的就是中国和其他一些国家了:这些国家正在快速发展,但是它们的起点却远远低于日本或西方国家。

有些人认为,日本和中国(提出这两个最主要的例子)在文化和传统上同(比如说)法国或者美国是迥然相异的;不论在经济上如何发展,不论采用了多少先进的技术,它们都依然会保持其原有的方式。它们的文化和传统深深地植根于历史,而且已经融入了这些国家人民的灵魂。因此,不论中国和日本在经济上如何发展，不论它们采用了多么先进的技术，它们依然会是独特的，它们依然会忠实于自己特定的文化。

对这种推论是否成立，我不无疑问。随着国家的发展，它们会变得越来越相似。这正是因为现代技术会消解差异。不论在哪里，汽车就是汽车。然而这里的问题并不仅仅是人们拥有什么，或者他们拥有什么现代工具和设施。现代社会的装备影响的并不仅仅是人们的表面行为。汽车并不仅仅就是一件比马跑得更快的东西。技术改变着文化，改变着思维方式，正如它们以同样的程度改变着人们的生活和行为方式一样。显而易见，人们之间的差异依然存在，而且将永远存在。从文化的角度来说，没有任何两个欧洲国家完全相同。但是与两个世纪之前相比，它们之间的相似之处却在增加，而增加的程度令人感到吃惊。

这一过程并没有什么神秘可言。我认为，现代化创造着"选择的共和国"。除此没有别的选择。例如，请想一想广告的作用，就会明了。广告商不论是给什么产品做广告，其潜台词都不外乎是：该产品会使您更健康、更富有、更性感或者更快乐。它会使您的牙齿更洁白，或者使您的咖啡更芳香，它会在工作或者家庭中助您一臂之力。广告针对的对象是个人而非社区、家庭或者群体。现代经济赖以存在的支柱就是消费。而消费则意味着对个人需要、愿望和欲求的满足。现代经济以及现代社会，在这个意义上都是选择的共和国。

因此，我的预见是，在现代化的进程中，中国也会走上这条道路。它将会日益成为一个选择的共和国。这当然并不意味着中国会失去其固有的精神和传统，不过，其精神和传统会发生变化——也许不得不变化。这是否令人遗憾呢？无疑会有人做出肯定的回答，当然也必定会有人做出否定的回答。

我坚信，本书会为汉语读者带来一些启示。汉语读者将不得不为他或她自己再做一次解译。他或她将不得不把本书中的信息、其中的观点与论辩解译为符合汉语读者思维习惯的社会、法律与文化术语。读者将不得不对下述问题做出评判：这第二次解译是否成功？或者，它是否遗漏太多、省略太多以至于变得支离破碎？我对这第二次解译和本书的翻译寄予同样殷切的希望。

劳伦斯·M. 弗里德曼
斯坦福，加利福尼亚
2004 年 11 月

第1章 导论

临近1985年冬天，纽约的天气很糟。气温低于零度，露宿街头的人们饱受寒夜的折磨，苦不堪言。为了应对此种局面，纽约市政府发布了一项命令，要求把无家可归者、流浪者和被遗弃者统统集中起来，然后带到城市的指定居所，并授权执法者在必要的情况下可采取强制手段。这样做的动机也许是善意的，却受到了某些无家可归者的抵制：他们不想走。这或者是因为他们担心指定居所的环境可怕，或者是由于他们对这种做法感到糊里糊涂、迷惑不解，或者是出于其他原因。在这些人中，有一位头戴绿色编织帽的白人，正住在棺材一样的纸板盒子里。他面对记者的采访高谈阔论"自由"，并毅然决然地声言："除非我做错了什么事，否则他们不能把我带走！"[①] 当晚，美国的新闻媒体播放了一位无家可归的黑人与一位记者之间的对话，这是一段十分引人关注的对话。这位黑人抱怨市政当局的计划过于生硬蛮横。他说："他们不应这样对待我们。"他把自己的观点提升到这样一种高度："我们享有权利。"

挑剔的电视观众观看了这段报道后，没有表现出任何惊奇。

---

① *New York Times*, Nov. 15, 1985, p. B1.

不过，如果里普·万·温克尔①在一个世纪的长睡之后突然醒了过来，他对这种报道可能会感到十分惊奇。纽约市政府试图帮助无家可归者，这本身并不令人惊奇，他们可以拒绝这种帮助，而这类事时常发生。但是，如此潦倒落魄的一个人竟提出了一种奇异的权利主张，并且以这样的法律口吻进行辩解，则是令人费解并使人感到不可思议的。无论如何，上述两位无家可归者所发出的声音，确实在某种方式上深刻地反映出了我们这个时代的特征。他们的声音在某种程度上真实体现了当代美国文化的核心特征，是这种文化的一个缩影。他们这样做似乎显得很独特，但事实上却是事出有因，这种做法与其他因素密切关联。第一，西方社会是一个权利的社会，这意味着，除了其他事务之外，这些社会是被一种刚性的、无所不在的法律框架连接起来的，其中最为突出的是那些赋予、界定和保护权利的法律。第二，这些社会中的公民认为自己是自由、独特的个体，每个人都有自己的隐私领域，有自由选择的珍贵领地。权利、法律以及自由选择，这些都是现代西方社会中至关重要的话语和理念。之所以说它们至关重要，是因为在过去并不存在这些话语和理念，在世界的其他地区可能也不存在这些话语和理念。

本书的中心观点十分简单。起点是现代的个人（individual）概念，至少如西方社会对这个概念的用法那样。在20世纪的这些社会中，人们坚信个人权利和个人自由的价值。"人们"当然也是个模糊的词语；我是想说，这种信念在各种公众中广泛传播。必须承认，不同的人群关于这个问题会有不同的看法，例如

---

① 美国作家华盛顿·欧文笔下《李伯大梦》中的人物。——译者注

穷人与富人、黑人与白人、男人与女人以及青年人与老年人，对此就会有不同看法。如果里普·万·温克尔面对当今的景象感到惊奇，那不完全怪他。与那些幸运和境遇较好的人们相比，陷入不幸和遭受失败的人们可能更少高举权利之旗。不过，境遇较好者是一个庞大而强势的群体；社会各个阶层和层面似乎都在某种方式上出现了同样的潮流，尤其值得注意的是，这种潮流基本朝向单一的方向。可以认为，在西方社会中，人们的行为与语言显露出某些基础性的前提与观念：首先，个人是生活的起点与归宿；其次，个人有广泛的选择空间。因此，选择成为至关重要的和基本的机制：通过自由、公开地选择生活形式（forms）、模式（models）和方式（ways），人们享有和行使各种权利，包括伸张自我的权利、建构适合自我独特生活的权利，以及实现和扩充自我的权利。

今天的个人主义概念明显不同于19世纪的个人主义，后者突出强调自我控制（self-control）和纪律约束，重视传统价值和团体规范。人们常说，19世纪是个人主义的时代，而20世纪则是集体主义和强调一致性的时代。因此，有人认为"个人主义"在当今处于危机之中；在我们的城市中，工业发达，高楼林立，人群密集如蚁，个人被湮没其中，取而代之的是大众社会。某些批评家以同样的风格争论说：与19世纪相比，现代西方社会严格限制选择、同意和自由；与过去相比，当今社会的自由更少；自由也许始终是一种幻想。我认为，这种观点严重歪曲了当下现实的主要面相。他们误解了当今"个人主义"的丰富意蕴。与19世纪的前辈相比，现代的个人如果说有什么差别的话，那就是他们更加个人主义。这是因为我们生活在我所谓的"选择的共和国"中。它是这样一个世界：人们"成为自我、选择自我"的权利处于一种特别的和优先的位置；人们更重视表现(expression)而不是自我控制；人们更注重成就(achievement)而不是天生的和继承的特征；人们以主观的和个人的标准来界定成就，而不是以客观的、社会的标准来界定成就。当然，所有这些特征都因人而有程度上的差异。社会错综复杂，个人被分为不同的单个人，这几乎无需赘言。本书讨论的是趋势和方向而不是永恒不变的物理法则。

无论如何，个人自由的概念有其现代特有的形式，它成为我分析的起点。随后要探索的是社会生活两个关键领域中的原因与结果：法律制度与较一般的权威结构。这些是重要的领域，但它们(尤其是法律制度)的重要性容易被忽略。人们不禁要问：在西方的个人主义理念、对自由的尊崇以及公开选择的机制开始支配文化，或至少在基本方面扩展它们的统驭领地时，这样一个社会创造出了何种法律制度和权威结构？本书的主体内容将致力于简要回答这个问题。

因此，本书内容所涉及的是现代西方的法律与权威。更准确地说，本书关注的是现代西方法律与权威的特征。我认为，从基本原则上讲，法律的基本结构与特征并非自治的；这就是说，法律制度不是自足的、封闭的实体，不仅仅照应本身的逻辑、传统以及命令。今天，法律自治成为法学家讨论较多的问题。[1] 在法

---

[1] 这方面的文献是广泛的。代表性的论述参见，例如，Roger Cotterrell, *The Sociology of Law* (London: Butterworths, 1984), pp. 87-90; Richard Lempert and Joseph Sanders, *An Invitation to Law and Social Science* (White Plains, N. Y.: Longman, 1986), pp. 401-427; Gunther Teubner, "Autopoiesis in Law and Society: A Rejoinder to Blankenburg," *Law & Society Review*, 18(1984), 291; Niklas Luhmann, （转下页）

社会学家看来，这似乎是某种回潮。一些学者认为，他们看到了法律顽强而持久的独立性；他们把法律世界描绘为强大的文化实体；他们把律师和法官看作自我封闭和严守习俗的"部族"，这种习俗即使有变化，也十分缓慢，并且拒斥外界的影响。

当然，没有人严格地主张法律制度是完全自治的。在我看来，甚至主张法律部分自治的观点也尚未被很好地论证。① 无论如何，我们不必解决这种争论。十分明显，对于每位法学家来说，法律的结构与实体内容都至少在某种程度上依赖于整个社会的事件和运动。那么，我们的论点便可从以下（可接受的）预设出发，即社会结构、技术水平以及政治安排会对人们思考与行为的方式产生影响，而这些思想和行为转而创生（create，我慎重选用此词）特定时空下的法律。法律制度是一架精密运转的机器，但这架机器处在社会之中，社会成员负责操作这架机器；他们启动它并使它运转；他们也能让它停止运转。法律是一种权威形式，但社会中也有其他权威形式；这些形式也是型塑法律的决定性因素。

（接上页）"The Self-Reproduction of Law and Its Limits," in Gunther Teubner, ed., *Dilemmas of Law in the Welfare State* (Berlin: de Gruyter, 1985), p. 111. 伦珀特（Lempert）与桑德斯（Sanders）把"自治的法律制度"界定为"一种不依赖社会生活中其他权力和权威源泉的制度"。科特雷尔（Cotterrell）在其《法律社会学》（*The Sociology of Law*）一书的第 50 页区分了法律自治的两个方面。第一个方面是"能够作为社会控制的自治力量发挥功能，而不依赖道德或习惯的支撑"，就此而言，它"仅仅是现代国家明显自治的一个方面"，即国家与社会的分离；第二个（也是主要的）方面是"相对国家的其他领域而言，法律制度、法律体系和法律原理在一定程度上是自治的"。在艾伦·沃森（Alan Watson）的《法律演化》（*The Evolution of Law*, Baltimore: The Johns Hopkins University Press, 1985）中可发现关于法律自治的极端观点。

① Lawrence M. Friedman, "Legal Culture and the Welfare State," in Teubner, ed., *Dilemmas of Law in the Welfare State*, pp. 13, 14–17.

为了富有意义地讲述现代法律的故事，我们不应仅仅谈论法律本身，即那种法学家视野中的法律。运用法律所特有的语言和范畴也不能很好地讲述这种故事。我们必须从别处即从法律自身之外开始讲述这种故事。毫无疑问，这种"法律"与"社会"的划分很大程度上是人为的；法律制度是社会的一部分，正如肌肉和循环系统是身体的组成部分一样；法律制度不是也不可能作为一个清晰可见的独立实体而存在。① 但出于分析的目的，为了描述和解释法律现象，我们必须将法律同社会分离开来，恰如我们将肌肉同神经和骨骼区别开来一样。在这样做时，我们必须假设有"内部"与"外部"之别（这并不暗示系统自治，不过是如同身体与心脏这样的划分罢了）。大众文化承载内部（"法律"），又体现外部（"社会"）。大众文化——更具体地讲是大众法律文化（legal culture）——是我们观察的起点；大众法律文化在这里是指人们关于法律与法律程序的想法、态度以及期望。法律文化产生力量、压力和要求，而这些力量、压力以及要求构成了法律制度所处的环境，并最终型塑法律制度。②

本书首要关注的是法律，其次是权威，但在我集中探讨这些问题之前，还有两个重要的问题至少需要尝试回答。我展开论述的前提是，社会的"外部因素"型塑法律。但是，构成了"外部因素"的事件、结构和训诫是无限的。那么，在型塑法律安排

---

① 关于此，参见 Robert W. Gordon, "Critical Legal Histories," *Stanford Law Review*, 36(1984), 102-109。

② 关于法律文化的概念，参见 Lawrence M. Friedman, *The Legal System: A Social Science Perspective* (New York: Russell Sage Foundation, 1975), pp. 15-16。相关的一个概念是"法律意识"（legal consciousness）；参见 Setsuo Miyazawa, "Taking Kawashima Seriously: A Review of Japanese Research on Japanese Legal Consciousness and Disputing Behavior," *Law & Society Review*, 21(1987), 219。

方面，我们能够把现代西方社会中的哪些特征作为关键或核心的特征呢？人格、思维习惯以及对法律的态度中的哪些方面能够最准确地解释法律安排何以会采取现在的方式呢？

第二个问题与第一个问题密不可分，即这些关键的特征从何而来？我们如何捕捉这些特征？为什么要捕捉这些特征？显然，这些问题是如此广泛，以至于我们不可能提供精确的答案，但我们至少能够大体上勾勒出答案的轮廓。如果我们能够把握现代社会的一些基本特征，那么，我们就能进而追问，这样一个社会可能发展出什么样的权威体制和法律结构。当然，西方社会的实际法律结构以及在我们周围的实际权威体制的基本运作方式，可用来检验我们的结论。此外，一个附带的问题虽然并不明显却始终困扰着我们：在各种问题和各种主张中反复出现的"我们"一词，究竟意指何人？如果我们的观点和结论完全正确，那么，它们是仅仅适用于美国，还是适用于整个现代西方世界，抑或是更广泛的世界？在这些社会内部，这些结论是适用于每个人，还是仅仅适用于其中的某些人？如果仅仅适用于某些人，这些人又是哪些人？

本书的一般思路已被暗示。我们是什么样的人？我们是权利意识和个人主义导向的，至少与过去的人相比是这样。我们特别关注自我发展和独特个性的塑造。根据流行的观点，建构自我的重要机制是，通过多样的和竞争性的选择机会，进行自由的和不受限制的选择。我们是如何变成这样的？这经过了一个复杂的历史过程，不可能有简单的答案。但如果用一个词表达，那就是通过现代化。那么，什么是"现代性"？它是怎样演进而来的？这些问题是令人困惑的。探索西方社会的长期发展过程显然超出了本书的范围。事实上，我的基本观点仅仅能够解释相当短的时段，即此前的一个半世纪（或许有10年或20年的误差），也就是始于19世纪早期的这段时间。这个时段很短，但却集中出现了许多重大事件和改革，因而是个急剧变革的时代。我们可以简便地将这些各种各样的变革称为"现代化"。这个过程明显与法律和权威相关联，并与一般的社会结构相关联。

我所使用的关键概念即个人主义和选择无疑是人们所熟悉的词语。同时，它们却有复杂的含义，这种含义因时而变，因不同文化而异；它们是流动的和含义不断变化的词语。本书中的一部分内容涉及这些概念含义的变化，即阐释这些概念在上个世纪①前后所发生的变化。

社会自身实际的调控方式，即社会控制系统维持运行的方式，要求我们思考四个要素——法律、权威、人格和文化，以及这些要素之间如何正向或反向互动。（关于这些词语的社会意义，见附录。）事实上，任何试图描述一个实际的社会，试图把握一个社会的性质的努力，都注定会涉及上述四个要素（以及其他要素）。如果自上而下地观察社会，从被规制的实体的角度，我们就会倾向于强调法律与权威；如果自下而上地观察社会，从公民或主体的行为的角度，我们就会更强调人格和文化。

当然，即便我们能够充分描述这些要素，即像通常所做的那样选取横截面来描述，这种描述用于说明历史与人们的行为也过于静态化。行为是高度情境化的，人们的行为在好的时代与在坏的时代会有差异；在和平时期是一样，在战时又是另一样。新技术是另一种促使情境变化的强大动力。在现代，科学与技术已经

---

① 指19世纪。——译者注

完全改变了社会；它们已经打破了社会平衡的所有因素，而这种动力所催生的变革速度正在稳定地加快。技术必定会因为我们今天生活方式的革命而深受赞誉或备受责难。一个伴随电视而发展和习惯于使用计算机的社会，注定不同于没有这些现代奇迹的那些社会。技术影响了权威系统和法律文化的转变，而这也是我们试图探索的主题之一。

第 2 章　法条主义与个人主义

本书可称为一种谨慎的尝试,以解释一两个巨大的谜题。当然,没有人能够理解作为整体的人类社会,也没有人能够理解他所处时代所发生事件的全部意义。然而,我的目的是要抓住西方社会的两个奇特而又不协调的特征;更确切地说,我希望自己能够呈现出这些特征是如何相互作用的。我运用的资料大多取自美国,这些特征或许也是在这个国家里才表现得最为显著,但我的目标却是使自己的论述适用范围更广,也就是把它运用于所有的西方社会,至少在某种程度上如此。

第一个特征是我们对于法律程序的现代参与——实际上是痴迷。第二个特征是激进个人主义的令人难以置信的繁荣——至少作为一种理想是这样。这里说的个人主义是一种以多彩的生活风格和方式来彰显自己的强烈人格主义(personalism);是习惯、习俗、时尚、惯例,以及饮食、着装、信仰、做爱和塑造生活的方式形成和展开的过程。面对人间百态,并无什么新事令人感到新鲜,但是,看到有如此之多的模式共存于同一个国家或社会中,并且发现大众文化所反映出的主导意识形态是何等支持这种多样性,则令人感到惊奇。此外,上述许多生活风格和生活方式——其中包括一些曾被宣布为不合法和曾受到鄙视的生活方式——的追随者,如今都提出要求,并且有时获得了承认、接纳以及合法性。

　　实际上，最后被提及的我们文化中的这个方面可能是最有特色的：并不是因为有异端、迷途者和害群之马的存在，而是因为有如此多的人拒绝所有的负面标签，并且坚持要求获得作为良好声望者中的一员所具有的荣誉和尊严。这一点几乎不是现代的发明，但是潜在的理念、原因和发展规模则确实史无前例。最明显的表现就是各种各样的少数者的反抗，他们强烈要求权利，并寻求掌握权力，作为少数者，他们在人群中左推右挡，在众目睽睽之下和多数者争夺位置，以审视者的视角看待多数者，并寻求和其他人一样获得社会的尊重。在美国和其他国家，种族少数者在这场运动中充当先锋。在美国的范例就是19世纪五六十年代的民权改革运动。其他的团体迅速跟进：很值得一提的是妇女运动。这也几乎不是来自"第二性"的最初反抗；但是新的女权主义已经变得更加强大、更加坚定，并具有更加广泛的基础，也比先前的运动更加深入。此外，它们取得了成果。如此多的"解放"运动的爆发一直与传统权威的衰退相关联。传统权威是指宗教权威、政治权威、家长权威、丈夫权威、父亲权威、教师权威、典狱长和官僚的权威——各个阶层的领导和精英的权威。①

　　这些运动真正带来多少变化是另外一个问题。妇女已经涌入属于男人的职业世界，但是大多数妻子仍然在从事做饭、洗衣和带孩子的工作。也有相反的趋势和对抗性的反应。例如，传统宗教的力量正在复苏——如果它确实曾经失势的话。在美国和其他许多国家，宗教的狂热有着惊人的增长，这种反向趋势非常重

---

①　少数者的反抗似乎表现出群体的特征，而不是以个人姿态出现。诚然，这种反抗具有这样的特点，但是在论辩的不同要点上，我将试图表明，其个人主义的一面更为深刻同时也更为主要。

要，并且一定要把它作为反向趋势来认真对待。它们并不否认发展的主线：恰恰就是要反其道而行之。我认为，这些相反趋势的某些方面事实上是大趋势本身特征的伪装。例如，大体上说，20世纪80年代的宗教狂热和19世纪的宗教狂热是不同的。大部分的信仰并不是真正的信仰；很显然，人们认为宗教是个人事务，也就是个人选择、个人意志的问题，而不是像先前那样，在很大程度上是与生俱来的并与生命归属有关的问题；人们衡量宗教时主要依据的是宗教能给他们带来什么，而不是把宗教作为他们在既定宇宙秩序中的位置表达。① 换句话说，宗教实际上是自我拯救的另外一种形式，是个人心理治疗的最高级形式和最真实的模式。

在我们这个个人主义的时代，从整体上说，国家、法律体制和有组织的社会似乎越来越致力于一个基本的目标：容纳、培养和保护自我，即自然人和个人。一种基本的社会理念为这个目标提供了正当性：每个人都是独特的，每个人都是自由的或者应该是自由的，我们当中的任何人都有权利或者说应该有权利创造或者型塑属于自己的生活方式，并且通过自由、开放和没有限制的选择实现这种生活方式。上述这些信念是大众文化并未言明的基本前提。它们设法在政策中得到了确认，这并不是因为统治者直接并有意识的命令或者决定，而是因为它是根深蒂固的、全球性的和强有力的力量。这种力量四处涌动，它们来自广泛的社会阶层，来自"公众"；这种力量受到了长期的历史趋势和社会的技术革命的引发或激励。

---

① 关于选择的共和国中宗教的意义，请看第9章。很自然，文中关于宗教意义的描述多少会发生变化。出于我后面将解释的原因，美国的宗教志愿主义（voluntarism）可能比其他国家出现得更早一些。

当然,"公众"并不意味着每一个人。压力来自能够施加并且实际施加了社会压力的人。在现代西方社会,这些人主要是指中产阶层及其之上的那部分人。在其他的社会里,公众所指的人或者比这个范围更宽泛,或者(但通常)比这个范围更狭窄。而在欧洲和北美,我们认为存在着深层次的基本要求,这些要求指向一个基本目标。至于这个目标是否可以实现或是否值得追求,我们可暂把这个问题放在一边。相对于这里的讨论目的而言,那些问题是无关的。这里的目的是描述法律文化,所描述的目标或者态度是现代政治和法律中的一个重要因素。不论人们(中产阶层和更高阶层)是否意识到了自己的态度,这个目标都暗含在其言行之中。

现代社会的首要特征是法律有着惊人的增长。在许多国家里,律师的数量也急剧地——有些人会说是灾难性地——增长;但这不是问题的焦点。问题的焦点是法律自身的增长;规则和规定的繁荣,法律与非法律程序的界限的模糊,以及"正当程序"的胜利——类似法院的程序和形式扩展到先前不受法律调整的生活领域。在美国法律的某些角落——例如,产品质量责任是一个显著的例子——许多人感到了十足的灾难。诉讼已经完全失控;有人认为,诉讼已经达到了威胁经济本身的程度。[①] 华尔街的佼佼者(例如,很多大公司)都被诉讼击垮了。在许多领域,运用法律似乎是一种时尚流行病。

"法律爆炸"(law explosion),或者说以法律爆炸为表现形式的现象,有时被描述为典型的美国式问题。在某些方面,或许

---

① 诉讼问题已经引发了大量的激烈争论,尤其是在新闻界。此外,参见 Stephen D. Sugarman, "Doing Away with Tort Law," *California Law Review*, 73(1985), 555, 581–586。

的确如此。很难想象还有什么法院像美国最高法院那样强有力。司法审查权——法院监视、控制和监督立法机关与行政机关的工作的权力——在大多数其他西方国家,包括法国和英国,发展得都不像美国这么充分。然而在某种意义上,对于整个西方世界来说这种趋势却是相同的。其他国家也像美国一样,律师的数量已经增加,而且通常是迅速增加。从 1970 年到 1982 年间,比利时的律师人数每年增长 5.5%;大约在同一时期,挪威被批准为律师的人数大约是比利时的两倍。在英格兰和威尔士,每年获得法律学位的人数几乎是这个数目的三倍。① 在一些国家,司法审查权也已经有了惊人的扩张,比如说西德。② 加拿大③已经通过了一份"不容更改"的权利宪章。塞浦路斯和日本这样与西方差异巨大的国家也已经接受了一定形式的司法审查权。④ 在每一个西方国家,都有相似的权力在运作,尽管这种权力被历史、传统和社会结构的特殊格局所型塑。

总之,法律的扩张也暗示着法定权利和权利意识的增长。

---

① Richard L. Abel, "Comparative Sociology of Legal Professions: An Exploratory Essay," *American Bar Foundation Research Journal* (1985), 5, 21;关于德国,参见 Christoph Hommerich and Raymund Werle, "Anwaltschaft zwischen Expansionsdruck und Modernisierungszwang," *Zeitschrift für Rechtssoziologie*, 8 (June 1987), 1;关于加拿大的法律职业的增长,参见 H. W. Arthurs, R. Weisman, and F. H. Zemans, "The Canadian Legal Profession," *American Bar Foundation Research Journal* (1986), 447, 458-459.

② 关于德国司法审查的增长,参见 Brun-Otto Bryde, *Verfassungsentwicklung, Stabilität und Dynamik im Verfassungsrecht der Bundesrepublik Deutschland* (Baden-Baden: Nomos Verlagsgesellschaft, 1982)。

③ 参见《加拿大法案》(the Canada Act, 第 11 章, 1982),该法正式终止了英国议会为加拿大立法的权力,并把修改加拿大宪法的权力从英国政府手中移交给加拿大联邦政府,该法案的附属部分是《加拿大自由和权利宪章》(the Canadian Charter of Rights and Freedoms);关于司法强制,参见§24(1)。

④ 关于这个一般性主题,参见 Mauro Cappelletti, *Judicial Review in the Contemporary World* (Indianapolis: Bobbs-Merril, 1971)。

"权利"一词隐含着法律。但是权利意识隐含的法律是带有很强形式因素的法律,即具有精确性、客观性和强制性的法律。更进一步说,这些形式因素强化了规则和制度的合法性。形式和程序似乎是现代法律正当化的关键因素,而合法性被认为是权威获得成功的必不可少的条件,或者说至关重要的因素;缺乏正当性,权威就会死亡、呆滞或者成为石像。

在现代社会中,人们听到许多对形式主义(formalism)的批判,这个词快要成为一个贬义词了。把某一个体制描述为"形式主义的"并不是什么赞美之词("法条主义的"[legalistic]同样不好,甚至更加糟糕),然而至少在一种很重要的意义上,有一股朝向法律形式主义的运动。人们需要和欲求的权利是稳固并且可以实施的权利。如果权利依靠的是官员的自由裁量或者官员的善意,它就不可能具有上述特点。实际上,充分的自由裁量根本就和大众理解的权利观念不一致。人们要求是非分明的权利,如同石刻那样持久;他们想使得权利具有形式的现实性(formal reality)。当然,法典和宪法中刻画的权利,如不实施便形同虚设。如缺乏非形式的现实性,形式的现实性也毫无意义。但在实践中真实享有而在形式上不被承认的权利,尽管似乎并不必然是不确定的,实际上却常常是不确定的。此外,这种权利往往缺乏合法性的可变性(fluid of legitimacy)。因此,在现代世界,对权利的要求也就是对法律的要求,即对权利在形式上予以承认。

法律的增长和人格主义的增长这两个进程初看似乎是冲突或者矛盾的,但是它们却共存着,能够共存的关键因素之一是刚刚谈到的权利的强劲发展,以及因此而来的某种法律的增长。这是两种相互联系的现象,它们的确切边界、意义和范围有待探索。

一、权威问题

权威和法律制度可能总是处在变动之中。从来就没有对权威问题的根本解决方案；没有关于权威、法律和个人自由的唯一正确的组合。自由和权威问题可能是人类存在的永久之谜。没有一种安排能够一劳永逸地使人满意。满意的标准因时而异，并因文化不同而有别。此外，观测者的个性或者他们的生活情境都会影响所谓的成功或者好与坏的标准。

但是在任何特定的时期，权威体制都可以被认为或者是很成问题的，或者是有些问题的，或者是根本没有问题的。当权威能够驾驭秩序或者说服人们遵守秩序，它就是成功的。例如，此时（1989年）的瑞士政府就把社会控制得很好。当然，在瑞士也有关于权威、政治和政策的争论。但总体而言，公共管理机构在运作，法律制度在发挥功能，人们并没有处于无政府状态或者陷入暴乱之中。对外界来说，瑞士社会可能是不令人喜欢和受到藐视的，但是火车依然准点，法律得到遵守，社会有序运行。与此相对，处在另一极的是诸如乌干达或者黎巴嫩这样的国家；在这些不幸的土地上，公共秩序已经瘫痪，权威体制一塌糊涂；街道上和乡村里到处都有谋杀和无政府状态。

在当今的西方，就权威、秩序和法律而言，瑞士处在一极，北爱尔兰可能处在与此相对的另一极；然而从整体上说，西方社会是稳定的典范。行政机构和党派起起落落、来来往往，党派获得权力，然后经过选举又失去权力，但是所有的这些过程都有序进行。司法、警察和公共秩序的机器都在运行；车轮在转动，工作在按时完成。骚乱偶尔也会爆发，但很快就会被镇压下去。所有的社会都有下层阶级，其规模或大或小，但整体上来说，他们不会掀起大的风浪，至少不会超过中产阶级的容忍程度。

尽管相对稳定，西方的权威和法律却常常被认为处在困难之中。许多学者甚至把这说成一场危机。当然，每个国家都面临着严重的政治、经济和社会问题；这些问题是否达到危机状态是对危机一词的界定问题或者政治意识形态问题。① 无论如何，权威和法律的问题以一种奇妙的方式彼此转化，权威是一个正在消落的问题，而法律是一个正在扩张的问题。

在大多数西方国家，现在已经没有可以被描述为有组织的反叛甚或严重动荡的事态。然而批评家和社会观察家对社会秩序的状态总是持有悲观态度。传统体制——教会、家庭、民族领导人——似乎正在失去其权威。而虔诚、工作伦理和纯洁生活等传统价值据称也已式微。这些都是常见的抱怨，通常是不加思考的抱怨。然而，学者和知识分子认为这些抱怨符合现实，即一种真实的社会进程；他们认为这种抱怨不只是常见的对往昔黄金时代的怀念。

如这种观点所言，权威的衰落是危险的。因为失去了权威，文化就无法存续；没有合法的规则，文化就无法存续；没有共享的规范，文化就无法存续。这些都是社会机体的心灵。当权威退

---

① 关于福利国家的问题和难处参见，例如，Pierre Rosanvallon, *La Crise de L'etat-providence* (Paris: Seuil, 1981); Rüdiger Voigt, "Regulations Recht im Wohlfahrtsstaat," in Rüdiger Voigt, ed., *Abschied vom Recht?* (Frankfurt: Suhrkamp, 1983), p.19。关于权威的"危机"，参见 Hannah Arendt, "What Was Authority?" in Carl Friedrich, ed., *Authority*, *Nomos*, 1(1958), 81。

化时，社会也将趋于解体。首先，一种模糊的混乱将弥漫于社会秩序之中，社会渐渐腐化，与之伴随的是软弱消极和社会自恋（social narcissism）；然后是恶性的堕落和一场一切人反对一切人的战争。犯罪率和吸毒率上升、家庭解体、无度的消费主义和物质主义、现代社会的普遍精神病态——所有这些都被认为是灾难迫近的征兆和信号。

现代社会确实存在严重的问题，但问题是，权威（不论它的含义是什么）是发生了绝对衰落，还是正随着社会的变迁而改变着它的形式和方向。此外，恰恰是民主、个人主义和自我管理的观念隐含着对传统权威的某种轻视。现代西方社会和现代民主制度是从它们所破坏和摧毁的旧秩序的废墟中生长出来的：更科层化、更分层、更威权主义（authoritarian）的政府形式。但是在很久以前，国王就被废除或者说剥夺了权力；教会由于政教分离而失去了"捆绑与释放"（bind and loose）的权力；父权的独裁统治在家庭平等的环境中解体。对于许多社会中的大多数人来说，这个进程已经走得太远，以至于现在应该是叫停的时候了。最强劲的一股反冲力就是宗教的复兴，这是针对福利国家的一种保守主义的回应。

二、法律问题

法律问题似乎是权威问题的对立面：它变得不是太少而是太多了。法律和法律程序——或许是由于权威的衰落、传统的瓦解——正在飞速增长。我们经常听到熟悉的关于诉讼爆炸的指责，也就是大规模的诉讼增长撕裂了社会的结构。据说有太多的律师也是危险的征兆。在美国有大约 70 万名执业律师，并且律师的增长速度比人口的增长速度要快得多。在一些欧洲国家，律师的数量也有爆炸式的增长；虽然律师的基数比美国小，但是发展趋势是相似的。除了其他人，哈佛大学校长也发出了警告：律师是寄生阶级，他们不从事生产性活动；大批优秀的人转移到法律职业中去，这将引起混乱，导致危险的后果。[①] 日本的情况恰好可作为反面模式。按人口的比例而言，日本的律师大约只有美国的 10%，因此有些人得出结论：较少的律师数量有助于解释日本工业的成功。博克(Bok)说，日本人口是美国的一半，"却以不到 1.5 万律师而自豪，而美国大学每年的法科毕业生就达 3.5 万人。很难说这种差异没有实际的后果"[②]。

这些差异无疑有实际的后果，但这种后果远不如差异本身清晰。人们有足够的理由对涉及律师、法律和法律执业的事例保持怀疑和谨慎。例如，诉讼爆炸是否真的发生了，这根本就不清楚。[③] 在美国和其他地方确实存在大量诉讼，但是诉讼的数量和质量很难衡量，报纸上的疯狂指责几乎没有把握社会现实的复杂性。无论如何，即使这种诉讼爆炸发生了，它也是在最

[①] "与其他工业化的国家相比"，美国的法律界"吸收"了更多的年轻人："它吸引了高比例的十分杰出的人才。在这个国家需要更多的有才能的商业管理人才、富有心智的公共服务人员、善于创造的工程师和精明能干的高校校长和教师的时候，这类稀缺的人才却大量地成为律师。"这是博克在哈佛学院监督委员会上发表的讲话，发表于 *Los Angeles Daily*, vol. 96 (April 27, 1983), p. 4, col. 3。

[②] Ibid. 关于日本法律和社会的更慎重的观点，参见 Frank Upham, *Law and Social Change in Postwar Japan* (Cambridge, Mass.: Harvard University Press, 1987)，特别是第 6 章。

[③] 关于这一点，特别参见 Lawrence M. Friedman, *Total Justice* (New York: Russell Sage Foundation, 1985), pp. 15–17; Marc Galanter, "Reading the Landscape of Disputes: What We Know and Don't Know (and Think We Know) about Our Allegedly Contentious and Litigious Society," *UCLA Law Review*, 31(1983), 4。

近才发生的,也就是在 1970 年后或者甚至在 1980 年后。① 与每千人人均案件数量相比较,诉讼的规模和类型都可能发生了很大的变化。律师是否是寄生阶层和是否产生负面效应是另一个可以争论的问题。国家是否正在通过诉讼的方式自杀(把自己诉死)更是另外一个问题,并可能是所有主张中最值得怀疑的一个。

在现代社会中,法律似乎无处不在,法律制度在西方社会结构中占据着主要的位置。但是把法律的境况转化为定量术语是很难的,更不用说精确地测量了。(也许付给律师的全部费用最接近我们可以衡量的具体指标。)与一个世纪前相比,当今的美国,国会、州立法机构、行政机构、执行部门、市议会、县委员会、校区、港务局、区域划分委员会及其相似的机构,的确被大量的法律事务困扰着;法律图书馆也塞满了汇编的案例、法条、规则、规章以及地方法令,更不用说条约、摘要、法律导读这类东西了。在其他国家,也发生了法律事务的"洪灾"。这种事实确实令人难以解释,可能在所有地方都这样。最可能的是,相对于每个国家的人口而言,根据过去人们可能选择的底线来衡量,法律活动都已经增加;相对于可能诉诸法律的交易、事故和事务的数字而言,法律活动是否增加是一个没人能够回答的问题。但如果我们一定要做出猜测的话,那么这里的回答将是肯定的。

但是,法律增长还有一些重要方面是粗糙的数字所无法捕捉

---

① 关于德国的论述,参见 Hubert Rottleutner, "Aspekte der Rechtsentwicklung in Deutschland," *Zeitschrift für Rechtssoziologie*, 2 (Dec. 1985), 206;有关西班牙的诉讼增加,参见 Jose Juan Toharia, *¡Pleitos Tengas! Introducción a la Cultura Legal Española* (Madrid: Siglo Veintiuno de España Editores, 1987) pp. 67-96。

到的。许多法律规则毕竟是一般性命令，旨在长期指导人们的行为。因此，这些规则就无法作为一次性事件被测量或者计算，恰如一阵烟雾随风飘散。计量行数和页数，衡量卷数，计算法律、规则和案卷数量等等，并不能表明法律的重要性，也没有揭示法律词语和结构的实际效力。人们必须寻找其他方式来评估法律制度及其组成部分所产生的结果，即把握规则运行或者以某种方式产生影响的过程。美国最高法院关于学校解除种族隔离或者堕胎（一个创建了国民保健服务署的国会法案）的判决都是一般性命令，旨在影响整个社会，并产生制度性的结果。因此，咬文嚼字我们将一无所获。

我认为，在上个世纪，法律至少在一个很重要的方面增加了其适用范围和规模：超越法律之外的领域变得更小了——完全不受法律调控、完全摆脱法律的潜在调控的生活领域变得更小了。这就是法律化（legalization）现象，在法国、德国以及整个西方，有人已经探索了这种现象，而这种探索常常伴随着警告。法律化至少采取三种明显的形式。第一种形式与"责任爆炸"有关，它所基于的前提是，商业组织或政府机关等类型的组织对其可能对他人造成的伤害不应该享有豁免权。第二种形式与"正当程序革命"有关，它所基于的前提是，大型组织（尤其是政府组织）不得在法律上实施影响人们生活的行为，除非人们有机会进行申辩或者抵抗。第三种形式是这样的理念，即凡被认为是不正义的事务，不应仅仅由于该事务的性质而超越法律之外；换言之，没有事务内在地不属于法律事务，无论是个人或家庭事务，还是法院或行政机构能够、应该或按习惯所应受理范围之外的事务。与此相关，尤尔根·哈贝马斯创造了一个很生动并且被人反复引用的短语：法律对于个人生活的"殖民"(colonization)。①

从美国举一个例子就可以表明法律化的所有三个方面，实际上，这三个方面是紧密相连的。假设斯坦福大学要解聘一名教授，无论基于什么原因，在今天，他在大学内部都有某种权利请求正式复议。在一种极端的情况下（虽然很少发生），假设这名教授在斯坦福大学穷尽了所有的程序，但都无济于事，那么他将可以继续通过法院诉讼的方式来进行抗争。在早期（事实上，晚至20世纪前期），所有这些都是无法想象的。首先，从前大学的自由裁量权几乎是无限的，它享有实际上和法律上的豁免权，现在那种豁免权几乎已经消失。现代法和现代法律文化都没有将大学的工作纠纷界定为内在地属于非法律的或是私人性事务。人们期望组织实施正义，并依循正义的标准行事。它们无论是在遵循程序方面，还是在适用规则和规范方面，都应该这样做。

几位法律理论家试图界定何种类型的纠纷在性质上是可诉诸司法的或者不可诉诸司法的。例如，富勒(Lon Fuller)就指出，法院不能很好地解决具有多中心(polycentric)特征的纠纷。他没有真正界定何为"多中心"，但提供了具有"多中心"特征的例子，即它们是具有"复杂效应"(complex repercussions)的纠纷，由许多线索组成，类似一个"蜘蛛网"，以至于"牵动一根网

---

① 有关"殖民"的观点，参见 Jürgen Habermas, *The Theory of Communicative Action*, vol. 2, *Life World and System*, trans. Thomas McCarthy (Boston：Beacon Press, 1987), pp. 356-373；也参见，例如，Axel Görlitz and Rüdiger Voigt, *Rechtspolitologie, eine Einführung* (Opladen：Westdeutscher Verlag, 1985), p.120. 作者也论及了"法律化"，在这样的过程中越来越多的生活领域"受到法律的调控"，"调控的范围和不受调控的范围的关系不断变化，并对后者造成损害"。也参见 Gunther Teubner, "Juridification—Concepts, Aspects, Limits, Solutions," in Gunther Teubner, ed., *Juridification of Social Spheres* (Berlin：de Gruyter, 1987), pp. 3-4.

线"就会对"整个蜘蛛网"产生震荡。[1] 但是，对于他的指责，无论是大众文化还是法院都没有在意。十分复杂和犬牙交错的问题都被提交到美国的法院，并获得了适当的裁决。例如，一个联邦法院宣布阿肯色州的监狱制度违宪；该法院命令州政府彻底改革监狱制度。[2] 很难想象有什么比这更具有多中心特征的事件了，尤其是因为这种改革费用巨大，实行起来牵动蜘蛛网上根根丝线。

事实上，在现代社会，每一件事最终都有可能被提交至法院。没有什么事务是不可诉诸司法的。没有什么事务太大或太小以至于不适合司法裁决。美国报纸经常报道并嘲讽疯狂诉讼的事例。其中有一个著名的例子，一位男士起诉他的前女友，试图"迫使她赔偿因没有赴约所造成的时间和金钱损失"。[3] 这种威胁没有产生什么后果，然而，重要的是，它不是不可想象的案件；大多数法院会轻蔑地驳回这类请求，但可能不是所有的法院都会这样做。事实上，尽管这种事例很极端，它却凸显出法律豁免范围遭到了戏剧性的侵蚀，今天，任何事务都受到法律的统治，而在过去绝非如此。

这个例子来自美国，其他国家的读者因此可以放松一下，并因美国的法律既独特又病态而感到欣慰。但情形果真如此吗？确实，像在法国这样中央权力强大的国家里，它的法律文化中保存

---

[1] Kenneth I. Winston, ed., *The Principles of Social Order: Selected Essays of Lon L. Fuller* (Durham, N.C.: Duke University Press, 1981), pp. 111-113.

[2] 参见 Holt v. Sarver, 309 F. Supp. 362 (E.D. Ark. 1970)。法院抨击阿肯色州的"整个监狱制度"，并认为"其监狱制度对犯人如此禁闭，无异于残酷和不正常的惩罚"，构成了违宪。

[3] *New York Times*, July 26 and July 28, 1978.

了很强的国家干预(dirigisme)的成分,不可能发现与美国严格相似的"正当程序革命"。① 然而"美国主义"的迹象四处蔓延。如果一位顾客预订座位之后,未事先取消预订就不来就餐,该餐馆是否能够起诉这位顾客?《伦敦时报》的社论②支持这种可能性。这种态度符合美国法律文化的特点。

当然,"潜在可诉诸司法"并不等同于"实际诉诸裁决"。斯坦福大学和其他大学每年都解聘数以百计的教授,他们中的大多数人都接受这种命运。只有少数教授请求复议;几乎没有人到法院提起诉讼。这种大学中的教职解聘争议无论如何没有加剧所谓的"诉讼爆炸";但无可否认的是,这样的诉讼是可能的。斯坦福大学的管理者知道这一点,教授知道这一点,院系的领导也知道这一点。大学由此被"法律化"了;在这个体制内的生活可能已经被永久地改变了。可以更准确地说,法律文化已经改变了,而大学体制内的生活氛围反映了法律文化,其内部建立起来的程序是这种反映的反映(reflections of reflections)。

不管怎样,我认为,在上个世纪左右,法律戏剧性地变得无所不在。法律豁免范围的消失是法律扩张的核心问题,虽然我们可以把这种或者那种事实或数字作为指标,但实际上定量分析很难捕捉到所发生的变化。我们的例子强调法院作用的扩张,但这种现象显然是普遍性的;所有的法律制度都具有这种现象。这很鲜明地催生了一个突出矛盾。传统的权威形式似乎在消退,而激

---

① 关于这一点,可参见 Laurent Cohen-Tanugi, *Le Droit sans l'etat: Sur la democratie en France et en Amérique* (Paris: Presses Universitaires de France, 1985)。
② *London Times*, May 25, 1987, p. 13, col. 1;该社论题为《空着的餐桌》。它报道说,一家名为"弗雷德里克·柏林布鲁克"的餐馆对两位顾客提起了诉讼,这两位顾客预订了平安夜晚宴却"没有来","根据先前一个确立了法律先例的案件",他们分别以支付110英镑和49英镑为代价在庭外达成了和解。

进形式的个人主义似乎在上升。个人主义如何与如此之多的法律共存？

我认为，这个矛盾根本就不是矛盾。权威范围的萎缩非常类似法律豁免范围的减少。这样，法律似乎成为一种替代品，即一种对传统权威的替代。当我们思考斯坦福大学的教职纠纷时，这种替代问题就会清晰地显现出来。大学的官方权威不再是绝对的。另一种权威（诸如法院权威）已经加速了这种权威的萎缩，并且现在能够对大学发布有约束力的命令。当然，这仅仅是部分解释。为了更全面地回答这个问题，我们必须仔细研究"法律爆炸"现象。

另外，我们不得不探究法律文化问题，从根本上说，我们对法律和权威背后的理念的描述正确吗？如果这种描述正确的话，在法律文化中是什么带来了这种改变？现代法律文化是否属于全新的法律文化？或者从实质上说，几十年甚至几个世纪以来，现代法律文化一直是在社会阁楼里的自言自语？为了回答这些问题，我们必须考察个人主义的概念和现代西方社会对个人主义的理解方式。

第 3 章　现代性与个人的兴起

　　也许每个人都会认为自己所处的社会与众不同，在某种意义上，所有的社会都不会互相雷同。生活在 20 世纪 80 年代发达国家里的我们当中的大多数人，往往相信我们社会中的生活是独一无二、前所未有的，区别于以往任何时代。无疑，其中一个独特之处就是，我们感觉生活处在快速、惊人、持续的变化之中。这个星球似乎比以往任何时候旋转得更快。人们强烈地意识到了这种变化的现实状态。他们觉得仿佛经历着某个毫无边际又神秘新奇的旅途，像宇宙飞船一样从朦胧的过去而匆忙跃入未来的黑暗和空旷。意识到未来即意味着了解过去。人们知道，各种事物间始终存有差异。他们略微懂得一些历史，尽管这些观念也许极其不确切；他们明白社会正在变化，而且变化急剧，他们自己和父母之间已然存在明显的代沟，更何况那远古的祖先。同样，人们也可能会不无疑虑地担忧：他们和自己的孩子以及孩子的孩子之间会产生隔阂，这些孩子将栖息于一个梦想不到的奇异（或恐怖）世界之中。我们生活在未知的（unknown）和不可知（unknowable）的未来的阴影之下。对于我们大多数人来说，想了解历史经验的性质和意义、回想社会趋向和历史演进以及询问自己未来的去向，都是很自然的事情。这种意识是现代人本性的一部分。而中世纪和部落时代的人们对新闻报道一无所知，也不知道革命性变化(或者这样的陈词滥调)为何物。

20世纪已然经历了不少灾难性的巨变:诸殖民帝国的瓦解、更高的期待导致的革命、人口爆炸、世界大战与集体大屠杀、全球性大动荡、政府体制的极度紊乱、生态系统的大规模恶化。宗教、家庭、性行为和生活方式等方面都出现了深刻的变化。权威结构也发生了变化;而生活的嬗变必然深深地影响着法律和法律制度及其运作。

一、现代性

现代社会显得格外自觉(self-conscious)。公民基本上是自觉的,其中知识分子尤为如此。许多学者开始思考、描绘、界定并论辩现代性和现代化的含义。[①] 是哪些因素使我们当前的社会如此特别呢?当然,"现代社会"是一个含糊不定、难以捉摸的术语。就它而言,要提炼出社会、法律或者权威中的"现代"特质并不容易。在任何社会,无论现代与否,其权威结构、治理结构、法律体系和法律文化构成都极其复杂,并不能用一些简洁而

---

① 当然,有关文献汗牛充栋。参见 Alex Inkeles and David H. Smith, *Becoming Modern: Individual Change in Six Developing Countries* (Cambridge, Mass.: Harvard University Press, 1974); C. E. Black, *The Dynamics of Modernization: A Study in Comparative History* (New York: Harper and Pow, 1966); Richard D. Brown, *Modernization: The Transformation of American Life, 1600–1865* (New York: Hill and Wang, 1976); 同时参见 Nathan Rosenberg and L. E. Birdzell, Jr., *How the West Grew Rich: The Economic Transformation of the Industrial World* (New York: Basic Books, 1986), 该文小心翼翼地避免使用这个词。关于"modern"与法律的关系中的特殊含义,参见 Marc Galanter, "The Modernization of Law," in Myron Weiner, ed., *Modernization: The Dynamics of Growth* (New York: Basic Books, 1966), p. 153。

精确的公式来概括它们。而且，没有任何两个国家的这些结构是完全相同的。法国和比利时的法律制度应该说非常相似，然而在许多具体细节上却有明显差别。每一个西方国家都有其自身特有的治理模式。所谓法律文化和共同意识原本就是令人难以捉摸的概念。作为法律的最终源泉和型塑器的法律文化，绝大部分还是没有被开发的荒漠；有关这个主题的研究薄弱而贫乏。[1] 但是社会与社会之间以及群体与群体之间确实有很大差别。

当然，这并不意味着描绘西方法律文化的一般特性就毫无希望。我们可以越过细节，描绘出一幅更宏大的图画。西方国家有许多基本的共同特征。其中两个特征和此处的一般主题尤为相关：第一，任何一个西方国家在某种程度上都是我们所说的开放社会(open society)。第二，每个国家权威和法律机能的运作都在很大程度上依赖(或者说被认为依赖)选择(choice)或者同意(consent)——权威和法律下的公民自由、自愿地做出行为。而且，这两个特征之间也密切相关。

关于开放社会，我仅仅意指这样一个社会：在这个社会中，法律机构、权力组织和政府机关应如此构造，以便它们在某种程度上暴露于公共舆论和公众压力之下，而且某种程度上会对这些压力做出实际回应。公众以各种各样的方式对政府施加压力，例如：竞选中的投票，给国会或议会的议员写信，就法律的通过进行游说，举着横幅和标语去街上游行示威，行使法律权利，提起诉讼，向行政机关提出控诉，报警或者咨询律师，等等。用另一种方式描述这些相对自由的社会就是：非极权主义、不受独裁者

---

[1] 一个突出的例子是 Laurent Cohen-Tanugi, *Le Droit sans l'état* (Paris: Presses Universitaires de France, 1985)，将法国和美国做比较。

的严密控制、不被寡头政治集团所统治。这些社会有独立的司法系统，也有周期性受竞选折磨和考验的立法机构。

令人遗憾的是，在政治上远离独裁专制并迎接某种类型代议制政府的运动只在一些特别的国家实现。这些国家几乎都群集于北美和西欧，以及除此之外一些地理上相当分散的外围国家，包括澳大利亚、新西兰、以色列、哥斯达黎加、巴巴多斯和日本。西方世界的许多人无疑会将趋向民主当作某种自然而然的历史性进步，但事实上民主却经常倒退（例如智利），或者经历各种反复动摇（希腊、乌拉圭、土耳其和西班牙）。而且，20世纪还深受某些最残酷、最邪恶政权的统治之苦（例如纳粹德国、波尔布特时代的柬埔寨、阿明时代的乌干达）。或许值得注意的是，最凶残嗜血、最没有人性的政权也似乎觉得需要用民主的外衣来包装自己：进行华而不实的选举，佯装普遍认同（ratification）。这些空洞的仪式——例如莫斯科的清洗审判（purge trials），还有极权主义国家中各式各样的公民投票——被用以赋予统治政权正当性，并且以同意的表象来隐藏其压迫的本质。当然，是否有人接受则是另外一个问题了。

当然，西方国家的开放体系也有可能被唾弃为赝品、虚假意识、故弄玄虚或海市蜃楼。左派那讥讽怀恨的呼声更是清楚明朗地表明了这个倾向。但我却更倾向于划清开放社会和封闭社会之间的界限。而是否具有关于开放的普遍感受（perception）和增进开放印象的社会构成，是区分两者的一个重要标准。在一个开放社会中，国家允许和鼓励公众进行政治参与，举行诚实而频繁的投票选举。这些国家的法律制度是否会以任何富有意义的方式公开，还有些许不清晰。当然，在法律创制层面（议会的层面）上，它是公开的。在理论上和实践上，公众选举代表并通过他们对法律创制实施一定的控制。在很多国家，法学家（法学教授、法律学者或者公务员）拟定许多法律草案、策划法典编纂，但是没有民选立法机构的批准，这些都不能成为法律。在许多国家，一些基本原则和权利已被赋予特殊的法律地位，它们被某种几乎不可变更的方式确定下来，成为成文宪法或基本法的一部分，或者以其他方式加以确立。例如美国的《权利法案》(Bill of Rights)、德国的《基本法》(Grundgesetz)。立法机构没有权力改变这些基本权利，至少不能以普通法律(ordinary law)的方式去改变。但是（普通）法律的理论坚决主张对法律或者法律机构实行公共监控。

甚至法院自身发展起来的那一部分法律也是如此。其中的理论（和实践）相当复杂。法官和高等法院不断地影响、更改、修订和创造法律的原理和适用。没有一位严肃的学者会认为法官造法权不是既成事实。但严格意义上的法学理论却显得更加谨小慎微和模棱两可，尤其是在欧洲大陆和拉丁美洲。19世纪的一个权威观点就是坚持立法创制全部法律；① 法官并不扮演独立的角色，他仅仅是解释法律。普通公众仍然羞羞答答地回避或者干脆拒绝法官造法或者应该造法的理念，但诉讼当事人却将法官置于不得不然的境地。法官们自己也并非完全坦然。有些极为显眼的法官造法也蒙上了"解释"的遮羞布，在普通法国家也是如此。

毫无疑问，关于法律和法院的流行观点多少有点朦胧和模糊，很明显，没有一个因为有求于法院而和法院打交道的人会像国会大厅外的游说家们一样喧嚣和明目张胆。即便如此，至少在

---

① 在法国，这个观点被表述为"*正式的立法……应该覆盖所有社会生活要求规则化的领域*"，参见 François Gény, *Method of Interpretation and Sources of Private Positive Law*, 2nd ed., trans. Jaro Mayda (St. Paul: West Publishing, 1963), p.19.

关键层面上司法系统还是开放的:在理论上,到法院打官司的权利毫无限制——每一个有诉讼请求或者有反诉请求的人,都可以去碰碰运气。(正如我们将要看到的,司法系统在另一些方面也正在变得开放。)当然,诉讼成本和文化上的障碍同样存在。一个普通公民要想提起一项诉讼请求并不容易。但在西方,按照官方的说法,这些障碍是病态的、有缺陷的、成问题的,是有待矫正之恶,因而是法律改革的对象。人们并不把它们解释为对权利的合法限制(即除此之外权利将不受任何限制),也不把它们解释为分配正义的合理方式,更不把它们解释为统治的有效辅助手段。

另一个复杂的问题是官僚机构对公众的回应。现代政府是官僚政治政府,没有大量的受雇专家和普通公务员就无法正常运作。就公共事务而言,政府官僚受规则的约束,同时又被赋予了高度的自由裁量权,而且这是经过深思熟虑的制度安排。然而,在任何西方社会,政府官员都不能完全超越法律程序。针对官僚自由裁量权最严厉的限制是司法审查,在某种程度上它象征着一种公共责任的概念。司法审查是美国法院拥有的一种古老而强有力的武器。近年来,它跨越了传统的法律障碍,在一些意想不到的国家得到了不可思议的巩固。[①] 议会监察专员(ombudsman)的理念与制度也广泛传播,而这正好证明了一个相似的理念:行政官员的活动和决定必须受到公开详细的审查和监控。

总而言之,在所有的西方社会,理论和实践的努力都认为法律制度的结构似乎最终被全体人民所控制。那是因为,法律(至

---

① 关于战后司法审查的概况,参见 Mauro Cappelletti, *Judicial Review in the Contemporary World* (Indianapolis: Bobbs-Merrill, 1971)。

少是一部分)被工具主义式地定义为社会中选民们为了其个人或社会的目的而能够有意且公开操控的一种工具和人工制品。所以,法律向公众及其代表敞开大门,它最终成为他们的工具。这与其他社会和早期社会的法律基本观念形成了鲜明对照。无疑,每一个社会都有其占主导的法律理论,但是,法律的工具主义理论和前现代社会格格不入并且不可思议。在这些社会中,法律理论强调神灵圣礼、巫术魔法和超人类(meta-human)力量。法律带有超自然的性质。上帝从天国向人世送来法律;法律出自神谕,形成于宗教传统,被视为珍宝,法律处于圣贤或有特殊魅力人格的人的权力光环中,他们有权精心制定和解释法律。无论如何,法律的核心部分是永恒而不可改变的;它们的起源在时间上超越记忆,超越人们的意图和经验;或者,它们显现于神启的灵光一现;至少普通人的想法和愿望无法超越法律;法律是定型的、明晰的,是不可变更的人世独特秩序的一部分。[①] 现代法律中仍然隐含地附着永恒正义的某些魔力,明显的是那些涉及基本权利的章节,但是在法典的其余部分,法律的主体部分却被公然而直截了当地工具主义化了。上帝、自然秩序或者纯粹理性可以规定言论自由和基本权利,但是《国内税收法典》(Internal Revenue Code)的制定却不能归功于它们中的任何一个。

第二个与开放社会密切相关的现代性特征,是个人选择或同意在正当性构成要素中的核心地位。一个典型的开放政府被定义为一个经自由选择产生的政府。相对更不明显的是,一种工具主义的法律制度是经选择产生的法律制度——并非继承的、强迫

[①] Lawrence M. Friedman, "On Legal Development," *Rutgers Law Review*, 24 (1969), 11.

的、固有的，而是通过社会中个人的意图、谋划和默许的行动以及行为而产生的。意大利的法律制度，若非来自上帝或自然，则必定来自意大利人民的选择和愿望，当然这还需要官员或议员作为中介。至少，理论上就是如此。当然，经选择产生的制度并非一个新兴概念，它也或隐或现地表述于代议制政府的理念中。那么它究竟新颖在何处呢？我觉得是法律制度所包含并赋予较高地位的那种选择——个人的、表现型（expressive）的选择——在一个世纪以前，人们对这种选择闻所未闻。

在某种意义上，个人主义和个人选择是绝大多数试图提炼现代化本质的理论家著作的核心议题。其中尤其重要的是马克斯·韦伯（Max Weber）关于现代社会特征的经典理论进路：他关于合理性——或理性-法律型权威（rational-legal authority）——代替传统型和"克里斯玛"（charisma）型权威的理念。当然还有许多其他或多或少互相区别但又都深刻而发人深思的理论和阐释。为了主旨的需要，我们会忽略他们许多细微的差别而聚焦于他们论述的共同之处：至少一直到晚近，他们都倾向于将研究的重心放在个人主义上。与非现代社会形成对照的是，现代社会更强调个体而非群体；现代社会允许在各种选项中进行从心所欲的选择。由契约形成的人际关系代替了通过传统习惯和道德观念形成的关系。现代社会并不因宗教传统和血统年龄等因素而强制限定人们的社会地位，同时也废除了世袭制和血统制，敞开了独立自主、迁徙自由和个人选择的大门。[1]

从总体上看，社会理论家和思想家倾向于描述这样一幅图

---

[1] 关于个人主义的概念及其与现代化、工业革命和资本主义的关系存在着大量的文献。参见，例如，Nicholas Abercrombie, Stephen Hill, and Bryan S. Turner, *Sovereign Individuals of Capitalism* (London: Allen and Unwin, 1986)。

景：初民和古人被锁在习俗的铁笼中，处于失去自由的囚徒状态，很少有能打破铁笼子的例外情况。你的出身决定了你的一生：你所属的家族、宗族部落，以及你作为贵族或贱民的社会地位。另一方面，现代社会中的人际关系相对松散，就如一个橡皮做的笼子；在这个社会中，公民可以做理性的选择，她更为自由，可以自愿决定扮演多重社会角色。现代社会是个体（男人、女人）的聚合体。

亨利·梅因爵士（Sir Henry Maine）经典的《古代法》（*Ancient Law*, 1861）中有一个著名的段落描述了作为从身份到契约运动的"进步"（progressive）社会的演进，这体现了这种精神。他说，在古代社会，法律授权的单位是由"家父"所统治的家族，然而经过了漫长的时期，"家族依附性"逐渐解体，单个个体逐渐成为法律权利的单位。① 斐迪南·滕尼斯（Ferdinand Tönnies）描绘了著名的"共同体"（Gemeinschaft）和"社会"（Gesellschaft）之间的差别："共同体"是旧式的身份共同体，"社会"是血统身份丧失统治地位后的现代社会。② 埃米尔·涂尔干（Émile Durkheim）论述了两种不同类型的社会团结或者连带："机械团结"和"有机团结"。根据涂尔干的理论，在旧式社会（"机械团结"的社会），共有的、普遍的社会规范是社会连带的来源；而在日渐复杂的现代社会，逐渐产生了一种新的社会团结形式，其特征是自由自愿的合意和契约的广泛应用。③ 这样的社会当然更

---

① Henry Maine, *Ancient Law* (1861; London: J. Murray, 1890), pp. 163-170.
② Ferdinand Tönnies, *Community and Society* (*Gemeinschaft und Gesellschaft*), ed. and trans. Charles P. Loomis (East Lansing: Michigan State University Press, 1957).
③ Émile Durkheim, *The Division of Labor in Society* (New York: Free Press, 1964).

加个人主义化。涂尔干所强调的行为的根源与其说是个人的，不如说是社会的，而其分析的标准也是社会性的。然而，涂尔干所描述的现代社会也比人类以往的社会更加注重个人选择。

19世纪的社会理论家大体上都是乐观主义者，他们相信人类的进步，认为进步是必然趋势。马克思尤为如此。而本世纪的社会理论家却基本上显得有些悲观，先前那种十足的确信已然烟消云散。不过这也许是很自然的。梅因、涂尔干和马克思几乎都不能预见到，真有那么一天人类竟然能有力量毁灭自身；在这一天，人们会因为自己制造的有毒的副产品而给自己带来窒息而死的危险。20世纪政治和社会的大灾难动摇了最彻底的乐观主义者的信仰。维多利亚①时代的自我陶醉已经很难维持到奥斯威辛②的时代。

现代的社会理论家在一些基本层面也倾向于赞同19世纪社会理论家的观点，他们看到了相同的社会根本形态、历史性的进步和发展基本模式。但他们给这些模式所贴的外在标签却有所不同；他们对"进步总是宜人的"的观念不再那么确信；他们看到了危险的相反趋势——大众社会、极权主义国家、从众行为、群居行为、人口过剩、神经脆弱、环境毁坏以及资源枯竭。然而不管怎样，这些困境和危机都被当作莫名的反常现象；它们被看作倒霉而不幸的弯路、歧路和歪路，而不被认为是历史注定的现象。现代的社会理论家总体上也与他们的前辈一样，都将人类自

---

① 英国女王，1837—1901年间在位。——译者注

② "二战"期间德国建立的屠杀犹太人以及其他平民和战俘的集中营，坐落于波兰克拉科夫以西的偏僻沼泽地区。1939年9月德国占领波兰后建立此集中营，1940年6月正式使用。营内设4个大毒气室（可容2000人），有46个焚尸炉和地下尸窖。1940—1945年间，在此地被害人数达100万以上。1946年，被改建为博物馆。——译者注

由奉为目标和理想。而在他们的视域中,自由就意味着个人选择。人类社会的历史是或者说应该是从无选择走向有选择(from choicelessness to choice)的历史。

当然,无选择和有选择涉及的是统治或权威外观的术语。哪里有权威,哪里很大程度上就没有真正的选择;选择的事项必须由法律来确保或者规定。19世纪许多主要社会理论家都经历过律师的专业训练,或者明确撰写法律专著——亨利·梅因爵士就是一个例子。马克斯·韦伯也受过法律训练,其经典之作——《经济与社会》(Economy and Society)的一个重要组成部分就是法律社会学。[①] 法律规范的变化本身就是一个重大社会事件,同时也是社会变革的重要标志。但是很显然,更一般性的社会规范是法律规范在社会上存在的基石,并为法律规范提供支持和赋予其以意义。法律所反映的真实很可能就是社会理论本身所反映的真实:伟大的思想心灵筛选、提炼出这些理论,而这些理论在某种程度上又反映了心智未开但却生气勃勃的大众思想的真实状态,也反映了在更广泛的公众头脑中持续不断闪现的观念。社会思想的出现必有其自身的社会背景。在中世纪甚至18世纪出现一个马克斯·韦伯是难以想象的。见识和智识可以而且实际上也在任何一个时期存在,但是吸引这些伟大思想家的不同问题(以及他们所采纳的不同进路)却依赖于他们所处的时空背景。

在现代,至少在西方,一般社会规范和大众文化将个人选择范围的不断扩展视为一个理想或者生活现实的一部分。正如我们在上一章所论述的那样,个人是什么以及应该是什么的观念,与

---

① 关于法律的这一部分已经被翻译成英文出版。Max Weber, *Max Weber on Law in Economy and Society*, Max Rheinstein, ed. and trans. (Cambridge, Mass.: Harvard University Press, 1954).

社会理论着眼自由和选择的方式并驾齐驱，虽然也可能会有重要的例外。社会理论似乎只是在人类意识发生变化之后蹒跚前行，而人类意识的这些变化却是人类自然和社会环境发生深远变化的产物。例如，对选择、同意和契约行为的强调会立刻提醒读者想起自卢梭（Jean-Jacques Rousseau）、洛克（John Locke）开始直到约翰·罗尔斯（John Rawls）甚至更晚近的思想家和理论家。当然，政治理论或者政治哲学的发展线索并非这里要讨论的问题；笔者感兴趣的仅仅是它所影响或左右的"流行"理论或哲学；可能在更多的方面它仅仅是跟班而不是领头羊。无论其知识来源如何，选择的概念、被治者的同意和公开的契约行为似乎已经是现代民主政治的核心。当然，每一代人都会明确或含蓄地重新阐释这个概念的内涵。而重新阐释可能会瞒天过海、暗度陈仓，或者有时会采取激进和突变的方式。变化的环境和技术迫使这些有关社会的新解释应运而生。诸如自由、选择、法律、正义等语词不会被取代，但是它们的含义——它们所唤起的情感和想象的图景——却会发生很微妙的改变。分析这些语词内涵犹如夕阳褪色时那种渐渐的色彩变化般缓慢而又微妙的变化，就是社会历史的基本组成部分。

　　简言之，我们应该区分个人选择或个人自治概念的社会内涵演变的三个历史阶段。当然，内涵并不会突然转变，它们就像色轮一样，彼此之间相互混合、趋于模糊、逐渐变化。我们会快速忽略第一个阶段，在那个身份主导的时代，社会能提供给个人选择的空间实在过于狭小。当然，这么说并不完全公平；在往昔那些社会中，个人选择和个人自治的思想确实比大多数人想象的要更多、更微妙，也更丰富多彩。古罗马和古希腊明显不同于古代的巴比伦尼亚(Babylonia)①或者其他具有自身复杂结构的部落社会。没有哪个地方的人仅仅是习俗的奴隶。

但是，古希腊、古罗马时代，中世纪时代以及文字出现以前时代的法律文化都不是我们所关心的。对我们的主旨而言，更重要的是第二个阶段——19世纪的那个阶段——以及这个阶段出现的关于个人(individual)的概念。在这个时代，西方思想史上出现了一个我们不得不重视的观念——一个有关人类自由和个人选择广泛而普遍的观念。而第三个阶段，20世纪的选择概念是历史上最宽泛最普遍深入的选择概念。托马斯·杰斐逊(Thomas Jefferson)是一位伟大的民主斗士和自由使者，但是如果他能活到现在，个人选择的范围无疑也会使其感到惊奇甚至惊骇。人们被允许和鼓励在其生命中的每一步都有自由，在每一种能叫得出名字的自由前面都有选择权：无论是性、家庭关系方面的自由，还是宗教信仰的自由，以及谈话、穿着、行动方面的自由，等等。

二、19世纪个人主义的内涵

从当代人的视角来看，19世纪个人主义的范围受到了相当多的限制。当时的社会理论家(也有可能是大多数人)一定会赞

---

① 位于幼发拉底河流域美索不达米亚南部的一个古代帝国。历史上曾出现过两个巴比伦王国，前者"古巴比伦王国"(约前1894—前729)，由阿摩利人建立，在汉谟拉比统治时期达到极盛，他颁布了著名的《汉谟拉比法典》，这是迄今发现的最早的完备成文法典。但汉谟拉比死后，该国受到外族入侵而逐渐瓦解，最终被亚述帝国吞并。后者又称"新巴比伦王国"(前612—前538)，由迦勒底人联合米底人推翻亚述帝国而建立。这个王国在尼布甲尼撒统治时期达到鼎盛。尼布甲尼撒下令重建巴比伦城，在城内建造了古代世界七大奇迹之一的"空中花园"。新巴比伦王国在公元前538年被波斯帝国所灭。——译者注

赏自由、民主和平民主权。当然，他们那种自由概念必然暗含着个人选择，因而被视为社会生活的一个核心价值。而另一个价值是个人自治：也就是不受外来干涉的自由，这也是能获得自身最大发展、能达致自身所追求的目标、能支配自身生存状况的一种个人权利。所有这些听起来似乎很现代，但是其实践中所暗示的定义却有微妙的差别。理论和实践起初主要只在政治和经济领域阐释自由的含义，即市场自由和选举自由。而那些喊着要获得自我发展的人们所考虑的"自我"，并没有20世纪的后裔们所理解的那种含义。就私人生活而言，自我仍旧是虔诚的、勤勉的、守纪的、传统的。

19世纪在政治和经济生活上的变化，其本身无疑是至关重要的。市场自由和选举自由取得了奇迹般的进展。令人自豪和自傲的美国版政治民主在一个又一个国家扎根，公民权也进一步延伸到更实用的领域。这是一个放逐上帝、击败君主的时代，同样也是亚当·斯密（Adam Smith）和经济自由主义的时代。如上文所述，亨利·梅因在其著名的篇章里宣称在进步社会中有一个从身份到契约的运动。契约理念当然是19世纪法律大厦的基石之一，其在政治理论中也扮演着重要的角色。契约与自由经济理论也密切相关。同时，契约既是在市场中自由交易的事实，也是两个互不相关之人的中介以及两个私人自愿选择的联合。①

选择因而总是与个人和个人主义联系在一起；但是对于19世纪的很多社会理论家而言，自由选择就意味着上述那些经济领域或市场领域的行为。所有权和市场是自由选择的核心；自由就

---

① 关于这个主题的一般讨论，可参见 Patrick S. Atiyah, *The Rise and Fall of Freedom of Contract* (Oxford: Oxford University Press, 1979); Lawrence M. Friedman, *Contract Law in America* (Madison: University of Wisconsin Press, 1965)。

是威拉德·赫斯特(Willard Hurst)所定义的关于经济事务的"私人决策者自治的法律保障方式"。①

普通人是否确实拥有上述意义的选择权和自由,即使在美国也绝非完全明朗。象牙塔中的高级文化,或者说理论文化,会被公开宣传,到处出版,并被后人研究;而普通人的观点却很少受到关注。也许官方的观点会与普通农夫和小商人的观点相同,也有可能已经扩散到了更广泛的人群中。无论如何,主流理论倾向于将个人主义或个人自由等同于经济自由主义。这样的个人主义实质上是一种政治和经济信条;它信奉"无形之手"和民主政府;它和这样一种(多半是含蓄的)信仰相结合:人们愿意并且能够自我管理和自我控制。无须家长式的统治,无须贵族和国王的权威——他们确信能够独立管理自己。

所以,在许多层面上,个人主义是对往昔诸种体制的反动。它站在古老的独裁政府、重商主义的君主政体以及传统精英的信仰结构的对立面。在19世纪,西方国家或其中一些国家着手进行一些激进的自治试验。美国就是这样的领头羊;从当下的眼光来看,它是最激进的民主国家。它是一块强烈吸引外国观察者的磁铁;因为它和过去的彻底决裂,它的平等主义,它那极端的个人主义,唤起了人们的好奇心。阿列克西·德·托克维尔(Alexis de Tocqueville)是这些外来观察者中目光最敏锐的一位,他确信美国是未来的时代弄潮儿。他"在美国看到了……民主的形象……及其偏好、特性和成见",他感觉这预示着法国的未来。弗朗西丝·特罗洛普(Frances Trollope),一个对美国并没有太多

---

① J. Willard Hurst, *Law and the Conditions of Freedom in the Nineteenth-Century United States* (Madison: University of Wisconsin Press, 1964), p. 9. 关于作为"选择权的放大"(enlargement of options)的自由,参见该书第37页。

好印象的观察者，对美国的发展表示痛心疾首。她觉得，杰斐逊那"空洞而荒谬"的教条，会"使得人类变成一个由龃龉原子构成的未经混合的群体"。唉，美国人只是太渴望拥抱绝对平等了——这是一个"我和你一样好"的理念"取代法律和福音（Gospel）"并对之构成威胁的国家；在那里，"平等的假设""足以使穷人的仪态带有蛮横的气息"。① 无论那些外国的观察家是否喜欢他们所看到的，他们都一致同意所看到的现象是激进的平等主义。然而即使在当时的美国，和 20 世纪的后裔相比，个人主义在那个方面的范围和规模，以及等级制度被打击的深度和广度，都是很狭窄而有限的。

1800 年或者 1850 年的平民政府理念，将守旧的欧洲精英势力——拥有土地的贵族、富商、教士阶层——当作异端分子和危险分子打击了一番。上层阶级总体上并不信任"人民"，也就是说他们并不相信社会中的大多数，或者有别于传统治理社会的小群体的任何阶层能够运用政治权力。平民政府是一个激进的概念，因为它赋予了普通人以自我控制和约束的充分权力。"人民"都是也都会是有责任能力的成年人，在这一点上，同比他们"优越的人群"，也就是说那些有钱有势和有良好教育背景的人并无差别。正如帕特里克·S. 阿蒂亚（Patrick S. Atiyah）所说，如果人们"能够学会约束自己"，那么就可以"排除"国家"约束他们"的必要性。② 他们有并且也会有足够的才智、知识和道

---

① Alexis de Tocqueville, *Democracy in America*, ed. J. P. Mayer, trans. George Lawrence (New York: Doubleday, 1969), p. 19; Frances Trollope, *Domestic Manners of the Americans*, ed. Richard Mullen (1832; New York: Oxford University Press, 1984), pp. 272-273.

② Patrick S. Atiyah, *The Rise and Fall of Freedom of Contract* (Oxford: Oxford University Press, 1979), p. 273.

德感来安排自己的生活,选择一个政府,甚至来掌控政府。当然,即使最坚定的民主主义者也知道自制和自治不是某些人的力量和意愿所能做到的。那些没有按照这些标准生活的人——他们离经叛道,甚至犯罪——粗暴地撕毁了自由契约。民主国家能够有强大的暴力来对抗犯罪分子和其他那些没有遵守或不能遵守法律规范的人。美国和英国的刑罚学体系就是相关的例子;这个主题将在本书第八章中被继续论述。

总而言之,19世纪的"自由"和"个人主义"意味着这样一个领域:在该领域中那些成熟而有能力做出正确抉择以及能够控制自己邪恶欲望的人们进行自由公开的选择。这样,人们就被相信能够在政治领域做出明智而又诚实的行为。对个人选择的限制没有必要;换句话说,人们会自愿选择正确恰当的道路。至于在私人生活方面,所谓恰当的道路仍然古老而传统,这一点基本上没有受到质疑。①

在一个开放社会中,是什么维持着这些传统规范呢?托克维尔暗示了一个结构性原因,他写道,"实行公共统治的时候","所有人都能感受到公共善意的价值,所有人都试图通过获得那些必须生存的人们的尊重和情感而赢得这种价值"。地方政府也一样,"同样一群人总是在开会,在某种意义上,他们强迫自己去了解和适应别人"。② 托克维尔的观点可能正确也可能不正确,

---

① 罗伯特·W. 戈登(Robert W. Gordon)在1988年6月5日的私人通信中指出存在着"19世纪个人主义的表现型形式",包括"能够显示出一个人真实本性的自我实现"的"罗曼蒂克"理想,其到19世纪末接近于"特性和脾性等个人因素的发展",以及以其"极端"形式表现出来的"浮华主义"(dandyism),这些流派,一般包括浪漫主义,无疑是存在的,但是那些文本中提到的观点却更核心并更深入地打动了我们。

② Alexis de Tocqueville, *Democracy in America*, pp. 510-511.

但是它至少强调了在19世纪背景下民主的一个特征,那就是鼓励公共领域而非私人领域的道德行为。这意指人们生活和劳作的那个狭小的社会和地理空间。在那个时代,美国是一个不可思议的流动社会,同更古老的民族相对比时尤为如此。人们不会因为生活在一个简陋的场所而受到谴责。无论如何,生活主要意指小镇、小乡村的生活,在这里,政治和经济是狭小的、乡土的和面对面的。

无论什么原因,在19世纪,经济领域之外的民主继续采用彰显传统个人价值的法典,并重视那种适度而高尚的行为——这些行为不触犯历史悠久的规范。人们彼此相互依赖,且不限于物质方面;社会的不认可能够很轻易地阻碍成功和个人发展。而平等暗含着一部单一的行为准则:西方传统中所熟悉的准则,如果有区别的话,那就是这部准则在19世纪更巩固了,其规则越来越强调私人生活中的适度和自制。

民主政治最终的实用主义辩词,必然是人们有意愿也有能力管理自己以及他们的共同体。独裁政府带有家长式的作风。独裁政府尽可能地控制了大量的基本行为,也不允许被治者选择规则或者为其自身利益制定规则。它使用各种手段使它的权力合法化。有些统治者还明里暗里坚持等级秩序是上帝之规定或命中注定的观念;处于高层的社会阶层应该统治别人,因为他们天生就有优越性,或者说因为某些神圣的霸权计划。这类合法性在某些时代过于普遍以至被人们认为是理所当然的。上帝将世界设计成为等级和权力的架构,上帝自己处于最顶端而低等动物处于底层。"印在人们心中的……存在巨链(Great Chain of Being)"的影像形成了等级政治结构的概念,"权力从国王和他的法院手中通过根据其与生俱来的权利和资格而划分的不同等级，逐次递降"。① 而现代的独裁政权对其合法性的解释羞于采取如此古老而过时的模式，但是他们援引了相同的家长主义的精神，根据其他的理由或者编造理由来证明其统治的正当性。甚至希特勒和斯大林的暴政也会借用"人民"之类的概念；这种合法性的语言也能使得匈奴王阿提拉和路易十六神秘化。但是无论修辞和哲学如何不同，最后的结果也许是更大的独裁。

当然，民主社会拒绝那些合法性的古典形式而代之以其自身的其他方式。从历史的视角来看，在自治的第一个阶段，民主主义理论家针对独裁政府的方法和结构以及国王神圣的正当性思想发动了攻击。他们不必然攻击他们所在共同体的社会价值和行为模式。他们认为自治是运行社会秩序更正当、更公正的方式，但是他们并没有设想一个社会秩序和旧有的独裁国家之下的社会秩序之间在家庭事务、休闲方式、道德规范、生活方式等方面有什么根本的差别。这些理论家既不是无政府主义者，也不是平均主义者，更不是自由性爱的拥护者。在民主主义者的眼里，人不是动物，而是有智识、温和、井然有序的人，或者说给一点机会就能够成为这样的人；在一个自由社会，将人们放在马鞍上就应该相信他们能够骑得很好（至少对白人男性来说是如此）。实际上，根据亚当·斯密"教义"的一种说法，如果让经济从其自身的镣铐中挣脱出来，那么在这个政治组织中财富和繁荣就会自动涌流。

19 世纪发展了的个人主义的标牌，深深依赖那种自动市场的魔力的信念。让人们在市场里自由行动，借助于无形之手，社会

---

① J. R. Pole, *The Pursuit of Equality in American History* (Berkeley: University of California Press, 1978), p. 5.

就会整体受益。市场就是一个社会的集合概念。它不对任何个人保证什么,个人的命运依靠自身的努力。个人的成功并不是自动的;无形之手并不能保证人们一帆风顺、大富大贵。技能和勤劳外加一点点的运气才会带来成功。当然,由于坏脾气、懒惰、背运或罪过,人也有可能失败。但总而言之,纪律和勤劳是个人发展所需要的至关重要的因素,它们会慷慨地给你回报。这里没有不能克服的障碍。很多人相信他们能够和应该会找到走向成功的阶梯。美国以及后来其他国家的各个社会阶层之间,渐渐变得流动、疏松和自由。在古老的政体中,社会阶层是固定不变的:上层阶级相信是上帝赋予他们权力去统治社会并且将权力牢牢握在手中;下层阶级接受或者不得不接受统治并处于社会的底层。法律是社会的黏合剂,当然它也强调自由市场和少许自由的精神,强调经济自由主义和道德清廉。就如我们将要看到的,纪律也是一个关键的法律因素,虽然它隐藏在行话和学术伪装的外衣下面。

这样,我们从文学作品和其他文字记载中推导出来的 19 世纪个人的理想,和今天个人的理想有巨大的差异。这包括坚定地信仰高度的自制——在所有事情上的克制和适度得体。其核心就是自力更生的人的概念(当然,女人是不被期望自力更生的,至少不在同一程度上要求;她们当然也不被期望谋生、找工作或者创造她们自己的未来)。那么什么才是自力更生的人所期望的自力更生的样态呢?当然不是一次叛乱、一点自由的精神,或者也不是一个特立独行的人,而是希望尽可能地在商业或者政治事务中出人头地——但是在所有这些成就中,他将坚持他在童年时代所受的训练,那是中产阶级道德的典范:潜心于勤奋工作、克制个人癖好、信奉工作优于生活的价值观。正是这种人才能在自由社会中运行自如、成功发达；恰恰是因为他支配行为的内心自制力是如此之牢固，如此之旺盛。这些内心控制抑制了非正常的欲望和个性，抑制了违反社会规范的想法和冲动，也就是说，抑制那些使得一个人的习惯和个性特殊化和非一般化以及妨碍取得成功的每一件事、每一样东西。恰恰就是这种人的理想模型使得19世纪的个人主义显得独特和非凡。

这种个人的理想形象预示了一个特殊类型社会的出现，并且产生了一种特殊类型的法律秩序。在这个社会中，个体（至少是男人）被从经济束缚中解放出来，但是仍然同旧有的价值体系相联结。过去熟人社会中强大的社会化力量在很大程度上仍然没有被触动：包括家庭的、邻里社区的、老师的和传教士的权威。在某些方面，19世纪的社会还在试图加强这些私人管理者的影响力，将他们那些有关节制、良序和自制的信息传导得更远——这就意味着对无聊的古老习俗的无情压制和对大众娱乐与消遣的宣战。[①] 在西方社会，工作伦理与经济的和社会的成功依靠控制外在行为的内在规范，也就是说自我控制或自制；至于那些法律和权威的外在规范，它们允许工作自由和活动自由，但是却并不放松对生活方式和个人习惯的限制。对于打造社会关系网来说，中产阶级道德如同或者感觉好像如同辛勤工作一样至关重要。人们一般都希望管好自己，主动而独立地努力工作，激发自身的能量，依循传统的路径行进；他们也希望接受民主权威、法治和多数决（the

---

① 参见 Robert W. Malcolmson, *Popular Recreations in English Society, 1700-1850* (Cambridge: Cambridge University Press, 1973), chap. 6; Douglas A. Reid, "Interpreting the Festival Calendar: Wakes and Fairs as Carnivals," in Robert D. Storch, ed., *Popular Culture and Custom in Nineteenth-Century England* (London: Croom Helm, 1982), pp. 125, 141-147。

decisions of the majority)。有这种韧性和个性的人，不需要高压政治、警察、法律和监狱；他们凭借内心的坚信和习惯就能遵循正确的生活方式，而无须强制力。

简言之，当时的人民并不选择一种稀奇古怪的生活方式；他们宁愿尝试接受预先已经设定并已然存在的模式。他们被导向固定的行为模式，即控制他们日常生活重要方面的那些行为模式。法律的强制性部分——主要是刑事规则——作为高压政治同这一部分人是不相关的，当然这些规则在其他方面还是很重要的。它们保护体面的大多数人的利益免受他人的弱点或犯罪的侵害，而那些人的自制系统或者软弱，或者有缺陷，或者完全缺失。自我控制系统必然不是完美的，这样，社会就需要法律来对付越轨和偏离正常生活的人们——妓女、小偷、乞丐和其他道德失范者。当社会规范不能有效地进行管理时，或者人们不能将规范内在化并心悦诚服地遵循规范时，就需要法律的强制。法律还有一个非常重要的符号功能。它是一面旗帜，一份宣言；它宣告哪些规范正确，得到官方的认可并具有支配地位。作为对正当行为心理上的支持，这对法律自己来说无疑非常重要；推测起来，这大概也会增加（在某种未知的意义上来说）规范的实际效果以及它们在社会中的渗透力。

实际上，19世纪对那些自制系统不能符合法律和道德标准的人们残酷地施加了压力。那些人包括穷人以及那些下层阶级中失业、生病和倒霉的人。济贫法的残忍是臭名远扬的——并且，从现代的眼光来看，不公平达到了使人惊骇的地步。然而，当时的人认为贫穷必须是丧失体面和令人不快的；否则，人们就会选择靠领取失业救济金而不是辛勤工作来维持生计。至少当时有许多人是这样认为的。① 美国的监狱系统也异常残酷无情——博蒙特(Beaumont)和托克维尔称其为"暴君式的"(despotic)。② 这些来自法国的目光锐利的观察家并不是要批判美国的监狱系统;相反,他们对此非常赞赏。在他们看来,这是有效率并且能实际达到效果的犯罪控制和革新的手段。与欧洲和美国的旧式监狱相比较,19世纪的监狱是严苛却有益的秩序的典型。在某种意义上来说,监狱是正常家庭社会化的一幅漫画,也是儿童生活的一种夸张版本:编组管理的、家长式的、严格遵守纪律的(参见本书第8章)。优良的道德来源于联系紧密的家庭,或者来源于周围的公共机构如教堂,或者来源于乡村生活的凝聚力和团结一致。而不健康的道德却来自同辈、来自"社会"、来自横向和短暂的组合。

一般的法律文化也认为,无节制的行为(excess)必须被抑制,社会中那些培养纪律和自我控制观念的机构必须被强化。法典和流行的文学作品也传达出一种信息:强烈反对酗酒、赌博和放荡等恶行。权力机构也宣扬自我控制和适度得体的价值观;性欲旺盛常遭受到特别的贬斥。医学读本开始警告公众纵欲的危害以及对身体和精神的损害。自慰和过度性行为自身当然被视为不道德的,而且它们也带来了身体的毁坏、虚弱、不健康甚至精神错乱和死亡。

---

① 理由是"不幸和贫穷与用来救济他们的资金同比例增长";救济就是这样反生产的,因为它倾向于"让大工业失去力量,进而让个人的努力松懈"。*Report of the Secretary of State on the Relief and Settlement of the Poor*, New York Assembly Journal, Feb. 9, 1824.

② Gustave de Beaumont and Alexis de Tocqueville, *On the Penitentiary System in the United States and Its Application in France* (1833; Carbondale: Southern Illinois University Press, 1964), p. 79.

关于性的强烈警告最早出现在19世纪30年代的美国西尔威斯特·格雷厄姆（Sylvester Graham）的作品之中。根据格雷厄姆的说法，性兴奋"会快速耗尽生理组织至关重要的性能，并且削弱器官组织的官能"。① 将近80年之后，理查森·帕克博士（Dr. Richardson Parke）在一篇大众医学主题论文中宣称，大量压倒性的证据证明，"非自然的性行为"（artificial eroticism）会造成极大的损伤，甚至造成"眼睛组织的退化"；他又说，成千上万的人"因为手淫而事业受挫"。② 通过抑制即稍加修饰的适度调整，人才能通向健康和美德的高贵之路。人体是一个"能达致精巧的平衡的""封闭的能量系统"。③ 在前西格蒙德·弗洛伊德（Sigmund Freud）时代，对自我控制的强调在有关性行为忠告的著作中不断出现。但这也是解读弗洛伊德本人所鼓吹的观点的另一条途径。弗洛伊德相信，文明依赖对原始的动物性冲动的压抑和精炼。文明"依靠对本能的放弃才能够逐步升华"；它是以"压抑、退化和某些其他手段"导致的"强大本能的不满"为前提条件的。④

有关19世纪的自制迷津的解释汗牛充栋。例如，一个似是

---

① Stephen Nissenbaum, *Sex, Diet and Debility in Jacksonian America: Sylvester Graham and Health Reform* (Westport, Conn.: Greenwood Press, 1980), p. 113.

② J. Richardson Parke, *Human Sexuality: A Medico-Literary Treatise*, 4th rev. ed. (Philadelphia: Professional Publishing Company, 1909), p. 375. 有手淫习惯的人事业受挫是因为他们的性行为使他们变得"喜好孤独，不敢和健康的人们接触"，也因为"存在一种对有手淫习惯的人厌恶和嫌弃的气氛"，这种气氛使得他们成为"道德弃儿"（moral leper）。

③ Carroll Smith-Rosenberg, *Disorderly Conduct: Visions of Gender in Victorian America* (New York: Knopf, 1985), p. 258.

④ Sigmund Freud, *Civilization and Its Discontents*, ed. James Strachey (1930; New York: Norton, 1961), p. 49. 根据弗洛伊德的理论，文明需要遵循"经济需求的法则，因为文明为了实现自身目的而需要的充裕的身体能量，不得不从用于性爱的能量中摄取，在这个方面，文明对待性爱的行为就如一个民族或阶层使其他民族或阶层屈从于自己的剥削行为一样"。参见该书第57页。

而非的理由就是，这和经济秩序中的变化相关联。正如罗杰·莱恩(Roger Lane)所指出的那样，在乡村社群中，"卡车司机、农夫或者工匠都习惯于安排他们自己的日程表"；他们的工作使得"他们在体力上相互依赖对方"；这样，"时常的暴力"或者"酗酒"并不会瓦解他们之间"关键的相处模式"。但是随着工业资本主义的发展，不同的需要和要求就出现了。工厂"要求行为要循规蹈矩，要按照日历和闹钟来安排生活作息时间"。工业需要生活习惯规律的工人——表现出会准时工作、有准备有能力干活的冷静而克制的工人；工业也需要能理解工业纪律并且能够和工业生活的节奏合拍的工人。而且"在大型机构工作"的工人们是"相互依靠他们的伙伴的"。这样，"在随意而独立性很强的社会中能够被忍受的暴力和不规则行为就不再被接受了"①。换言之，在家中、床上、街上的纪律，在实践上和思想上都影响了在车间的纪律。

在19世纪，纪律逐渐成为社会制度透露或暗示的信息中至关重要的一部分。事实上，自由的扩张——个人选择范围的扩张——依靠自我克制。就如史蒂文·尼森鲍姆(Stephen Nissenbaum)所指出的，那个时代"颠倒了""长久以来形成的那种个人和社会组织之间的关系"。此前，人们把社会及其制度视为

---

① Roger Lane, "Urbanization and Criminal Violence in the 19th Century: Massachusetts as a Test Case," in Hugh D. Graham and Ted R. Gurr, eds. *The History of Violence in America* (New York: Praeger, 1969), pp. 468, 477. 约瑟夫·R.古斯菲尔德(Joseph R. Gusfield)也提出了一个类似的观点，强调了工厂纪律："节俭、准时上班和严格按时间表生活的行为是工业组织的组成部分，在这里散漫的、无规律的、不受约束的行为将威胁到整体的合作。"这样，就出现了反对喝酒和醉后放荡的强制性规范。*The Culture of Public Problems* (Chicago: University of Chicago Press, 1981)；另外参见 Patrick S. Atiyah, *The Rise and Fall of Freedom of Contract* (Oxford: Oxford University Press, 1979), pp. 273–274.

"稳定和秩序"的源泉。而此时,"社会自身和社会组织"反而变成了"不稳定性之所在";而个人成了"秩序的潜在源泉"。一个人不再受到"来自外部……强加的审查、控制和保护",而是不得不自我审查、自我控制和自我保护。① 并且他确实这么做了。政治社会可谓解除了公民的锁链,使得公民生活更加宽松,也允许公民释放自己强大的能量;然而,自由却依靠其个人的自我克制,即依赖这种信念:他不会走得太远、太快或滥用被赋予的自由。

三、20 世纪个人主义的内涵

当代对选择和个人主义的理解——用更准确的话来表述是感觉——与以前有显著的差别。这些概念现在已经包括了某些个人生活领域——用有点易招人厌恶的语词来概括就是"生活方式"。新的多种多样的个人主义强调自我表现,也就是说致力于培养内心深处的特点、扩张自己、发展每一个人的特殊素养和唯一性。这种观念自然也渗入到法律文化之中。联邦德国的基本法大胆地规定每一个人享有人格的自由发展和舒展(Entfaltung)的权利。② 这种措辞和隐含的理念,是不可能被 18、19 世纪的自由和公民自由权的拥护者以这种形式表述的。早期的宪法——像美国宪法——也没有包含这种概念。但是英勇的最高法院却从文本

---

① Nissenbaum, *Sex, Diet and Debility*, p. 136.
② 类似地,意大利 1948 年宪法第 3 条也宣称:消除那些"阻碍个性完全发展的""公民的自由和平等"的"障碍"。转引自 Mauro Cappelletti, John Henry Merryman, and Joseph M. Perillo, *The Italian Legal System: An Introduction* (Stanford: Stanford University Press, 1967),附录 A。

中解读出了这种含义。现代法律文化的核心概念就是选择、同意、自由和个人权利。这些都是古老的术语，但是它们在20世纪80年代的含义却与杰斐逊或洛克的时代迥然不同。

例如，压抑性欲的热潮已经完全烟消云散、湮没于无形。那些古老的医学读本在今天看来非常滑稽。现代社会完全颠倒了那些医学信息并对弗洛伊德进行了适合时代的重新阐释。现在不是性欲带来了疾病并耽误工作，而是性压抑带来了这些可怕的结果。性是一种幸福、一种愉悦、一种天赋；它是丰富多彩的生活的一个方面，也是一个人不可抑制的基本需求的组成部分。（当然，近年来艾滋病的蔓延，可能会导致未来不同的理念。但在现在，艾滋病只是一个对性安全和谨慎的警告，而不是叫人放弃性。）

这是诸多实例中的一个。在社会生活的每一个领域，公共行为都已经逐步或者快速被重构并且反映出新的文化以及选择和个人主义新的形象。大众教育的历史是其中尤可充分说明问题的一个例子。教育经历了其成长的多个阶段，也经历了多种多样的主导意识形态。比如，在18世纪的英格兰，某种精英观念排斥对下等阶层实行教育的理念。为什么要怂恿人们从根本上摆脱他们所处的地位呢？教育只会"致使他们桀骜不驯和难以驾驭"。[①]而另一方面，19世纪却发现大众教育是一个社会的必需品，不得不向所有的阶级敞开大门。教育是社会控制的一种重要形式；

---

① 转引自 Roy Porter, *English Society in the Eighteenth Century* (New York: Penguin Books, 1982), p.181. 当然教育对妇女也是没有用的，实际上，这反而还有害于她们的健康；参见 Barbara Ehrenreich and Deirdre English, *For Her Own Good: 150 Years of the Experts' Advice to Woman* (Garden City, N.Y.: Anchor Press, 1979), pp.125-131.

这对培养自由公民并训练他们的责任感和管理能力来说是很必要的。教育加强和发扬社会的既定价值——这是教化和社会化的一种模式，也是工作训练的方式。这是一种社会的方式，使得小人物也能像大人物那样思考和行动。学校教育是父母角色的延伸和加强。

在美国，学校在涉及外国人时发挥着特别重要的功能。移民不得不接受美国式的训练；职业培训学校的工作是"灌输新教-共和主义的意识形态"。贺瑞斯·曼恩（Horace Mann）也主张，"受过教育的工人更为多产……学校教育使得工人更加勤劳、服从，适应性更强"①。19世纪末，那个时候旧式的精英们感觉受到了威胁，正统观念的代言人比以前更加坚持美国的学校必须将正当的、可接受的价值观输入孩子的脑海中。② 现代的教育理论淡化了教育的这种角色，而且还加入了相当不同的理念。教育的概念已经被重构了，它现在成了一种个人自我塑造的方式，一种唤醒小孩潜在的自我的方式，每一个人都有成长的潜能，每一个人都是独特的花蕾。③ 当然，教育是否实现了这个目标，或者是否曾严肃地进行尝试，我们暂不讨论。

如果我们关于现代个人主义的分析（至少，大致的轮廓）正确无误，那么，人们将期望看到社会发生具有重大意义的变化。对于法律制度和权威结构具有深远意义的后果将会自然地从这种变化中产生，即从个人主义的转变中和对自治个人的崇拜中产

---

① David Tyack and Elisabeth Hansot, *Managers of Virtue: Public School Leadership in America, 1820-1890* (New York: Basic Books, 1982), pp. 54, 55.

② David Tyack, Tomas James, Aaron Benavot, *Law and the Shaping of Public Education, 1785-1954* (Madison: University of Wisconsin Press, 1987), p. 156.

③ "这项事业的目标是将孩子们培养成为理性的、自治的、感觉灵敏的人。"参见 Joseph Featherstone, *What School Can Do* (New York: Liveright, 1976), p. 11.

生。事实上，变化处处可见。那在过去似乎已经显得很广泛的选择范围，在20世纪似乎比以前进一步扩展。关于这一点，最明显的是人们的预期，即他们将得到什么的观念。大众文化和观念的调查结果暗示，人们认为，他们应该能从一个非常丰富的"菜单"中选择更加适合自己的生活方式和行为模式。当然，他们也可能并不满足于眼前实际的"菜单"，或者说不满足于使自己获得选择机会的那些安排，但那是另外一个问题了。

广泛的选择范围的观念几乎从定义上就改变了权威体制。它缩小了旧式威权体制的权力，并且也重塑了法律制度。然而，法律方面的变化却不能用一个简单的公式来归纳。有一个传统的习惯观念说，在法律上，19世纪比20世纪更加自由；19世纪是一个自由市场的、自由放任的、小政府的时代。然而，这个观念实际上产生了两个方面的误导：首先，它低估了政府在经济上和政治上的角色功能；其次，它忽略了一个事实，那就是公民自由权的扩大仅仅在经济和政治方面非常显著，而在生活的其他方面却没有扩大。同20世纪80年代的世界相比较，其他领域——性生活、结婚、离婚和家庭生活——仍然受到习惯和法律的很大束缚。

法律是一种媒介，选择的现代观念通过它才转化为活生生的社会制度安排。这不是法律"更多"还是法律"更少"的问题，而是选择哪种法律和哪种制度安排的问题。现代的个人主义（作为一方面）与法律、法律规则和法律机构（作为另一方面）之间是什么关系？正如我们所注意到的，我们的一般论题是，法律的"自治"仅仅是表面的、肤浅的。因此，现代的法律制度安排必须与现代法律文化和现代个人主义保持一致。

四、合理性、正当性与个人选择

现代法律、政府和权威都是理性的。这是马克斯·韦伯法律社会学著作的一个基本主题。[1] 他的著作提出了一个从传统型权威向理性-法律型权威转变的一个长期发展模式。

探索韦伯学说真实含义及其正确性的诠释性著述[2]汗牛充栋、众说纷纭，但至少许多社会思想家都同意这样一个基本观点：传统型权威的衰落是现代社会兴起的基本标志，理性-法律型权威逐渐取而代之。法律型权威一个与众不同的特征是其并非基于某一个或某一些特殊人物，这类人的权威来自传统或者世袭（例如，一个部落酋长），或者来自个人的超凡魅力或者说"克里斯玛"；与此相反，法律型权威被赋予一些官职或公职，这些职位的在位者根据定期选举或者不定期的指定而变换。每隔4年或至多8年会出现一位新的美国总统；在英国至少每隔5年议会就进行一次新的选举；意大利内阁总理或者比利时首相的替换更加频繁。在现代社会中，这些公职和填补其空缺的方法是稳定的，而在位者却变来变去。

---

[1] Max Weber, *Max Weber on Law in Economic and Society*, Max Rheinstein, ed. (Cambridge, Mass.: Harvard University Press, 1954).

[2] 参见，例如，Anthony T. Kroman, *Max Weber* (Stanford: Stanford University Press, 1983); David M. Trubek, "Max Weber's Tragic Modernism and the Study of Law and Society," *Law & Society Review*, 20(1986), 573; Manfred Rehbinder and Klaus-Peter Tieck, eds. *Max Weber als Rechtssoziologe* (Berlin: Duncker und Hunblot, 1987).

现代政府的权威也显然受制于法律和法律程序，因此，是字面意义上的"理性-法律"与政府的旧有形式和史前民族的管理组织形成了对照。为什么应该这样？使权威建立在法律基础之上并且能够适应当代生活的原因是什么？在某种意义上，答案显而易见。现代政府承担了错综复杂且技术性又很强的任务，而这些任务并不适宜由魅力、"克里斯玛"或赤裸裸的权威来承担；它们要求更规范、更常规的方法，要求秩序和文官政治（科层制），要求遵循既定法律的处事模式。在一个"克里斯玛"型或者习惯型的统治基础上，建构国民保健服务署、实施一项城市规划设计或者建立老年人退休金体系是不可能的。

虽然如此，但一些困惑仍然存在。法律活动是一种极其冷漠的现象——冷冰冰、机械而刻板。这就很容易理解为什么传统会如此坚韧顽强，实际上，它以历史经验为镶饰外表，受到强有力的文化纽带加固；这也很容易明白"克里斯玛"型权威的激情和魅力是何等的不可抵御。然而是什么支撑着现代国家的基本规则呢？法律权力的源泉又是什么呢？无疑，从遵循规则中形成一种信仰是可能的——这是人们关于日耳曼文化的共同刻板印象。宗教仪式、巫术和典礼的基础要素在现代法律中仍然保留着；符号象征和巫术魔力也不时灵光一现。然而这些要素似乎并没有足够能力获取或支撑现代权威的基本权力。

部分答案定然基于这样的事实，即理性-法律型权威拒斥个人而更钟情程序。正当性（和权威）基于程序规范，这与"克里斯玛"型和传统型的正当性来源形成了鲜明的对照。但是程序何以如此特殊？程序自身什么都不是，但它是确定、权衡和集结个人选择的工具，就此而言，它又是一切。现代社会中程序是决定得以做出的步骤，而这些决定将以某种有序的方式反映出人们的选择结果；程序能够解决大批选择者选择范围的增减问题，也能应付不同选择之间的冲突。典型的例子就是投票选举。选举是现代国家运作的基本程序，而投票正如许多人所认为的那样是最后的合法形式，也是政府所仰赖的最终基石。实际上，现代权威是一种选择的权威；或者用更准确的话说，权威要么实际上是经选择产生的，要么看起来好像是经选择产生的。现代国家和现代权威结构之所以具有正当性，就在于它们有权促进、引导和实现个人的选择。当面临冲突的选择和多种的选择问题时，法律程序是解决方法。投票表决只不过是记录选择并将选择具体化的一个手段而已。

如果要归纳基本原则，那么就是：现代国家仰赖法律的权威，而法律仰赖个人选择的权威。现代国家有两类公共规范，它们和国家宪制结构的两个要素相对应。首先是"普通"（ordinary）规范。这些规范是由立法机关制定颁布并由多数决通过的法律；或者是由法律创制并可依同样的程序废除的一些机构——例如规划委员会、税务机构、铁路委员会等——的规则和规章。所有这些规范都号称反映"人民的意愿"，也就是说通过人民选举代表或者由他们任命的官员来表达的意愿。另外，还有一类特别神圣的规范——基本权利，或在成文宪法中明文昭示，或被当作正当社会秩序的基本原则。这些权利是个人自由体系大厦的基础。

其实这并不新鲜，但是在当代社会基本权利的含义已经发生了微妙的变化。它们已然越来越多地指向个人选择和私人生活——它们越来越多地被解释为创造不准国家侵犯和蚕食的自由领域和公开选择范围（杰斐逊和洛克如果知道现代的"隐私权"

也会大吃一惊)。个人选择是巩固许多基本权利的核心理念。

本书后面几章会对这种观点进行详述,在这里,应该强调的还是权利理论的转变如何改变了正当性的类型。在经典的政治理论中,投票和选择是民主政体的基本工具;权利被看作政治或者经济的专业术语。当然,美国宪法从来不创制"抽象的"民主。它特别保护某些经济或者政治权利不受多数人的侵犯。《权利法案》为避免旧世界君主政体的暴政而建立了刑事审判的安全设施。还有些规定保护信仰不受国家或州政府的侵犯,保护财产所有权不被侵犯。这就是这些权利宣言的主要内容。

没有什么比20世纪宪法政治的蓬勃发展更令人惊奇和戏剧化的了,宪法法院僭称自己拥有了庞大的权力。理论家稍微有些为难和窘迫地感到,难以合理解释为什么司法审查会如此旺盛和强大,以及如何证明法院这种权力的正当性,毕竟这是"反多数主义"(countermajoritarian)的——也就是说不民主的——我所提到的这个长词仅仅适用于法院。

但是,今天的普通人却并不认为民主会仅仅由投票和选择的政治术语来表述。他们倾向于用具体而实质的话来表述:民主是个人权利、个人选择和生活方式。自由意味着特殊个体所坚实拥有的实在的主张、权利和选择。多数人不能也不应该染指个人权利的领地。这样一个宣布、维持、保护和支持这些个人权利的公共机构并不是不民主的。实际上,在公民的眼中,法院具有意义深远和意味深长的民主意蕴,即便这与政治理论相抵触,也是如此。理性-法律类型权威的正当性并不限于投票或文官政治(科层制),而仅仅意指根据基本法的制度加以监控和抑制。

五、文化模式、人的模式

个人主义在历史上的多种含义以及随着时间的推移而引起的含义的演变,已经成为文化多维度研究的主题,尤其是那些19世纪和20世纪文化的比较,或者城市和乡村文化的比较。当然,这些多样化的研究强调根本相异的要素,并且具有不同的重心,但它们同时也与本书讨论的主题具有显著的对应关系。例如在爱德华·L. 艾尔斯(Edward L. Ayers)关于19世纪美国南部犯罪和惩罚的研究中,"荣誉"(honor)的概念扮演了关键性角色。一部荣誉准则意味着一种"对他人意见的自负的关切"。艾尔斯将南方的荣誉准则同他所认为属于北方诸州的关键性文化特征相比较,这种特征就是个人尊严的概念,即"确信每个人出生之时就至少在理论上与任何其他人一样平等享有某种固有的价值"。[1] 南方的男性白人,也就是该地区的统治精英,倾向于避免适用正式法律。荣誉准则并不赞成诉讼,而是提倡暴力,提倡对危害和侮辱行为做出身体上的反击。而北方诸州的主导理念是个人尊严,它拒绝暴力,更欣赏自我克制。法律的强制是一种可接受的权力运作机制。起诉和运用法律程序并不是羞耻或者不名誉的事情;政府因而在运用法律使得意志薄弱或罪孽深重的人遵守公认

---

[1] Edward L. Ayers, *Vengeance and Justice: Crime and Punishment in the 19th Century American South* (New York: Oxford University Press, 1984), chap. 1, 特别是第25页;同时也参见 Bertram Wyatt-Brown, *South Honor: Ethics and Behavior in the Old South* (New York: Oxford University Press, 1982).

标准方面毫不犹豫。简言之，法律就是暴力和自制失灵的替代品。

荣誉准则是男人的准则，也是建立在贵族理念基础上的准则，带有强烈的传统气息；个人选择和个人利益从属于贵族集团所分享的规范需求，这使得该准则具有近乎无情的刚性。荣誉要求人们以既有的方式行动——例如对待女人——而且他们并不准备温驯地接受人身侮辱。荣誉准则透露出一股浓厚的贵族气息。正如欧洲的文献所阐释的那样(德国特奥多尔·冯塔纳[Theodor Fontane]的《艾菲·布里斯特》[*Effi Briest*]就是一个极好的例子①)，荣誉文化在西方非常普遍，在前现代的尚武社会中也很普遍。在这个意义上，诚如艾尔斯的界定，美国北方的"尊严"准则带有非常强烈的现代气息。它强调个体有责任遵从自己的良心，坚持自小所学的纪律，价值源自内心准则而非贵族集团。这些是自制、勤勉的规范和标准，也是传统道德，这是19世纪个人主义的经典观念。20世纪的新个人主义取代了这两种准则(荣誉的和尊严的)；其在坚持个性以及坚持每个人在多种选择和规范中选择创造自立的自我的权利方面和旧有的模式有明显不同。②

从旧个人主义向新个人主义的转型，也是罗伯特·贝拉(Robert Bellah)及其合著者《心灵的习性》(*Habits of the Heart*)一

---

① 特奥多尔·冯塔纳(1819—1898)，德国小说家、戏剧评论家和诗人，德国19世纪现实主义文学最重要的代表人物之一。《艾菲·布里斯特》是他最著名的一部小说(中译本可参见[德]冯塔纳：《艾菲·布里斯特》，韩世钟译，上海：上海译文出版社，1980)，该小说在1974年还被著名导演法斯宾德改编为同名电影，又译作《血泪控诉》。——译者注

② 当然，还存在强调尊重的给予和获得的尊严的其他含义；如果对现代美国诽谤法关于荣誉和尊严的讨论感兴趣，请参见Robert C. Post, "The Social Foundations of Defamation Law: Reputation and the Constitution," *California Law Review*, 74 (1986), 691.

书的主题,该书在 1985 年出版时便引起了世人的极大兴趣。作者将个人主义视为美国价值的核心,但他们却描述了"功利型"(utilitarian)和"表现型"两种个人主义之间的区别。"功利型个人主义将人类生活看作个人将其自身利益最大化的努力",其主要表现是在经济领域;表现型个人主义则坚持"每一个人都有唯一的感觉和直觉的核心,如果其意识到自己的个性就应该被显露或者表现"。[1] 根据贝拉和他的合著者,这两种个人主义模式代表了美国性格持久的方面。但是,表现型个人主义如今正在成为或已经成为了主导模式,现在,对大部分美国人来说,"生活的意义"就是"使自己成为自己,或者说近乎自己创造自己"。[2]

两种个人主义模式的区别,也可以和大卫·里斯曼(David Riesman)在他的名著《孤独的人群》(*The Lonely Crowd*, 1950)中所描述的差异相对照。里斯曼对建立在符合、服从和循规蹈矩基础之上的人格要素兴趣盎然。他描绘了三种截然不同的人格类型。第一种能够在旧式社会中发现,个体倾向于"传统导向"(tradition-directed),遵循"忍受了好几个世纪的……被连续几代人少许修正(如果真的有修正的话)的"规范。[3] 第二种人格类型带有 19 世纪美国的特性,是"内在导向"(inner-directed)的。内在导向的人遵循那些"在一生早期被年长者所灌输的,注重无可逃避的注定目标"的规范。[4] 这就是典型的勤劳、虔诚而又循规蹈矩的新教徒。第三种人格是"他人导向"(other-directed)的,

---

[1] Robert Bellah and others, *Habits of the Heart: Individualism and Commitment in American Life* (Berkeley: University of California Press, 1985), pp. 334, 336.

[2] Ibid., p. 82.

[3] David Riesman, *The Lonely Crowd: A Study of the Changing American Character* (New Haven: Yale University Press, 1950), p. 11.

[4] Ibid., p. 14.

同等身份群体构造人们所要遵守的主要规范。粗略一看,这种里斯曼所谓的现代阶段的"他人导向"尊奉者和贝拉所谓的表现型个人主义者并不相似,但我们应该看到他们骨子里是一样的。

里斯曼的分类涉及的是性格或者人格类型,当然,正如里斯曼所清晰承认的,性格和人格并不独立于社会结构。每一个历史阶段都有相应的典型人格类型,也有行为的典型模式。里斯曼就是在寻找这些模式,他的著作也是探索类型变换的一次尝试。表面上,里斯曼方案也没有涉及法律和政府;它所涉及的是更一般的社会意义上的权威。然而,在一个复杂社会,权威必然仰赖法律作为支撑。作为文化(正式的或非正式的,公共的和私人的)的表现和组成部分的权威类型,在引导法律创制和突破的动态过程中扮演了一个至关重要的角色。

许多关于文化转型的研究都能够进一步证实这种普遍模式。罗纳德·英格尔哈特(Ronald Inglehart)注意到西方公众从"物质主义"(materialism)向"后物质主义"(post-materialism)的转变,也就是说,从强调"生计和安全"的需要向"尊重、自我表现和审美满足"的需要转变。① 研究伊利诺伊州"桑德县"(Sander County)的大卫·恩格尔(David Engel),将"权利导向的个人主义"(right-oriented individualism)和"强调自足和个人责任的个人主义"(individualism emphasizing self-sufficiency and personal responsibility)做了区分。问题是为什么这个乡下小县的老前辈们会反对在一个意外事故之后提起损害赔偿之诉。而答案就是他们的个人主义"强调自足而不是权利或者赔偿";这里还保留着

---

① Ronald Inglehart, "Post-Materialism in an Environment of Insecurity," *American Political Science Review*, 75(1981), 880, 881.

"源自早期熟人共同体……的价值观"。① 沃伦·苏斯曼(Warren Susman)主张自我的"典型类型"大约在上个世纪完成了从"性格"(character)到"人格"(personality)的演化。性格文化强调秩序和纪律,而人格文化却强调特殊的自我。② 丹尼尔·贝尔(Daniel Bell)看到"技术经济秩序"亦即"效率或实用理性"的世界和一种"文化"之间明显的断裂,在这种文化中,人们"将自我视为文化鉴赏的试金石",19世纪古老的"资产阶级价值"——"自律、克制、先劳动后享受"——已经被摒弃无遗。③ 关于个人主义的文化意义和形态变化的基本线索,社会学家、史学家和社会思想家似乎已经达成了一般共识。关于人的本性和社会目的的流行观点与关于人格、个人权利、选择和自我实现的现行理论,呈现出了相似的方向。

至少可以说,大众文化和法律文化的证据几乎无法产生数学意义上的证明。它们被从观察、采访、会谈以及报纸、杂志、电影、电视节目的陈述甚至那些启发灵感和入门的书籍以及有关如何培养孩子、如何示爱、如何提升自己的书籍中提取出来,糅合在一起。这种证据易变而不可捉摸,却又真实不虚。无论如何,这种证据为前文所涉及和引证的作者们的观点提供了支持;正如他们所看到的,它们会集中于简单的一点。这也证明个人主义的新形态集中于自治的、独特的、自力更生的自我。这个新概念是

---

① David M. Engel, "The Oven Bird's Song: Insiders, Outsiders, and Personal Injuries in an American Community," Law & Society Review, 18 (1984) 551, 558 - 559.

② Warren I. Susman, *Culture as History: The Transformation of American Society in the Twentieth Century* (New York: Pantheon Books, 1985), chap. 14.

③ Daniel Bell, *The Cultural Contradictions of Capitalism* (New York: Basic Books, 1976), p. 37.

无组织的公众或者说至少是中产阶级大众的一个创造。这个概念可能会也可能不会逐渐消逝,但的确会被筛选,所以最后会形成政治哲学和其他高级思想形式。根据约瑟夫·拉兹(Joseph Raz)的说法,"个人自治的理念""在某种意义上说,是人们控制自己的命运并通过其一辈子的连续性决定来改变命运的这样一种愿景"。"主导性的理念"就是一个人成为自身生活的"创造者"。[①]在拉兹和其他人看来,这也成了系统思想的主导理念。规范性的命题蕴含了描述性内容的主旨。

当然,这种特殊的流行理论并不缺乏竞争对手。这种理论既非普遍也并非不可挑战,无论是在高级文化还是在平民文化中。在科学和社会科学中,还有其他类型人的形象,有些和表现型个人主义相一致,而有的却不一致。例如,理性的最大化论者,一个游走于经济学教科书上的僵硬、冷血而又不那么可爱的家伙,会使人联想到贝拉所谓的"功利型"个人主义。极端的最大化论者几乎不是一个真正的或完整的人;但是经济学家假定和坚持这是他们的模型中的核心真理。最大化论者——无论是亚当·斯密所描述的类型抑或"功利型"——都不是表现型个人主义者。但是今天,甚至最大化论者都已经皈依。毕竟,最大化论者所主张最大化的,是她自己的口味、愿望和目标;对于有些经济学家,只要能够建立一个市场,那么没有一种口味是不正宗的,没有一种需要是不正当的。

从社会学、人类学以及某几种激进思想来看,人的其他形象很少符合现代个人主义的假设。受骗的、被操纵的人的概念也是

[①] Joseph Raz, *The Morality of Freedom* (New York: Oxford University Press, 1986), p. 369.

存在的，其选择范围减少到了细小琐事的地步，以至于——用赫伯特·马尔库塞(Herbert Marcuse)的讽刺短语来说——他仅仅喜欢"在小饰物的丝带之间自由选择"。① 还有米歇尔·福柯(Michel Foucault)的梦魇般的"监狱式社会"(carceral society)图景的描述——一个阴冷凄凉的、令人毛骨悚然的现代生活的描述，在这个生活状态中，残忍的专家、"判定正常性的法官"(the judges of normality)无处不在，"每一个人都可以发现他的自我、他的主观意识、他的身体、他的姿势、他的行为举止、他的智能、他的成就"暴露于和屈从于无情规训和无形权力的详细命令之下。② 福柯描述的这幅图景，从某些方面来说，和这里所表达的个人主义是相对立的。但是从一个不寻常的、无意识的角度来说，这也为选择的共和国做出了贡献。那使得"监狱式社会"如此令人毛骨悚然之处就在于其与现代个人主义的不协调。规训和压制是如此令人讨厌，向读者弹奏出如此恐怖的旋律，恰恰是因为这个预设：自由选择和表现型个人主义是正当的规范；"监狱式社会"不是秩序和均衡，而是这种健康生活的恐怖变种。

正统的社会科学很少提供人类状态的阴郁景象，但是他们描述的人的形象并不整齐划一地符合以上所描述的流行预设。社会科学传达出的核心信息是，人类是一种文化的生物，依赖他们置身其中的社会结构。这些知识领域至少暗示了选择的自由常常是虚假的意识或者彻头彻尾的幻想。人们是其所在环境的产物；他们像鱼一样游于文化之海中；他们或许认为他们在进行自由的选择，但是他们的选择却受到深嵌其中的背景或环境的约束，尽管

---

① Herbert Marcuse, *One-Dimensional Man* (Boston: Beacon Press, 1964), p. 7.
② Michel Foucault, *Discipline and Punish: The Birth of the Prison* (New York: Vintage Books, 1979), p. 304.

这个过程被遮蔽于模糊的潜意识之中。文化和个人必然会彼此影响。社会科学家敏锐地意识到自我所置身的具体情境如何约束了自我,其力量远胜于自我意识本身。[①] 在个人标准上,也存在一种心理或心理分析决定论的独特形态。这种形态主张,预设的和无意识的动机具有优先地位;这种进路"提供了动机决定行为的观点",对深植于人格中的行为寻求解释;[②] 这种进路倾向于认为选择实质上是一种幻想,一种潜意识在意识的头脑中所玩弄的把戏。

在社会科学或者在政治、意识形态领域,所有这些听起来可能都很正确,然而这和大众文化的关系却比较疏远和淡薄。当然,有些社会科学的观点和软化版的弗洛伊德观点已逐渐渗入大众杂志,或者使自己糅入电影情节之中;但决定论的观点总体上并不符合日常生活中人们的所思所想。人们在生活中呈现出自由选择的状态。他们自愿地思考大部分行动,他们将工作和习惯当作意志的产物,他们不知道或有意排斥社会决定论。他们鄙视这种心理决定论的观点,尤其是当这种观点被用于为越轨、变态和犯罪行为寻找托词的时候。语言和意识中充满着选择、同意、契约和自由意志,人们基本上确信他们是依据自己所选择的方式在行为。一个人如果不重视这些概念的原始力量(primitive power),那就不可能真正看清现代社会的结构。当然该过程可能也会以反方向运作,也就是说,法律和统治的新形态会为某些人格类型和个人主义的激进形态创造一个适宜的环境。现代民主既以表现型

---

① 参见,例如,Victor Barnouw, *Culture and Personality* (Homewood, Ill.: Dorsey Press, 4th ed., 1985), p. 6。
② Walter Mischel, *Introduction to Personality*, 3rd ed. (New York: Holt, Rinehart, and Winston, 1981), p. 64.

个人主义为动力，又培育和鼓励表现型个人主义。

当然，我们正在讨论的是一般性倾向。社会生活不可能用简单的公式来概括总结。我相信此处所描述的自由和选择的理念在现代社会中是主流；我也相信，在个人在权利方面是什么或者应该是什么的问题上，这是普遍的、优位的概念。但是各个社会及其成员是多么纷繁复杂、各式各样。公众当然远非"万众一心"。无论从群体的标准还是从个体的标准看，这都很现实。任何一个特定的人（无论是男人还是女人），其对真实世界和世俗的看法可能完全不同于另一个人，而且似乎经常完全不同。

随着关于是非的基本理念的变化，他们将旧有的意义挤往一边，但却不必然毁尸灭迹。甚至美国和其他西方国家的许多人，对个人选择、循规蹈矩、权威的感情也非常矛盾。有些人喜欢自由但也想被领导；还有一些人想要选择自由却信奉旧有的价值观。他们喜欢严格的秩序，他们喜欢权威。他们支持强制、规训、政府的稳固以及个人生活中的严格道德。他们的态度和选择的共和国也许并非不能和谐共存。民主和选择自由本身要求一定的刚性标准和稳固结构。为了自由权和选择权的最大化，法律制度必须坚强稳定；否则，社会将陷入极度混乱的深渊，信奉个人主义的个人也会无可救药地步入歧途。

在现代世界里，将选择、同意和契约看作超越所有问题的至善或绝对美德，恰恰是不能被接受的。从19世纪的个人主义形态的角度看，基本的法律概念如选择、同意和契约被迫屈从于法理学家使用多种多样的理由所进行的毁灭性批判之下：它们被看作受意识形态玷污的，或者被看作支离破碎、语无伦次的，或者是与人民真实生活不符的虚假现实。强大的呼声向资本主义秩序的洋洋自得提出了挑战。这些呼声宣称，工业社会中的选择是被迫的、虚伪的。尤其是自由契约，它已经成为一种海市蜃楼和特权的保护膜。这种批判对正式的社会思想产生了显著的影响，并且在一定程度上也影响了法律创制和法学理论。也许，它们还会渗透和影响大众文化；实际上，许多学术性的攻击就始于街头的罢工和暴动，以及对失控市场的放肆行为的反抗。

尽管世界发生了巨大的变化，但是经典的理念仍然保持了其强大的生命力。在法律上，契约自由更幼稚的（或者说意识形态的）版本已经被抛弃很久了。契约自由概念自身在其边缘上也有点冲突；它不再喜欢和自由理念之间那种封闭的、紧密的、唯一的、唯我独尊式的联系。然而，契约自由——其基本核心——作为一个现实保持着活力，即实践中的契约，而不是意识形态中的契约。在很多方面，契约的王国比以往更强大。市场是存在的，我们想买什么就买什么，想卖什么就卖什么，我们的日常生活充满着这些持续不断的约束和反约束的韵律，这就是契约的实质。选择及其消极形态——同意——依然是自由的内在含义的一部分；它们描述了成为一个有责任的人意味着什么。此外，在西方，选择没有文化层面的替代品；也就是说，不存在另一个观念可以取代一个理性的、独立的、能选择自身生活的人的观念。未经过滤的大众理想赞扬那些为自己创造生活方式的人。这种大众理想也有它的对手，但是没有一种对手会对这种理想造成致命的威胁。根据一般判断，绝大多数人都排斥一个被预先规划的自我、出身和身份确立的自我、固定而又不能更改的自我，而这些都是超越个人选择和个人意愿的。

六、民族个人主义和国际个人主义

选择和个人主义的内涵在当下日益扩展。因此，社会的目标首先必须服务于个人发展，必须将个人选择的范围最大化。然而，选择的核心不应当是美国专属或特有的；这些特征在某种程度上是所有西方社会共有的。

西方社会似乎是一体的，沿着单一的主线齐步发展，尽管它们的历史、传统和文化中存在一些突出而明显的差异。那些社会也共同面临着对"法律爆炸"和旧权威解体的抱怨。例如，在西德这两种声音经常出现。[1] 两代人以前，这个国家正经历着历史上最残酷的一位独裁者严密而残暴的统治。今天，这个国家拥有了宪法、宪法法院、基本权利法典，而且这些都不是纸老虎。德国的宪法法院在司法能动性上也许仅次于美国最高法院。德国的法学家和利益群体也越来越关注基本法和个人权利的实现。[2]

此外，（和过去相对比）每一个欧洲国家都有极大的灵活性。阶级和社会阶层之间的界限比以往更有流动性；人们在城市间迁徙、更换工作也比以往更加频繁和轻松。在这样的背景之下，尽

---

[1] 参见，例如，Wolfgang Seibel, "'Gesetzesflut,' konservative Staatsrechtslehre und kritische Sozialwissenschaft," *Demokratie und Recht* (1980), p. 123。

[2] 参见 Brun-Otto Bryde, *Verfassungsentwicklung: Stabilität und Dunamik im Verfassungsrecht der Bundesrepublic Deutschland* (Baden-Baden: Nomos Verlagsgesellschaft, 1982); Bruno Schmidt-Bleibtreu and Franz Klein, *Kommentar zum Gundgesetz für die Bundesrepublik Deutschland* (Neuwied: Lunchterhand, 1983) 的第六版，分析几乎长达 1500 页。

管文化差异依然存在，但"表现型个人主义"就如同在美国一样也繁荣起来了。简言之，在西方国家，根据反映选择和同意优先原则的方式，权威和法律被重新定义了。现代社会结构因其仰赖被治者同意的预设而具有正当性。虽然正当性的旧有模式依旧存在，但几乎完全失去了说服力。当然，等级和阶层以其被修正的形态依然存在，但正当性极其微弱。在某种意义上，它们已经烟消云散。政治理论和流行舆论已经向各种形式的特权发出挑战；原先确立的教会和贵族政权则几乎完全消失。平民主权成为了统治结构的重要基础，而旧有的政府模式已经破产，国王和女王们即使存在也只具有象征意义。

在美国，这些趋势很早就以一种特别剧烈的形式在本国经验中涌现。这非常自然。个人选择的至高地位在美国迅速蔓延，因为这里是个新社会，与欧洲模式的独裁联系甚微，同时又拥有大片土地和剩余空间。选择的共和国在北方的增长比南方更迅速、更强劲。当然，南方当时盛行的是奴隶制度。北方废除了奴隶制，很多人将奴隶制当作恐怖恶魔加以谴责。然而，并没有多少证据表明北方的白人信仰种族平等，相反，种族主义的证据倒是势不可挡。大多数人或多或少都确信黑人不如白人优秀，并且认为这种差距是不可抹平的。在很多州，自由的黑人都没有投票权。学校的种族隔离制度实际上最早开始于北方，而不是南方。①

当时的奴隶制度为何如此不得人心？因为这同北方建立在个

---

① 参见 Arthur Zilversmit, *The First Emancipation: The Abolition of Slavery in the North* (Chicago: University of Chicago Press, 1967)。内战以前，波士顿地区的学校长期实行种族隔离，这种隔离被 1849 年"罗伯特诉波士顿市政府案"(Robert v. City of Boston, 59 Mass. [5 Cush.] 198)的判决所支持。当然，在那个时期为黑人提供很少或者根本不提供教育设施的南方诸州并没有此类问题。

人主义之上的正当性核心——自由选择、美德(merit)、个人同意——相抵牾。当然，这些都是19世纪的个人主义形态。虽然它(仍然)没有强调生活方式，但是却成了当代文化形态的直接先驱。认为奴隶制度可恶的原因很多，但其中有一点非常确定：它与自由契约和自由选择的观念相抵牾，而后者对于主流政治理念和经济文化来说至关重要。

当然，这里所描绘的仅仅是西方国家的主要趋势，而描述它们的区别也很有必要。这些区别包括：欧洲社会趋向(相对的)刻板，而美国社会却趋向进取性的流动；在美国，盛行法条主义、好诉现象，而在(比如说)法国，人们对法院、请求权和权利持更克制的态度。当然，欧洲国家的发展似乎已经明确地踏上了美国之路。我认为，从美国的影响力出发思考问题无疑是一种错误，操弄文化帝国主义则更是一种错误。甚至在谈论因外力影响导致的文化传播(cultural diffusion)时，我们也应当非常小心谨慎。这种观念可能会极具误导性。文化传播并不是一个工具和理念从A国流动到B国的过程，仿佛水从山上往下流似的。它是一种牵拉，而非推动或流动：B国从A国吸收文化。西方国家在政治和社会结构、经济组织、科技标准的很多特点都是相同的。其中一些特点有时看起来很有美国特色，是因为它们最早出现在美国，或者其最有力的形式是在那里发展起来的。可口可乐、汉堡包以及司法审查并不是以简单而粗暴的方式闯入荷兰人或意大利人的生活。随着各国发展出其自身的那种表现型个人主义，它们便开始需要这类奇异的东西。

民主"俱乐部"的成员基本上是由专制或独裁社会演化而来的。在那些社会中，权威结构缺乏(现代)制衡，而统治阶级

50 拥有无限的自由裁量权(至少对大众而言是这样的)。人们并不会对所有这些社会共同出现的"权威的没落"(decay of authority)感到惊诧。在所有这些国家中,国王的天赋权力已经化为乌有,教会也已经从功能上(如果不是法律上)被废除而实现了政教分离;宗教宽容也已经在法律上牢牢确立;贵族精英也至少失去了原有的一些权力;很少有人再提及"天生"贵族、血统重要性以及阶级之间严格界限的必要性。相反,在这些国家中,国民坚持平民主权;政府通过选举产生和轮换;独立的法院系统以及法治成为理想并且(多少)已经成为现实;而且在大多数这类社会中,一个特殊的非等级化的、多元的权利爆炸时代已经到来或者即将到来。

第4章 技术与变革

现代的一个特征就是社会变革迅速。认识到这一点可能与变革本身同样重要。人类社会的演化过程就好像是一个人从爬到走再到跑，然后到乘超音速飞机飞行。显然，技术在其中发挥了重要作用。技术是促进社会变革的关键力量，但它并不是社会变革本身。在理论上，写给母亲的家书，不论是用羽毛笔书写，用打字机打出，还是以电子方式发送，都具有文化上相同的意义。但实际上，当技术变革变得足够巨大和重要时，它将不可避免地带来社会交往形式的变化。可以说，发给母亲的电子信件和用羽毛笔写给母亲的信件在很多方面是不同的，因为母亲和儿子以及他们之间的关系已经发生了微妙具体的变化。

想象一下我们与一个世纪或一个半世纪以前生活在美国或欧洲国家的人们之间的差异，问题就变得更清楚了。我们所处的世界同我们的高祖辈所处的世界有深刻的差异，但是是什么原因造成了差异？差异又是怎样的呢？当然，也有稳定和连续的因素，特别是在美国，它没有经历欧洲的战乱。首先，政治体制在某些基本特征方面没有变化。美国宪法已有200多年的历史，是世界上各国现行宪法中历史最长的。目前的政体在主要方面与当初制宪者设计的一样：总统、国会、最高法院以及联邦制。现代的福利和行政管理体制可能与制宪者的想法不一致，但也是建立在资本主义基础之上的,与 1800 年时的管理体制并非完全不同。自由市场经济不但一直没有消失,现在甚至出现了一定程度的向其古典形式的回潮。

社会在形式、结构和文化方面也表现出了连续性。尽管有现代俚语和数以千计的新词汇出现,英语语言在实质上与 1800 年时相同。学者们经常发表文章宣称核心家庭已经消失,但核心家庭却在现实中继续存在;社会仍然将人分成富裕的和贫穷的、受过教育的和未受教育的等不同阶层;城市的基本设计、街道的布局也还可以辨认得出来。西方其他国家,如法国和德国,在政治上很不稳定,不时发生逆转、革命和社会动乱。但是在其他方面,如家庭、语言、教会和社交方式等社会制度方面,这些国家也表现出了连续性。

然而,表面的连续性可能会使人产生误解。因为也许只是外在的形式延续了下来,而内在的含义却已发生了根本改变,甚至对那些看起来与两个世纪前完全一样的制度而言也是如此。如果我们循着这样的思路去探寻社会发展的不连续性,就必须从有关技术的大量事实开始。一个 18 世纪末的人如果面对 19 世纪 80 年代的机器设备、精巧的装置和科学上的奇迹,将会大吃一惊。在现在年届九旬的人们出生之前,飞机、汽车、收音机、电影、电视、冰箱、塑料、空调和电脑都还没有出现,更不用说避孕药和试管婴儿、人造卫星和氢弹了。这些都是有形而可以观察到的。20 世纪的机器不仅仅是旅行、进行数列运算,或使人更快更有效地得到更好娱乐的工具,它们带来的变化从根本上对社会产生着深远的影响。

再以一个人给母亲发电子邮件或打长途电话为例。即使长途通信简便且费用低廉，只要家庭成员可以方便快捷地远距离迁移，家庭结构就不可能完全保持不变。总之，新的通信方式改变了家庭关系，甚至改变了所有的人际关系。这些关系究竟是如何改变的，并不容易准确地说清楚。我们将在后面说明这一问题。这里要强调的是，一辆汽车不是一匹骏马所可比的：它是一种革命。对现代社会中法律和权威进行任何持续和严肃的调查研究，都不能不考虑社会变革，这就意味着将技术革命作为论证的中心点——技术革命犹如火山爆发形成的冲击波，席卷了人类社会，并且一直没有减弱。①

　　两个普遍存在的现象已经引起了我们的注意：一是法的形式和结构的迅速发展；二是传统型权威的弱化和表现型个人主义的发展。用韦伯的话来说，传统型权威正日渐褪色；理性-法律型权威则取而代之。但是它不是一种毫无限制的权威，在没有明确法律规定之处，仍然存在自由选择和自由把握的空间。将技术革命与这两个过程联系起来并不困难。首先，社会的急剧变革改变了人们思维和行为的方式。这种新的方式和生活与传统社会的人们是不一致的，在传统社会中，变化的速度缓慢，传统权威的控制牢固。在快速变革的时期，关于法律正当性的较为古老的理论，即超人类理论，已经不能继续维系。这些理论弱化、死亡，最终正如我们所见证的，被工具主义的理论所替代。

　　这是一个自然而然的过程。变革必然要从根本上弱化不变的观念，这种观念认为秩序神圣不变，永恒存续。快速变化会引起反应，并会在法律领域中得到回应。立法机关进行立法活动，法

---

　　① 原文此行下有一级标题"法律的正当性及其形式"（Legal Legitimacy and Its Forms），但全章只有这一个标题，列出与其他章节在体例上显得不协调，故删去。——译者注

院对在新情况下出现的案件作出判决。这些法律活动剥去法律的外壳,揭示出其内部运动的机理——规则、规范、原则以及法律制定过程中政治的、人为的和工具性的因素。当人们看到或听到其他的人为通过或者修改法律而四处游说时,怎么可能坚信法律在实质上是神启的产物呢?当一个傻瓜都知道并看见了制定法律的方式时,人们怎么可能去相信法律是内在理性的产物呢?这种法律不是纯粹理性的命令,而是农民、商人、银行家或者全国苹果种植者联合会等在激烈斗争后的一种相互妥协的产物。

当然,即使在这个飞速旋转、变化令人眼花缭乱的新世界里,也总是有把旧信仰同新情境加以调和的路径的。的确,对于很多人而言,坚守过去的信仰好比在惊涛骇浪的海洋中抓住了救命稻草,在如今变得比以往任何时候都更加必要。这正是宗教和宗教信仰的功能之一:在如今这个变化多端、人情淡漠的世界里,在这个危机四起、矛盾多发的世界里,它成了"冷漠世界里的港湾"(haven in a heartless world)。[①] 但同时,宗教信仰的性质也在这个过程中发生着变化:宗教成为一种人们所选择的天堂,它不再像以往那般作为无可怀疑的传统的一部分,从一个人出生之日起就被预定并伴随其终身;相反,它成为一种归属、一种自愿的结合、一种信仰的模式以及一种基于个人自由选择而形成的制度化成员资格。

崭新的思维习惯从现代化的教育进程中不断涌现出来,而人们日常所接触到的社会制度安排(如工厂、车间、学校等)激发和强化了现代的思维方式和世界观。正如英克莱斯(Alex Inke-

---

① 这个短语来源于克里斯托弗·拉希(Christopher Lasch),他用这个词指其在 Haven in a Heartless World: The Family Besieged (New York: Basic Books, 1977) 一书中提到的那个家庭。

les)和史密斯(David H. Smith)所言,从这些经历中人们形成了独特而现代的性格或人格类型。现代人"具有一种明显的个人能力意识;在与传统影响之间的关系上,他们具有高度独立性和自治性,在对个人事务做出重大决策时尤其如此";同时,他们还"随时准备接受新的经验和思想"。[1]

在这个现代化的世界里,法律和权威可以说是平行的而不是垂直的。传统法律和权威的向度是从高位到低位,从过去到现世,从老人到青年,从魔力的、神圣的事务到日常生活。尊重和服从则向相反的方向流动。现代法律和权威至少看上去在功能上更平行化。传统和垂直化的权威随着时间的推移而日渐消退,当代人的意志和愿望渐渐占据了中心位置,正当性以及权力集中于具有同等地位的团体和普通大众手中。受到推崇的是新的事物而非古老的传统,是世俗的事物而非神圣的事物,是活力四射的年轻人而非那些受人敬畏的部落长老。[2] 所有这些看起来都同现代世界的特征合拍,在这个世界中,社会变化以惊人的速度发生,人们更喜欢面向未来而不是回顾过去,人们知道未来将必定同现在迥然不同,人们相信个人主权现在是并且将来也会是至高无上的。

技术带来了技术革新以及交通和通信方式的改进,从而极大地提高了人们的流动性。流动性或许是现代生活中最为显著的特征。现代社会中的流动性不是一些部落和氏族从一处狩猎地点到另外一处狩猎地点的迁居,不是那些尚武部族或定期迁徙的游牧

---

[1] Alex Inkeles and David H. Smith, *Becoming Modern: Individual Change in Six Developing Countries* (Cambridge, Mass.: Harvard University Press, 1974), p.290.
[2] 这并不是说现代社会必然属于我们平时所说的"青年文化",关于这一点,参见第9章。

部族从一处栖息地到另外一处栖息地的迁移。相反，它是特定的个人或者至多是家族中的部分成员在一定的社会和地理空间内的移动。这种流动性可在总体上进行描述，可在统计学上进行计量，但是其实质却是相当个人化的：它可以是一位年轻男士决定迁居费城，可以是一位年轻女士决定离开小镇，到巴黎去找工作，或者是一位巴基斯坦人到伦敦会见他的亲友。家庭纽带在个人决定是否流动时仍然是一个重要的考虑因素，但是这一因素并非那样重要，它在所有考虑因素中的次序也不同于过去。相对于数千英里的流动而言，"小规模流动"（micro-mobility，比如在街区里活动或者在农村开车转转）在塑造新世界的过程中起着更为重要的作用。"小规模流动"带来了新的选择世界，甚至对那些相对来说没有流动的人也是如此。当然，是技术使得现代流动成为可能。铁路、蒸汽船、飞机以及所有机动装置都是流动的引擎。更重要的是，它们为个人离开某种既定的环境，从而进入可选择的环境即一个可能的和未知的世界提供了工具。

没有必要赞美这种趋势。面对非人格的、无形的市场力量，许多人在市场的考验中失败了。放开他们，让他们跳下水去，个人沉浮全凭自己。成千上万的人沉没了。美国是一个由暴发户和移民组成的社会，有着鄙视和压迫失败者的长期历史。这些失败者包括形形色色的流浪者以及更多的群体——孤独寡居、无依无靠、没有朋友以及道德沦丧的人，各个年龄层都有。美国的城市街道上充满了流离失所的人——迷失和被遗弃的灵魂。许多国家虽然欢迎移民带来的劳动力，却鄙视和歧视这些外来工人。这些"外来工人"最容易沦为社会的最底层。

不论从纯物理学角度，还是从社会各个阶层之间相互流动的意义上来说，现代社会都是流动着的。不存在阻碍上升或下降的固定界限。然而，这并不意味着大多数人真的都经历了上升或者下降，或者说阶层和文化间的障碍已经消失。社会的金字塔结构顽强抵制变革。实际上，有证据表明，西方国家近些年旨在减轻"各阶层间生存机会上的不平等"的努力收效甚微。在英国和其他一些国家，第二次世界大战以后经济增长的主要意义"不是促进平等的改革，而是掩盖改革的失败"。① 这里所说的失败是在具体的可测量的流动性(即"生存机会")方面。在其他方面，英国和其他西方国家变得更有流动性了：在工作和生活地点的变动上；在靠自力安排交通上；在通过各种大众传媒所实现的间接流动上，这伴随着来自和关于其他阶级、阶层以及文化方面的信息"轰炸"；在许多机会的可获得性上，虽然很少有人能够真正挤进这些机会所提供的大门；在主张固定性和权威的理论的日渐弱化上；以及在大大小小的紧急逃生出口(escape hatches)的激增上，它们就像彩票一样随机分布。

现代法律在许多方面回应了这种流动性和对这种流动性的不满。法律无所不在这一事实是对一个由陌生人组成的社会的反映。在这个社会里，急剧增长的"家庭"单位其实是由完全独自生活的个人构成的。就像我们所讨论过的那样，19世纪的个人主义具有经济、政治、哲学的关切，现代的个人主义是纯粹关于单个个人的。独自生活在相互隔离的房间或者公寓里的人们，

---

① John H. Goldthorpe, *Social Mobility and Class Structure in Modern Britain*, 2nd ed. (New York: Oxford University Press, 1987), pp. 327-328. "这样的事实——所有社会出身的人获得进入更高的就业层面和社会阶层的机会正稳步地增加——有效地把人们的注意力从人们获得流动机会是否公平这一问题上转移开。" Ibid., pp. 328-329.

迫于需求几乎都变成为表现型的个人主义者。在19世纪或早一些时候，那些失去家庭联系的人，只要一有可能，就会被其他家庭或团体所吸纳，作为雇工或寄宿、寄膳者形成拟制的家庭。流浪者、独居者等无所归属的人们是受到怀疑和令人感到恐惧的对象。在20世纪，这种情况被扭转，甚至于家庭都渐渐成为个人的集合体。每个人都需要有他自己的空间。孩子们要有自己的房间，祖父母需要一个独立的寓所。流动性、空间、个人主义、独立，这些都是人与人关系的规范，即使是在自己的家庭内部也是如此。

当然，家庭的改变不仅是流动性的反映，而且是一系列因素共同作用的结果：经济性质的变化，人们涌向城市，福利国家的出现（例如建立养老金制度）。社会财富也是一个重要的因素：在过去，富裕到能拥有马车的人才会有一定的流动性。但不管怎么思考这些变化的因果链条，流动性及其技术都是其中一部分。当然，说到19世纪的流动性，美国是一个典型的代表。没有人能把欧洲描述为是由暴发户和移民组成的。今天，欧洲在变化的规模上仍有很多不同之处，但是欧洲已经开始追赶。从农村到城市的大规模移民是一种普遍现象，甚至在本世纪之前就已经开始了。这种移民与海外移民的影响一样重要。伦敦、巴黎、斯德哥尔摩、米兰、马德里都是巨大的流动人口的聚集地。今天，许多大城市已经变得更加庞杂，更加具有世界性。伦敦、巴黎和阿姆斯特丹挤满了从农村涌入的难民和从遇灾国家迁来的幸存者。地方性习俗消失了，方言日益萎缩。大都市包容了各地习俗并把它们融为一体。

新的通信形式——电报、电话、收音机、电影、电视——本身就是这种流动性的重要附属物。通过这些，外部世界得以进入单个人的生活，并有可能带来新的信息。媒体取得了长足进步，终结了传统的封闭状态。新的技术也有助于创造巨大的国民财富。当大多数人超越了温饱的经济水平后,追求休闲的机会就出现了。而且休闲活动本身也已经超越了传统的休闲阶层,不再是他们的特权。技术改变世界的最大贡献也许表现在财富上。技术创造了增长的可能性和流动的可能性,也创造了选择的机会。这种选择在现代技术出现前的社会是完全不可能的,那时候人们要在农场和工厂每周工作60到80小时,即使这样也常常是仅能糊口,晚上只有精疲力竭地在床上或干草堆上入睡。

在19世纪或早一些时候,生命的脆弱程度是我们现在难以想象的。医学还不完全是一门科学,人们生活在不断的瘟疫、伤寒和疾病的威胁中,死亡对于产妇和婴儿来说是常事。工作、生活也充满了不确定性和风险。没有贷款担保,没有补贴,也没有预防和处理灾难的公共计划,破产制度也尚未成熟,济贫法调整范围狭小而粗暴。人们终日在充满灾难的阴影中生活,与饥饿和贫穷相伴。在巴黎和伦敦这样的大城市里,每天都有成千上万的人不得不去偷盗以填饱肚子。

这种关于不安全的描述可能有点过分夸张。19世纪的城市和城镇生活没有上面所说的那样凄凉,家族关系网和友善的环境以及互相帮助给无数人以支持和慰藉。但是我所描述的危险情况却是一个基本的事实,[1] 它肯定对社会和法律意识产生了深远的影响。很显然,这些生活事实对权利意识的觉醒是一种制约。从经济范围讲,生存的艰辛迫使人们服从命令,屈服于社会的独裁,并实行自我约束。对大多数人来说,社会"保障网"并不

---

[1] Lawrence M. Friedman, *Total Justice* (New York: Russell Sage Foundation, 1985).

存在；没有人能确保自己有工作、有社会地位、有安全的立足点；没有人可以在社会联结的网络中过安宁的生活。那些怪人、奇人、失败的人、无视常规的人会面对更大的风险。从这个角度来讲，尽管人口不断增加、生活水平相对提高，美国和英国在资本主义初期比那些传统的社会风险更高，也更为残酷。

当然，家庭、宗教和社区团体减轻了外部世界的冲击。在关系密切的群体中，社会的冷酷也得到了缓解。但是，总体上人们之间的关系变得更加松懈，像滚动的石头，与他们的村社和家庭也越来越疏远，其结果利弊参半。经济上的无保障在过去是碾碎那些敢于标新立异者的强大机器。如果你按照自己的方式走，那你就很可能走向毁灭。虽然社会允许甚至鼓励某些冒险活动（主要是经济方面的），但它也会相当严厉地惩罚失败者。其他形式的冒险——在个人生活上、行为方式上、反叛的行动或者着装上，甚至性行为方面——都被禁止。违反这些规范通常会带来严重而可怕的后果。

技术是工业革命和传统被取代的关键，但同时也是19世纪某些社会无保障的原因，在经济方面尤其如此。后来，不断更新的技术在根本上改变了某种程度上由旧技术造成的社会现实。这一过程具有戏剧性，并且直接改变了人类诞生之初就存在的生命所面临的危险环境。现代医学的奇迹便是一个明显的例证：产妇死亡、婴儿死亡、瘟疫和传染病不能再肆虐人类了，也不再萦绕于譬如瑞典、荷兰甚至美国的灾难幸存者的意识中。[①] 艾滋病是

[①] 美国贫民区的黑人婴儿的死亡率要远远高于中产阶级白人（和黑人）婴儿的死亡率，但是其当然要远远低于200年前上层阶级孩子的死亡率。但是，这些相对较高的死亡率被认为让一个本应该可以避免此事的社会蒙羞；它们显然没有被听天由命地接受。

一个可怕的例外。这种疾病对人的心理和对社会的影响并没有完全表现出来。但是即使是这样，现在的人们都期望能及时地拥有疫苗和治疗方法，或能有某种脱离这种梦魇般可怕疾病的途径。而在过去，人们面临黑死病、霍乱或黄热病时，不可能抱有这样的希望。

其他的技术变革促进了经济增长，并且导致财富、舒适度、安全性和西方社会人口流动性的巨大增加。这些都与由技术推动的社会创新相互影响。两个过程一起产生了一种新的政体——现代福利国家。在福利国家里，物质的无保障性大大降低了。福利国家力图使公众免遭灾难及其不利后果的影响。它是"安全网"型的社会。它保障人们的基本需求：吃、穿、住、医疗保健、教育等。福利国家对于西方国家来说是很普遍的模式，各国之间的不同之处虽然很多，但是共同之处更明显。每一个西方国家都规定了福利的最低标准——个人生存不能低于这个底线。差距当然存在，原始形式的人类痛苦——饥渴、无家可归——并未消除。生活中不但原有的不幸不会轻易消失，还会不可避免地产生新的不幸。孩子不会因为麻疹而死掉，却会死于胰腺癌。被解雇的工人每周都能得到支票，但内心却是一团糟。不过，一些19世纪的恐怖已经从地球上消失了，也许是永远消失了。

当然，此处的要旨并不是极乐世界近在眼前，也不是所有的人类问题都已经得到解决或者能够加以控制。不确定性的减少是一个具体的历史过程，像所有的历史过程一样，它并没有终结，随时都可能出现新的不确定性。我们已经举了艾滋病的例子。其他导致不可治愈的疫病的病毒也许在不久的将来就会出现。世界经济处于陷入经济危机的风险中。一个国家的银行若不稳定，其他国家的银行就会感到振荡。巴西违约，纽约就会受到冲击。在当代世界，技术的风险变得十分恐怖，发明带来的收益伴随着剧烈的和难以预期的价格波动。相反，19世纪却没有这些忧虑。人类神话承诺的似乎是永不枯竭的增长，没有人担心世界末日或臭氧层破坏。

今天，人口增长已如启动的列车，十分巨大的人口规模伴随着腐败的蔓延和冲突的爆发正威胁着世界。如果人们到了需要为争夺最后的几滴水、为日益减少的煤和石油、为贫瘠的土地、为并不清洁的空气而兵戎相见时，人类文明就将被轻易地毁坏。核毁灭的计时器一分一秒地过去，过于拥挤的天空、已被污染的海洋、酸雨的侵蚀、森林的减少、空气的污染、移动的沙漠和可以毁灭地球上一切生命的武器——这些都是20世纪的产品和创新的后果。未来也许会创造出另一种法律文化，[1]但是，在这个西方历史的关键时刻，这种命运却远远地等在前头。对不确定性大幅减少的后果，车轮的最后一圈，仍然还在展现的过程中。

一种新的法律文化伴随着福利国家的形成而出现。它的显著特点是一种我称之为对正义的一般期望(general expectation of justice)的态度。[2] 它与先前流行的态度——听天由命的宿命主义、泛滥的激情、阴郁的冷漠以及消极的满足——截然相反。可以说，相当一部分人现在拥有很强的权利意识，期望在面对灾难

---

[1] 一些观察家——如乌尔里希·贝克(Ulrich Beck)就是其中之一，参见 *Risikogesellchaft, auf dem Wege in eine andere Moderne* (Frankfurt: Suhrkamp, 1986)——曾经主张说我们已经置身"风险社会"(在这样的社会中一个最为突出的社会现实就是环境风险和其他风险的泛滥)。

[2] Friedman, *Total Justice*.

和不公正时得到补偿。人们可能也可能不期望灾难和不公正，但当这些发生时（当然它们会实际发生），他们希望能有权利得到某种回应，得到某种补偿，获得某种形式的社会上称之为正义的东西。在这种环境下，新的个人主义得到了发扬。今天的个人期望在一定程度上可以用技术去控制自然力量，并且期望有这种控制意识。他们期望休闲，钱包装满钱，以及远不止于面包、旧衣服和斗室的商品和服务；他们期望流动性和流动的工具；他们期望社会安全网。对正义的一般期望既是当代个人主义的原因，也是它的条件。这种状况是如何出现的，则是下一章将要讨论的主题。

第 5 章　论现代法律文化

　　本章的主要论点围绕着一种具有我们时代特征的个人主义的特定概念展开。这一概念强调每个人发展他或她作为个体的自我，以及尽可能自由地选择一种合适和满意的生活方式的权利。值得强调的是，我在这里讨论的是一般文化和法律文化——人们的观念和期望——而不必然关涉世界的实情与现实。
　　个人主义的文化并不依赖于人们是否能够真正进行自由选择，或是否真如自己所认为的或者所愿意的那样进行自由选择。他们相信自己是自由的，这就足够了。当然，个人主义和自由选择的概念并不是魔术般地进入人的头脑的。它们反映了常识性的判断；在人们看来它们似乎是有道理的；它们依赖于现代世界那些真实的方方面面。特别值得注意的是，现代技术已经塑造了人们的生活环境，进而塑造了他们看待世界的方式。技术是统辖物质世界的力量。技术为人们拓展了选择的范围，它解放了个人。普通的现代人——理发师、工厂个人、秘书——有了一种接触更广阔世界的途径，比如通过驾车、电话交谈、看电视或者乘坐火车和飞机等；而在过去，这些事情是普通人连做梦都想不到的。因此，选择的世界似乎是真实的，而且从某种意义上说也确实是真实的；在广告业坚持不懈的鼓吹之下，选择的世界显得或许比现实本身还要更真实一些。即使是那些抱怨机器已经压制了人性的人，也要用机器来传达他们对解放的渴求；机器已经帮助创造了精神世界，这是个具有无限可能性的世界——那些感到不自由的人们正是以此来界定他们所缺乏的自由。

然而，如果技术是力量和机会的话，那么，在卢德分子（Luddites）所想象不到的意义上，技术也是种种问题的根源。技术世界是一个错综复杂的世界；这虽然是不言自明的常识，但却很重要。这个世界实在是复杂：拥挤而且相互作用、相互影响。要在一个充满了有活力的、运行着的、移动的以及不断发挥作用的人和机器的人类环境中把各种事务清理出个头绪来，需要的是技术，包括社会技术；在这个个人已经从古时候的束缚和依赖中释放出来并且奔向四面八方的社会中，要管理一个变动不居的环境，同样需要技术。因此，我们先前提出的悖论——在一个其他方面都极其个人化的时代里，规则、规章与法律却密集而且无所不在——似乎就少了几分悖论色彩。许多人相信，正是为了保护选择的自由，社会才需要一个严密的规则和规则结构网络。对于驾驶执照、交通警察、停车标志或者时速限制的必要性，一般人并不质疑。她珍视依自己的愿望随时随地开车的权利，但是，如果街道和高速公路处于无人管理的混乱状态，那么她仍会觉得这种权利几乎形同虚设。她也赞成那些清除鲁莽、醉酒、未成年和不称职的司机的规则。如果道路过分堵塞或者很危险，驾车的权利就更不真实、更不值得了。我们需要规则来防止这些状况出现。普通的男人和女人可能是个人主义者（individualists），但他们绝不是自由论者（libertarians）。

换句话说，之所以要有如此多的规则和法律的原因之一就是，在现代世界中，某些规则对保卫和实现个人选择是必不可少的。规则创造了国家的架构，自身也成为了法律制度的组成部分。第二，有一些规则是"交通"("traffic")规则，是道路规则，这些规则避免社会陷入无政府状态从而妨碍选择——这种状态将毁坏选择的现实。这就是交通规则的作用，从严格字面意义来说，它们就是街道和高速公路的规则。没有这些规则，我们就无法生活，在大城市和乡村的高速公路、交通要道上，尤其如此。然而有各种各样的交通。任何有助于有序利用稀缺资源的规则在某种意义上都是交通规则。在现代法律中，有无数关于分配的规则和规则体系的例子，它们都有这种目的；例如，关于电视频道和无线电频率使用方式的规章，空中交通管制的法律，荒野地区的规章，有关渔猎的法律，保护龙虾、鲍鱼和毛皮动物的法律，有关能源和能源保护的法律，等等。

这是法律多样性的一个根源。民权法例证了另一种类型，它也服务于实现个人选择。在许多国家，此类规则已经开始激增。这些法律的基本理念是个人的独特性，即在判断或评价每个人的权利时，应根据他或她作为个人的是非曲直，而非作为某个所属群体的成员资格。在美国，历史上最紧迫的问题是种族问题。1950 年——尤其是在废除了公立学校的种族隔离制度的"布朗诉教育委员会案"（Brown v. Board of Education，1954 年）[①]——以后，民权运动扛起了不区分种族（race-blind）或者种族中立社会的大旗，并且取得了惊人的成功。民权运动的目标主要在于缩小黑人和白人在权利和机会上令人震惊的差距，废除美国的种族

[①] Brown v. Board of Education, 347 U. S. 483 (1954). 关于此案及其后续发展的文献当然是海量的。该案背景的精彩讲述，参见 Richard Kluger, *Simple Justice* (New York: Knopf, 1976).

隔离制度，对黑人开放那些关闭着的正义和基本权利世界。在"布朗案"中，首席大法官厄尔·沃伦（Earl Warren）以他的时代所特有的口吻表达了一个明确的赞许教育的讯息。他写道，教育"在唤起儿童认知文化价值，在使他为以后的职业训练做准备以及帮助他正常适应其环境方面，是首要的手段"。相反，隔离"导致自卑感"，转而影响"学习的动机"。因此，隔离的罪过在于它不允许黑人儿童心智的充分发展。表现型个人主义的独特旋律和细微神韵透过法律语言的遮饰发出了清晰的回声。

民权运动仅仅是这种趋势的开端。接踵而来的是一场新的复兴的女性运动，随后是"性少数派"（sexual minorities，主要是男同性恋和女同性恋）的兴起，以及所有群体——残疾人、老年人、囚犯、学生、移民者等——对于利益和权力的强烈要求。其他西方国家也有类似的运动，当然，这些运动采取的是不同的形式，以不同的步调前进，取得了程度不同的成功或者陷入失败。每个国家都有各自特殊的人口统计学和民族意义上的混合结构，也有各自的少数派居民。①

概而言之，民权运动有其深深的历史根源。它的智识基础可以追溯至启蒙运动。正如大多数解放运动一样，民权运动在历史条件下已经形成了修辞话语——重获失去已久的权利。用以支持或维护基本权利的文本和口号根本不必是现代的；其中有一些与美国宪法一样古老，或者就基本权利而言与《圣经》一样古老。然而，在如托马斯·杰斐逊所说的"人的权利"（rights of man）

---

① 例如西德的土耳其工人、英国的巴基斯坦人和西印度群岛人（West Indians）、荷兰的东印度人（East Indians）。

和 20 世纪中期的"民权"(civil rights)之间,仍有重大的差异。①其缘由在于,个人主义改变了形式,选择变更了含义,以及现代社会突出强调型塑独特的和充分实现的自我的自由。

民权法与民权运动是本书主题的关键性例证。作为一种理想的个人自治与群体的刻板印象是不相容的。当代的个人主义强调的是每个人的独特性。群体,例如妇女群体或者黑人群体,为了个人自治而施加群体的压力。西方国家的官方话语坚持认为,语言、种族和文化之间的差异并未触及人类的核心特质,不能成为歧视或者压迫的理由。当然,在现实世界中,群体的刻板印象是顽固而且持久的。在不同种族、民族、部落和语言群体之间,仇恨和战争确实在蔓延,在某些地方还有造成世界分裂的危险。强烈而古老的偏见弥散于各地;我们需要通过强有力的法律与之斗争,而这些法律需要以强有力的社会运动为后援。结果至多是取得一些局部的、混合的成效。

此外,主张保护和宽容的群体常常互相冲突。少数派群体可能提出互相矛盾的主张;那些主张权利的人与拒绝权利的人相互冲突。例如,犹太教徒、自由主义新教教徒和无宗教信仰者想让学校对宗教保持中立,他们想终止布道、祷告和训导。原教旨主义者于是认为,世俗论者已将上帝驱逐出学校,损害了宗教人士的权利。城市里一个展示耶稣降生的简单布景(Nativity scene)引发了一场难以控制的争吵。社会不得不设法应付这些相互冲突的权利纠纷,而且是通过交通规则的等级来处理的:这些规则对种

---

① 因此《欧洲人权公约》(European Convention on Human Rights)宣布了一项"尊重……私人和家庭生活的"的权利,参见 Arthur Henry Robertson, *Human Rights in Europe*, 2d ed., (Manchester: Manchester University Press, 1977), p. 86。关于隐私,见以下第 9 章。

种竞争性的权利主张加以检验、选择，按照某种逻辑的或者通行的顺序排列它们，并把它们置于适当的社会位置上。

在民权法中的个人主义者与分离主义者(separatist)这两个支脉之间，某种矛盾可能已经产生了。一方面，有人主张，黑人（或者女性、同性恋者、残疾人等等）"正像其他每个人一样"，也应该得到相应的对待。另一方面，群体的团结一致得到了发展并且表现为黑人民族主义、激进分离主义的女权主义、同性恋者自尊(gay pride)等诸如此类的形式。这些也是群体的主张；但其本质很不同。它们总是包含一种个人选择或归属的因素；它们摒弃了较大型社会的刻板印象与歧视，为黑人、妇女、同性恋者或少数族裔拥抱一种总体性、总括性的排斥性文化(culture of exclusion)的权利而发声。分离主义通常也包含这样一种观念，即受压迫和伤害群体的成员在孤立和隔绝的状况下能够最好地发展自己。其论点是：主流文化富有如此顽固的压制性，如此有意或无意地为偏见所玷污，以至于黑人（女性、同性恋者）只有在一个社会的或者空间上被包围的领地之内才能充分发挥自己的潜能。不论是哪种情况，由刚性的(hard-edged)法律制度所有力支持的民权框架都是绝对必要的；尽管对于这些权利应当是什么、制度应该如何运作这些问题仍然会有无休止的争论。

一、规制与个人选择

庞大的规则和制度体系与本书一般论题的关联性并不那么明显，这些规则和制度体系调整和处理经济事务，作为现代规制型国家的工具。尽管如此，当一个人耐心地发掘社会历史的点点滴滴时，关于商业规制的主题和事实就会显现出来，这些主题和事实实际上与选择的共和国有密切关系，而且总体上与法律文化非常相似。规制型法律有其通常相当复杂的政治历史。某些特定的规制有时之所以能够保持其通行的地位，恰恰是因为它们诉诸选择或者个人主义的主题和话语。福利国家是一种规制型国家，有成千上万的规则束缚和限制着企业、雇主和房东。公众对此并不一般性地反对，相反，他们赞成企业必须受到控制，权利必须受到限制，公共利益必须得到维护。为了小企业的利益，或者为了保持农场主、小商业者、店主和消费者的独立地位，银行、铁路公司和大公司应该受到约束。

这个主题非常引人注目地出现在许多规制性法律的历史中，例如《谢尔曼反托拉斯法》(the Sherman Anti-Trust Act, 1890年)。① 这部著名的法律是在人们对于"托拉斯"——19世纪晚期形成的巨型工业联合——产生强烈忧虑甚至大恐慌的社会背景下被通过的。人们担心，大型垄断公司能够吃掉他们的竞争对手，使小企业陷于破产境地或者沦为产业奴隶，并威胁取得对普通民众生活事务的令人无法忍受的控制权。同样的动因和力量促成了许多规制经济的法律的产生。《罗宾逊-帕特曼法》(Robinson-Patman Act)通过禁止可能"减弱竞争"② 的价格歧视——折扣和回扣——来尽量使天平向小企业倾斜。在20世纪20年代，连锁店的兴起激发了另一波骚动和立法浪潮。将近一半的州通过了旨在抑制连锁店的专门税法，其目的是防止大型食品连锁店"通过

---

① 26 Stats. 209 (Act of July 2, 1890)；有关其背景和早期历史，参见 William Letwin, *Law and Economic Policy in America: The Evolution of the Sherman Antitrust Act* (New York: Random House, 1965).

② 15 U.S.C.A. §13, §13a.

剥夺个人建立自己的企业的机会，损害个人的创新精神，把美国变成一个店员国家(nation of clerks)，因为标准化的销售活动倾向于仅仅把雇员训练为常规工人"。①

这些法律是否有经济意义甚或是否有效不是这里要讨论的问题。纯粹运用经济学术语来描述这些法律并不能捕获它们的文化意义。用自利来解释上述法律的热情支持者的动机总是有效的——事实上是非常有效。不过支持者总还要加上更广泛的理由。对于维护支持者和其他人的自由，保障小企业的生存以及维护职业选择的权利来说，这些法律是必要的。在为了对铁路公司施以强有力规制的斗争中，也回荡着这一主题的声音。小零售商和农场主大声反对铁路公司那些被他们视为压倒性的权力。"小人物"完全无力反对章鱼式的庞然大物；法律是他们唯一可以凭借与之抗衡的力量。② 强调选择、独立和自治的主张已经超出了自利的原初含义。这样设计的口号和宗旨是为了吸引中立者并使他们站在经济实力最弱者的一边。这些口号和宗旨不是也不可能是随意拟定的，它们必定会表达法律文化的基本主题。

类似的主题在围绕着现代福利国家最常见的经济计划的话语中也突然出现了。例如，许多国家给农场主补贴，维护主要农作

---

① 转引自 Carl Fulda, "Food Distribution in the United States, The Struggle Between Independents and Chains," *University of Pennsylvania Law Review*, 99 (1951), 1051, 1079-1080; 也参见 Thomas W. Ross, "Store Wars: The Chain Tax Movement," *Journal of Law and Economics*, 29 (1986), 125。

② 关于美国的铁路规范有大量文献参见，例如，George H. Miller, *Railroads and the Granger Laws* (Madison: University of Wisconsin Press, 1971); Gabriel Kolko, *Railroads and Regulation, 1877-1916* (Princeton: Princeton University Press, 1965); Stephen Skowronek, *Building a New American State: The Expansion of National Administrative Capacities, 1877-1920* (Cambridge: Cambridge University Press, 1982), pp. 138-160。

物的价格。这些方案带来了一些经济上和政治上的麻烦。法律具有强烈的保护主义导向，然而法律背后的意识形态却是从关于强健的小土地私有者（sturdy yeoman）——家庭农场主、自主的自耕农——的神话中汲取力量的。要从城市居民那里获得政治支持，关于浪漫乡村生活方式的宣传意象和道德口号就是必要的，毕竟，城市居民以较高的价格购买牛奶、面包、大米和西红柿，向强健的小土地私有者付账。农场主坚持认为补贴是对一种生活方式的独立性和固有结构的保证，而不仅仅是减少经济震动对其造成的冲击的手段——尤其不是为农场主们所鄙视和摒弃的福利和慈善事业。

这会把我们带得离题太远而不能考察福利国家的意识形态（或其被合理化过程）。福利国家大体上是非常普遍的模式，而且已经遍及整个西方世界，然而，福利本身并不是普遍惠及所有人的。事实上，"福利"是一个令人讨厌的字眼，相对于在精英、知识分子或者甚至是商人中而言，它在劳动人民中更是如此。在某种程度上，"社会保险"的概念在福利国家中起到的是福利的遮羞布的作用。最流行的项目——例如养老金——被描述和接受为保险收益，也就是说，是有偿获取的东西，而不是政府的救济品或者像施舍之类的有失体面的东西。一些项目把利益称为报酬，也就是说，作为一种——例如在陆军或海军服役所得的——补偿，或者作为工伤的赔偿。在法律上，这种利益采取了权利（entitlements）的形式，这种权利不能被剥夺，也不受官僚统治者意志的支配。它们是牢固的、不可触动的权利（rights）。至少，可以有理由说，它们是支持一种独立自主的生活方式的交换代价。

无论怎样，当文化解释和证明补贴具有正当性时，它所根据的是自由和自治，而不是福利或依附。生活最低标准和通常的社会保险不是施舍；它们是人们固有的权利，因为食物、住所和健康是行使自由的必要条件。自由本身意味着拥有多种选择。当然，饥饿、寒冷、疾病和贫穷本身实属不幸。除此之外，它们还是自由的敌人。一般人可能很不同意那些左翼人士的观点，即"资产阶级的自由"对穷人和受压迫者毫无意义。然而这些人会同意，没有某种最低标准的保障，那些宝贵的自由就不可能实现或者被充分享有。由此，现代法典大全（corpus juris）的一个重要部分就是从对选择的尊崇之中获取其合法性；它的构成规范被界定为对于选择的保护和鼓励。正如国家提供警察、道路和交通灯以实现旅行的自由一样，它也提供一些经济计划以确保有足够的货币、医疗资源和住所来支撑一个人们享有选择自由并能选择自己命运的社会。有人认为这些社会保险的法律规定了管制和征税因而减少了自由，这种主张会使大部分人觉得是极度误导。

事实上，自由的最大化正是福利国家的核心。这不是关于历史发展的观点，至少从字面意义来说不是。我并非主张选择的最大化是现代福利国家得以产生和发展的那些最初的方案、原则和制度背后的唯一或者哪怕是支配性的推动力。这些方案、原则和制度在每个国家中都有其特定的历史。从政治的立场来说，这些原始的动力可能才是最重要的：向往一种体面的生活水平，渴望桌上有好的食物，希望年老时获得养老金、生活无忧，也希望病人、弱者，当然也包括普通劳动者得到尊严和扶助。但是在一些不显眼的情况下，这些刺激与新的法律文化即选择的文化和表现型个人主义的文化相结合。福利国家通过自我重构以与这种文化相协调。这种文化已经成了自由和选择的先决条件。

一些保守主义者和自由论者确实真诚地相信自由与法律之间是简单的线性关系：规则和规章越多，自由就越少。这些人认为自由与(管理性)法律是不共戴天的敌人；自由意味着使法律走投无路，使法律缩减到最小程度。这个最小程度是法律和秩序的基本构架，足以保护财产免受侵夺，保证合同得到履行。它有某种司法制度、少量的监狱和一定数量的警察，但也仅仅就是这些。除此之外，国家什么都不该做。

在某种意义上，自由论者的基本主张就其定义来说正确无误。任何命令我不能做什么或者仅仅能以某种方式做什么的规则或规章都减少了我的自由。自由的一个经典定义就是没有限制。然而自由可能也表示具体的可能情况，表示选择的范围，而且我们相信这是自由在现代法律文化中的意义的一部分。当然，选择的范围包含了在此范围之内没有限制的意思，一定要有选择的自由。然而没有限制仅仅是起点。自由的充分实现要求有可供选择的东西——在一组商品、情境或者活动中自由选择。

新的意义上的自由像现代世界的许多方面一样，产生于由技术——包括社会技术——所塑造的自觉意识。现代人生活在高技术的世界中，技术对人们的生活和心智的影响之大无法估量。然而，技术本身和由它所产生的制度要么需要法律大量填充，要么至少与这种填充历史地联系着。一个(简言之)在创造新的选择和机会的意义上提高了自由的技术进步，几乎确定地会引发或者导致一些规则和规章。因此，理论上说，由于有大量新规则，自由减少了，然而选择权和选择物的增加可能远远大于由规则所导致的自由的减少。如果真是这样的话，那么，认为在社会的层面自由有所增加就是现实的。

汽车就是这样一个例子。汽车发明于 19 世纪和 20 世纪之交。它最初是富人的消遣。慢慢地，对汽车的使用超越了社会阶层的限制。到今天为止，在较富裕的西方国家，大部分家庭都拥有或者可以乘坐某种汽车。这开辟了一个巨大的可能性范围，这个范围远远超过了一个世纪以前的希望范围。一个法国工人或农民可以开车去山区，生活在巴黎郊外，到另一个欧洲国家度假，参观历史古迹，拜访住在普罗旺斯或里尔的亲属，从一个城市搬到另一个城市而不会完全割断与故旧的联系，随意来来去去。汽车也带来了改变工作和地点的机会，以及接触邻居和改变生活条件的机会，而这些机会在以前都是难以或者不可能获得的。因此，从真正的意义上说，汽车戏剧性地拓展了选择的范围。另一方面，它也带来了大量的规则。在汽车出现之前，也有道路交通法规，但是它们与今天交通法规的范围和规模相比，根本就微不足道。汽车化的社会还产生了无数其他规则：关于汽车销售的，关于驾驶执照的，关于汽车修理、加油站和安全带的。汽车和驾驶员的惊人数量迫使国家建立并维护一个巨大的道路网；这导致了更多的关于财产征用、高速公路建设和道路维修的法律活动。情况大体就是这样。

现代世界是自由的世界和法律的世界；在如此复杂的社会中，这一现实是不可避免的。谈现代社会的复杂性是陈词滥调、不言而喻之理。然而是什么让社会变得如此复杂呢？回答是可能性的范围，是多种多样的选择，这至少部分归功于现代技术。从流动性、社会、心理等方面来说，可能性的范围在一种真实的意义上就是自由。生活有一种开放的特征，至少与以前的社会相比是如此。

然而，开放性特征包含主观和客观两个方面。客观上说，石墙的确构成监狱，铁栅围成牢房。囚犯是不自由的；公民是自由的。然而，主观意义——情境为人们所感知的方式——是同等重要的。对大多数人而言，与大独裁国家或部落社会受到习惯法严格限制的生活相比，毫无疑问，现代生活的许多方面在客观上具有开放性特征。在这个意义上，西方人认为他们的这种自由理所当然；这就是他们所知道的一切；专制政治或部族制下的生活是不可想象的。然而，他们未必满足。他们可能担心在描绘人类历史整个发展进程的跨文化主义论者或学者看来相当微不足道的一些有关自由的方面。因此，人们大声疾呼关注对业已扩展了的自由的威胁，担忧隐私过于脆弱，以及公民自由不易得到理解。从阿提拉统治下的匈奴、古代埃及或者希特勒统治的德国的生活的角度来看，一个人对于西方公民自由的缺陷一定无甚深刻印象。但是对于我们许多人来说，自由可能并不稳固，是一株需要不断浇水和保护的植物。我们意识到黑暗的影子：来自计算机化的数据库的威胁，市场力量对个人安全的惊人影响，等等。我们比较的基础不是专制政治或部族统治，而是选择的共和国的生活。因此，我们需要从权利和法律之维构筑维护自由的壁垒。

二、一个陌生人的社会

现代生活的一个后果是陌生人之间的互动不断增加；这可能正是流动性的实质的一部分。这样的互动使人们感觉到需要法律。我说"感觉到需要"时带着些微谨慎；或许应该足够勇敢地说这种需要是实实在在的。交通规则当然是强有力的例证：如果城市或者乡村道路上千千万万的人都随心所欲地开车，而且，如果他们高兴的话，就向四面八方高速疾驰，那么道路可能就会被毁坏的汽车塞满，高速公路上将出现令人无法接受的大屠杀，城市中将出现交通大堵塞。可是，当人们步行或者以我们觉得像蜗牛一样的速度缓慢前行时，或者当一些马和马车以悠闲的、上层阶级特有的步态和速度慢跑时，或者当人们局限于某个狭小的环境中，极少走出这个环境时，主张严格且精细的道路规则的理由就很不充分了，或者说根本就不存在。

当然，很多法律不能像交通规则、福利或公民权规则那样照字面含义或者形象化的含义加以解释。在现代国家，每种事务都有成千上万的文字规则和规章。有关于税收的规则，关于股票管理的规则，以及关于土地使用和规划的规则。还有关于哪些化学制品、药品、杀虫剂能或不能出售的规则，关于允许纺纱厂的空气含有多少棉絮粉尘的规则，关于禁止摘什么花的规则，以及关于不能猎捕什么动物的规则。

许多这些规则具有不寻常的技术性特征。它们是由专家设计出来的，而且可能只有专家才理解它们。然而现代国家的规则，不论具有多大的技术性，最终都要依赖一些宽泛得多的规范，这些规范可能会也可能不会被清楚地宣示于法典的某处或法官的判决之中。这些宽泛的规范支撑着规则和规章的整个结构，对于即使是最具技术性的规则和规章来说，也是如此。例如这样一个规范：基于高度技术性的原因，某种化学品不能被添加到食品中。这个规则基于一个更一般性的规范，通常见于禁止食品中的危险成分的法规。这个规范转而又依赖于更一般的规范——人们不应该给他人造成人身伤害，即使追求市场上现实的利润也不构成充分理由。依此类推。最终，所有的规范都是道德规范。

出于某些目的，对技术规范和明显的道德规范加以区分是有用的，它们的稳定性所依靠的基础不同。技术规范的弱点存在于技术或者事实的层面。如果一个机构禁止在一种食物中使用某化学品，那么制造商通过证明该化学品实际上是无害的，就可以攻击这个规范。道德规范在事实的层面上不易受到攻击；没有什么"事实"能攻击禁止谋杀或强奸的法律。然而在所有情况下，法律规范都依赖于社会规范和道德观念。

认识到这种依赖关系，并且由此意识到，在这个意义上说，没有纯粹的技术性规则，是相当重要的。规则或许是技术性的，但绝不会是纯粹技术性的。然而，我们有权追问为什么有如此多的技术性规则，为什么法律规章如此繁密而无所不在。规则体系必须反映我们生活在其中的、现代的、（相对）民主的社会生活的某些主要特征。（极权社会中规章的密度可能会反映出一些迥然不同的生活特征；不管怎么说，我们把这个问题先放在一边。）我们的论辩已经强调了技术的巨大进步；这与现代社会生活不寻常的相互依存相关联。固然，无论其社会结构多么简单，每个社会的成员们都高度地相互依赖。人类毕竟是一种社会动物。人们是聚居生物；他们以群（groups）、伙（packs）、家庭为单位生活；他们不是孤独的猎人或隐士。现代社会具有一个较简单社会中几乎完全没有的特征：依赖陌生人。

在当代世界，我们的健康、生活以及财富受到我们从未而且也永远不会谋面的人的支配。我们打开包装和罐子吃下陌生人在遥远的地方制造和加工的食品；我们不知道这些加工者的名字或者他们的任何情况。我们搬进陌生人——我们希望是精巧地——

建造的房子。我们生活中的很多时间是被"锁"在危险的、飞快运转的机器——如小汽车、公交车、火车、电梯、飞机——里度过的。制造工序中的一个错误步骤，飞行员或驾驶员一个简单的"人为错误"，都会将我们的生活置于危险之中。事实上，我们作为个人，对于生活的很多——使用机器和机器制造的物品的——方面都是无能为力的。我们被机器束缚着，因此我们的生活也被掌握在那些制造和运转机器的陌生人手中。没有直接的方法确保罐装汤不会毒害我们，确保电梯不会骤然跌落把我们压扁，确保我们房子里的锅炉不会爆炸，确保我们作为工作场所的建筑物不会倒塌使我们葬身于若干吨重的岩石和钢筋下面。并没有谁保证制造这些东西的陌生人具备资质，他们并非通过人情联系和规范性关联而受我们约束。为了防止各种恐惧和灾难，我们需要强有力的方法对陌生人和他们的工具加以控制。这种控制不可能是面对面的。让非人格的市场力量来进行这种控制也不能使人满意。他们期待通过强有力的第三方——国家——来预先进行更直接的控制。换句话说，他们想通过法律来控制。

对于街上的男人和女人们而言，体现这种控制的规则和规章是完全必要的；它们与自由甚至个人选择并不矛盾，在选择的共和国里，现代生活展现了一种不可思议的两重性状况。共和国许诺，个人可以完全控制自己的生活机会；可是同时又把个人置于超出其力量范围的陌生人的支配之下。现代社会将我们安置在汽车的方向盘后面，赋予我们令人惊奇的旅行能力。然而，制造出来的汽车是无瑕疵的吗？高速公路是安全的吗？高速公路上其他的驾驶者在我们周围疾驰，他们真的知道如何驾驶吗？如果不是这样，那么自由和选择就是幻想，或者要花很高的代价才能得到。摆脱这一困境的方式是控制——通过规章来控制，通过规制所有这些工具的有力、有效的法律规则来控制。

正如人们所预期的，自由论者认为规则减少了自由。经济思想的强大力量强化了这样一种观点，即认为规制总体来说是无效率的、自拆台脚的。对一般人而言，这些论辩似乎是深奥的、不现实的。一般人对于经济学意义上的效率所知甚少，而且，当生产商或供应商被严密管制时，一般人在主观上并不觉得自己或国家受了损失。事实上，当规章要求生产者在商品包装上列明其产品成分并且证明成分是无害的，或者坚决要求市场上出售的药品应该是无毒的，除非标签上另有清楚说明，或者当政府控制着飞行员的训练和飞行驾驶许可并查禁舱内醉酒者、吸毒成瘾者及癫狂发作者的时候，规则扩大了选择的实际范围。我们中很少有人想要或需要制造罐装或者冷冻食品的自由，或者不受政府管制推销抗生素的自由；也很少有人怀念没有驾驶证而驾驶商用喷气式飞机的自由。但是，几乎我们所有人都是顾客、乘客，都需要进出高楼大厦；而且，我们想要在做这些事情的同时却不用为我们正在自己担任自己生命的第一责任人而忧虑。

当然，这绝不是主张规制在任何特定情况下都是有益的、令人满意的和有效率的。这仅仅是理解——支持一般性规制的——法律文化的那些方面的一种尝试。各种具体的规制另当别论。复杂的手续(red tape)当然是不被需要的，更别说认为复杂的手续增进了选择自由的主张了；相反的观点倒似乎显然是正确的。任何特定的管理体制的实例——对无线电波的控制，反污染措施，对药品销售的限制——都可能出现完全的误导，而且无疑常常如此。无论怎样，这种主张必须是选择性的。取消机票价格管制似乎承诺了更大的选择自由,但是人们却没有要求撤销有关航空安全的严格规则。

三、趋势与相反趋势

我们的论题并不认为,现代法律、现代权威体制的一切都能被简约为关于选择之首要性的单一命题。这当然不正确。相反,我们的论题认为,选择的概念、选择的欲望和选择的经验遍及现代生活而且重构了现代法律以适应选择的文化。在一些领域,其统治是如此之强大,以至于甚至例外或者相反趋势也只是进一步确证了强势统治的事实。没有人会反抗一个已经死亡的或傀儡性质的国王。

在现代法律中,选择的自由事实上在更多的方面——比任何人所能计算和估量的都要多——受到限制,即使忽略前文讨论过的自由论者的观点也是如此。限制的范围在某些方面似乎有所扩大,恰恰就在同一时期内,选择的共和国似乎赢得了最大的胜利。正如我们说过的,这是福利国家时期。有争议的观点是,福利国家并不代表选择的至高无上,而是正相反:福利国家寻求安全,寻求安全的栖身处、防护设施、保险社会、无风险以及社会福利保证;寻求舒适而不是选择。可以这样主张:安全的共和国(the republic of security)是国家的首要形态,选择的共和国是第二位的、更不起眼的事情。[①]

这个观点无疑在一定程度上站得住脚;现代国家包含着这两

---

① 1988年7月11日与罗伯特·凯根(Robert A. Kagan)的私人交流。

个方面，二者结合得如此紧密，以至于无法把它们剥离开来。我自己的观点是，选择是首要的，安全是次要的；安全可以被看作选择的框架或者前提。没有什么方法能够解决这一争议。一些批评者蔑视福利国家的安全措施；他们讥笑自己同时代的人是驯服的绵羊，他们讨论"逃离自由"，哀悼真正的个人的消逝，追忆自由权的黄金时代；或者出于一种类似的方法，庆祝罪孽深重的市场的终结，自由放任的黑暗时代的消逝，以及残忍、野性的资本主义的灭亡。我的目标是另辟蹊径，破解法律文化的信息以便展现潜在的选择文化，这种选择文化在无数个方面——甚至包括那些乍一看似乎与相反的主张，即平安与安全的共和国，相联系的方面——赋予法律和生活以意义。

举一个简单的例子：职业许可法。对职业选择的限制历史悠久——中世纪的行会是一个著名的例子。到公元 1800 年左右，那些较为古老的限制几乎全都消失了。一个人可以自由地选择做医生、护士、药剂师或者建筑师而不需要专门的许可（leave）和国家的许可（license）。职业自由是自由国家的荣耀之一，它埋葬了行会和等级。可是今天的每个现代国家都严格限制职业自由。在典型的国家如美国，许多工作和职业并不对一般公众开放。州立委员会或机构颁发从事这些职业的许可，但是这些许可仅仅发给那些经过训练并通过考试的人。例如，田纳西州设有规制下述职业的州立委员会：会计师、建筑师、工程师、理发师、美容师、饮食学家、殡仪员和遗体防腐处理师、总承包商（general contractors）、土地测量员、拍卖人、征收代理机构、虫害防治员、私人侦探、测谎仪操作员，以及医生、护士、律师、兽医、心理医生、言语病理学医生、牙医、按摩疗法医生、药剂师，以及那些"用手或用机械或振动器械从事身体按摩术的人"。① 这种现象绝不仅仅为美国所特有。职业许可遍及整个西方世界。② 对于某些类型的职业,许可运动可能已经达到顶峰,或者甚至已经进入缓慢的衰落期。但是许可依然是劳动法的一个重要方面;没有人希望完全取消它。主要的职业以及大量的工作都仅对少数得到许可的人开放。

对大多数人而言,成为医生、建筑师、律师的"自由"或者驾驶大型喷气式客机的"自由"并不是一种现实的选择。人们不能像选择一种牌子的肥皂,或者甚至是选择一种业余爱好、宗教信仰或者普通工作那样来选择成为一名医生。大部分人不是医生,而是医生服务以及药剂师、建筑师等职业服务的消费者。人们依赖这些服务,就像他们依赖看不见的食品、汽车或电梯的制造者一样。正如我们看到的,对于陌生人的依赖是现代社会的一个基本事实;它也是使数量日益增长的规章和法律得以正当化的因素之一。关于对专门职业者和专家的依赖,我们也可以做出类似的判断。因此,普通人接受这样的观点,即仅仅那些经过训练、具备技能的人才应该成为医生,没有技术的人无论如何都不能进入这一职业。人们喜欢资格证书这个主意——这种许可证向人们保证每个医生都符合特定标准;否则的话他们就将在完全不知情的情况下进行选择。职业许可的法律像交通法规一样,也被认为是保持市场秩序、调整流量和供给、保障质量的手段;这可以被(正确地或错误地)看作对于明智选择的促进。市民自己需

---

① Tenn. Code, Sec. 63-18-103. 根据《1979 年按摩注册法》(Massage Registration Act of 1979),县可以选择颁发男性按摩师的职业许可。

② 关于德国的职业许可和相关法令,参见 Ingo von Münch, ed., *Besonderes Verwaltungsrecht*, 6th ed. (Berlin: de Gruyter, 1982), pp. 351-355。

要的是不论背景、种族、年龄、性别(sex)或者性征(sexuality)都能够通过竞争进入医学院学习的自由,而不是无条件开业行医的权利。合法选择的选项列表反映了这一观点。

职业选择是职业生涯领域的一个重要部分,但是,20世纪的个人主义总体而言最着力强调的是谋生领域之外或者附属于谋生领域的生活层面:完整的人格、全部的生活,而不仅仅是职业生活。工作当然是重要的。就理想状态而言,工作强化了自我,是通往自我实现的总体规划的一个组成部分。[1] 然而,其实那种通过选择实践达到的自我实现才是首要的目标,而且从来都是如此。此外,现代社会的其他趋势——例如,流动性的生活轨道和对第二次机会的接受——成了规制相反趋势的相反趋势(countertrends to the countertrend of regulation);这些趋势为成千上万的人开放了新的职业选择机会。这些趋势又进一步消除了由职业许可导致的选择的狭隘性。

在美国,职业许可制度直到19世纪晚期才真正开始实施。[2] 医生和律师的职业许可可以追溯到稍早一些的时候。职业许可的基础并不神秘:其法律源于正统的互利合作和利益集团的政治活动。并非所有获取许可制优点的努力都成功了。实际通过的法律是互相斗争的利益集团之间妥协的产物;这些法律并不要求我们假定存在某种合意或者法律文化的某种基本条件。而且,在那些为许可制而斗争的人所留下的文献中充满了关于普遍反响、独立性和选择的主题。律师、管道工、医生、农场主和其他群体团结

---

[1] 也有这样的观点,即一个人的"私"生活不应该构成对他的工作不利的事实——这是关于工作歧视的法律的核心思想。

[2] 参见 Lawrence M. Friedman, "Freedom of Contract and Occupational Licensing 1890-1910: A Legal and Social Study," *California Law Review*, 53 (1965), 487.

在一起，成立组织，游说议员以通过对其有利的规章等等，这样做并不是因为他们信奉社团主义（corporatism）①国家，而是为了（他们声称的）保护公益；他们尽可能少地提及自身利益，当偶尔提及时，他们就用个人主义的话语对其加以包装。过度的或者不公平的竞争是有害的，因为（除了其他原因之外）它们威胁到了从业者的独立，从而将职业贬低为交易，将自由工作者贬低为受奴役的人。

毫无疑问，现代生活中的许多选择都受我们称为受托经纪人的那些机构的支配。在某些情况下，法律要求你雇佣律师、医生或某些其他职业者，或者停止雇佣他们。例如，在没有医生处方的情况下，很多药品都不能购买。② 一些通过中介实现的选择是有争议的，但是总体而言社会却非常轻易地承认了它们。人们意识到自己令人惊叹地无知。在未理解药品是什么，有什么功用，如何正确服用，可能有什么副作用的情况下，大多数人都会觉得选择药品的权利是一项空洞的选择。在法律要求人们在买药时须持有医生处方的情况下，其预设是：除了通过医生的中介服务之外，不论多少公示或者解释都不能确保选择为合理。③

因此，人们至少能够提出这样的观点，即有关处方的法律并没有干预消费者选择的权力。这个观点并不必然是似是而非的。

---

① "社团主义"又译"法团主义"。——译者注

② 参见 Peter Temin, "The Origin of Compulsory Drug Prescriptions," *Journal of Law and Economics*, 22 (1979), 92; 请比较"美国诉卢瑟福案"（U.S. v. Rutherford, 442 U.S. 544, 1979年）的情况，在该案中，穷途末路的癌症病人合法得到苦杏仁苷的斗争失败了（苦杏仁苷是一种用桃核制成的药，病人相信该药可以治愈他们）。食品药品监督管理局（和事实上所有的医生都）认为苦杏仁苷是无用的骗人药，并拒绝为该药发放许可。

③ 而且，错误地服用药品可能会带来不可逆的灾难性后果，并因此阻断进一步的选择；关于反对不可逆性的规范，参见第6章。

一般来说，医生和病人的关系朝相反的方向发生了变化，也就是说，倾向于给予病人更多的选择和自主权。知情同意的原则（见第9章）是这种趋势的一个迹象。现在一些女人选择在家生孩子或者雇佣助产士；人们大体上能够看到一种温和的趋势，即独立性不断增加，对职业霸权的抵制不断增强。

通过中介实现的选择与更大的问题或者说信息问题——选择的困惑——有密切联系。一个参观波兰或保加利亚的西方人通常对商店或市场糟糕不堪的状态印象深刻；无助的顾客仅仅有少量的可怜选择。另一方面，来自东方集团（Eastern bloc）国家的人则对西方超级市场中令人厌烦的多种选择感到沮丧；架子上有17种牌子的牙膏盯着、招呼着他们。一个人究竟如何选择？偏好决定我们买薄荷味还是原味的、白色的还是绿色的牙膏。然而哪个牌子的牙膏对保护牙龈最好呢？牙膏算不上什么要紧的问题；买汽车、钢琴或者房子比它重要得多了。现代生活中广泛多样的选择预设选择者有能力做出选择，任何人都不能代他做出选择。仅就偏好问题而言，这显而易见是正确的，但是实际上选择的领域要广泛和重要得多；从社会的角度来说，选择的领域包括许多曾经只能通过中介或者受支配而做出的决定（例如，关于性行为或宗教的决定）。人们必须认识到，在生活的某些领域中，他们确实没有能力做出决策，或者说抉择能力远远不如专家。其原因在于复杂交织的社会结构，科学和技术知识的缺乏，以及某些社会行动者掩盖其行动所造成的秘密状态。

于是，在法律秩序的各种观点之间，在选择的指令和消费者无知的事实之间，一种不可避免的张力产生了。规范有时偏向那些通过中介实现的选择，有时偏向孤注一掷的选择自由。我们经常会找到某种中间道路。当我们通过分期付款购买一辆汽车或一架钢琴时,现代法律倾向于要求有各种形式的信息披露;卖方必须告知消费者他们应该知道但无法靠自己发现的那些信息。诚实借贷法(truth-in-lending laws)①要求卖方精确地披露其利息数额,以及如果买方未付款会怎样。证券法严格要求对公众投资者进行完全的、公平的信息披露。当然,消费者无论如何不会把这样的法律看成是对选择的限制,相反,会看成是对于选择的促进,因为法律给他们提供了信息;在没有这些法律的情况下,要得到这些信息是很难而且成本很高的。(诚实借贷法对消费者行为可能没有多大影响;然而另一方面,证券法规对股票和债券市场则可能会有强大的影响。)在一个选择不受限制的世界中,人们会觉得那些强制规定必须公示什么和如何公示——这涉及信息的流动——的规则是必要的。选择的混乱,就像高速公路上的混乱一样,导致了一种孕育、正当化并支持道路规则的社会情境。

如果一个人因为谋杀而受审判或者因为冠状动脉分流而要做手术,那么这个人就比买汽车的人处于更危险的境地。根据法律规定,这些性命攸关的情境很可能就处于被代理或监控之选择的位置上。只有训练有素的职业人员才被允许做心脏外科手术或者为一个被指控谋杀的人辩护;患者/被告理解这种通过中介进行选择的必要。患者/被告可能会保留最终决定权,但是日常的技术性决策却不在他的掌握之中。

在最广泛的意义上,信息和信息的获取是自由选择的根本;因此,在选择的共和国,信息自由流动的问题是普遍性问题。公众明白这一点;它是使关于任何问题和每一个问题的言论都能无

---

① 15 U.S.C. §1601,最早制定于1968年。

碍流通的论证理由之一。最初,言论自由的正当性主要是就政治言论而言的,而文化倾向于支持这种扩张。国家不能压制针对任何问题的观点和表达。国家甚至很难禁止色情物品(当然,人们对于这个问题还有很大争议)。杰斐逊或者洛克对于作为"言论自由"问题的色情物品会有什么看法,这可以容易地想象到。然而在今天,性选择的巨大范围已经获得了合法性;因此有关此类选择的信息(甚至是图片)也在主张合法性。① 法律也已经模糊了(事实意义上的)信息和情感、恐惧、欲望的表达之间的界限。杰斐逊和洛克主要考虑了理性争论、严肃艺术和"思想的市场",但是现代世界中的表达自由已经急速超越了这些概念。现在,表达的权利关涉的是复数的自我(selves)及其各个组成部分在市场中所处的位置。

四、选择、契约与福利国家

在过去的大约一个世纪中,西方民主国家中再没有什么社会趋势像福利-规制型国家(welfare-regulatory state)的兴起一样重要了。各个国家先后放弃了19世纪的"自由主义"政策,不再奉行最低限度的国家,即不干预市场——尤其是劳动力市场——的国家。每个国家现在都有大量的保护劳工的立法,对工作小时数、工作条件、假期、福利、养老金、失业和最低工资做出了规

---

① 这个主题被一些因素复杂化了,包括女权主义运动的一派与反色情制品运动的联盟。关于这一点,参见 Robin West, "The Feminist-Conservative Anti-Pornography Alliance and the 1986 Attorney General's Commission on Pornography Report," *American Bar Foundation Research Journal* (1987), 681.

定。一个接一个的国家设立了庞大而费用高昂的福利项目；在一些国家里，国家管理着从摇篮到坟墓的各种福利。① 孩子在出生时（间接地）得到减税优惠或者说财政补贴以作为对他来到这个世界的奖励；老年人有养老金的保障；死亡则引发了最后一笔钱——用作葬礼。与英国或者法国相比，美国被认为是一个福利落后的国家，然而事实上，美国在这个大方向上的进展已经相当大了。20世纪30年代的"新政"是一个重要的分水岭；回想起来，"新政"只是大规模的福利和社会保险进程的开端。在所有西方社会中，除了少数顽固分子，各阶层的人都接受了通过国家税收支付保障的最低生活标准的观念。一个体面的社会不会让任何人挨饿；它会为所有儿童提供免费教育；在一些国家，政府保证基本的住房，在大多数国家，政府提供某种医疗服务。

现代国家管理机构的规模之庞大也令人印象深刻，而且它还在日益增大。通常，一本厚厚的劳动法典管理着劳动合同的条款和条件；而且同样存在着关于消费者安全、环境保护、反竞争行为、职业许可以及许多其他问题的各种法律。在前文引用过的著名论述中，亨利·梅因爵士（1861年）谈到"进步"社会从"身份"到"契约"的演变。梅因是基于英国古典自由主义思想写下这些话的。一些学者发现了或者谴责一种倒退到身份社会或至少是远离契约自由体制的强大趋势。② 每一种商业规章都在某种

---

① 参见，例如，Peter A. Köhler and Hans F. Zacher, eds., *The Evolution of Social Insurance, 1881-1981* (London: Pinter, 1982)。

② 有关讨论参见 Manfred Rehbinder, "Status, Contract and the Welfare State," *Stanford Law Review*, 23 (1971), 941。

程度上缩小了该商业或者工业中契约自由的范围。①

这种观点既正确又不正确。正如我们所论辩的，在一个由相互依赖的个人构成的社会中，规制可以而且也常常被发觉能够增进自由。那么契约制度本身怎么样呢？认为契约制度也在衰落，福利-规制型国家是它的致命敌人，这些都已是老套的观点。格兰特·吉尔摩（Grant Gilmore）已经论述了契约的"死亡"。② 帕特里克·阿蒂亚在他关于契约自由的兴起与衰落的名著中或多或少地同意吉尔摩的观点。他写道，在过去的一个世纪中，"关于个人选择自由之价值的信念在持续衰落"。他谈到了一个"悖论式的"例外，即"所有直接或者间接与性道德有关的问题"。就这些问题而言，"个人选择自由存在着显著提高"。③

然而，阿蒂亚也许忽略了这里的标准。人们也可以主张完全相反的情况，即"关于个人选择自由之价值"在过去一些年中已经变得更加兴旺了。每个论题都有可能夸大自己的论点或者冒

---

① 实际上，恰恰由于 19 世纪法律理论中的"契约"定义，这可能是真的。关于这一点，参见 Lawrence M. Friedman, *Contract Law in America* (Madison: University of Wisconsin Press, 1965), chap. 1。

② Grant Gilmore, *The Death of Contract* (Columbus: Ohio State University Press, 1974). 吉尔摩说："契约的一般理论和大部分自由放任主义经济学的衰落和消亡可以看作对于从 19 世纪个人主义到福利国家及更后来的转变的一个遥远的反映。"在当代，我们都是"机器中的轮齿，彼此相互依赖"。Ibid., pp. 95-96. 吉尔摩可能没有看到的是，相互依赖并不必然与选择自由相冲突；选择自由与 19 世纪的人们所理解的"契约自由"不同；因此可以认为，个人主义非但没有死亡，而且事实上它现在比在 19 世纪"契约自由"的全盛期时更有生机和活力。

③ Patrick S. Atiyah, *The Rise and Fall of Freedom of Contract* (Oxford: Oxford University Press, 1979), pp. 726-727. 阿蒂亚在法律中普遍地看到了"同意或者自由选择因素的重要性的下降"，参见第 729 页；但是他的例子并没有真正说明这一点。作为一个例子，他谈到自甘风险的理由已经从侵权法中消失了，参见第 730 页。采煤工人对其工作的接受一向被认为是"同意"冒采煤的风险；这不再是好法律。这种接受真的意味着"同意"吗？

轻视反例的风险。但是，就梅因和阿蒂亚对于"契约"一词的使用而言，"契约"有三种不同的含义。其一是正式的、法律人的契约法上的含义——在法学院学习、法律教科书中表述的契约。其二，"契约"也指现实的契约制度——真实世界中的协议，尤其是商业协议。阿蒂亚可能模糊了这两者之间的界限；很不典型的案例——这样的案例集中在法学院教科书中，或者源自高级法院的判决——中的表面上的选择自由的"腐朽"或"衰落"，与真实世界事务中的契约体制中的"腐朽"或"衰落"根本不同。① 此外，"契约"还有另一个意思或者至少是一组言外之意，在这个意义上，契约的实质是选择；契约意味着自由和自愿的活动和安排，所以基于契约的社会秩序就是赋予个人及其选择权以最高地位的社会秩序，就是一种以个人选择为万物的尺度和正当性依据的制度。

阿蒂亚的陈述蕴含了一种与现代法律文化所蕴含的契约和选择的定义相反的定义。如果我们将商业规制或福利国家机构和限制选择等同起来，那么问题就产生了。某种意义上的规制确实限制了选择，但是正如我们看到的，人们对于某些革新和限制有着完全相反的感觉；而且在许多方面，20世纪80年代为法律所许可以及为习惯和文化所支持的选择范围比"契约自由"占主导地位的时期要宽广得多。选择占据了一个价值比以前大得多的地位。因此，"性道德"的问题就不是某种不可思议的反常；它比阿蒂亚所认识到的更接近于选择的共和国中的规范。

---

① 关于这一点，参见 Lawrence M. Friedman and Stewart Macaulay, "Contract Law and Contract Teaching: Past, Present, and Future," *Wisconsin Law Review* (1967), 805; 关于现实, 参见 Stewart Macaulay, "Non-Contractual Relations in Business: A Preliminary Study," *American Sociological Review*, 28 (1963), 55。

在为了福利-规制型国家和有关福利-规制型国家的斗争中，契约确实已经成为一个主要的(意识形态的)行动者。自由主义经济学家把契约自由奉为神明，把它看作自由的基石和市场的试金石。19世纪以来，古典经济学的批评者已经对契约自由的意识形态进行了持续的批评。但是在19世纪契约法规范和制度发展过程中批评它的人以及今天批评它的人中，大部分人原则上从未反对过下述意义上的契约制度，即在诸多选项中自由、自愿地进行选择。在西方国家的主流思潮中，选择和同意很少直接受到攻击，而且当自由交易出现时，也没有什么特别的争议。相反，批评者们争论的是，在某些关键的情境中，选择是虚幻的，或交易是不真实的或受强制的；人们处于令人产生道德反感的境况中，或他们的选择是在谈不上真正自愿的情况下进行的。一个必须在挨饿与从事危险、肮脏的工作二者之间做出选择的工人根本没有真正的选择，至少根据现代文化对选择的定义来说是如此。

今天，有关契约的判例法、制定法和论著反映了这些思想。它们之中充满了对"交易权不平等"的讨论，以及规制语言巧妙而又晦涩的契约的专门规则；法律已经变得对那些欺骗消费者尤其是贫穷消费者的狡猾掮客和花言巧语的推销员所造成的危险很敏感。① 一个有用的概念是附合合同(contract of adhesion)，这是一个成功跨越大西洋的欧洲术语。② 附合合同是一个不容讨价还价的合同；在现代判例法中，附合合同的法律效力低于自由协

---

① 参见 Robert W. Gordon, "Unfreezing Legal Reality: Critical Approaches to Law," *Florida State University Law Review*, 15 (1987), 195。

② 参见 Friedrich Kessler, "Contracts of Adhesion—Some Thoughts about Freedom of Contract," *Columbia Law Review*, 43(1943), 629；对于这篇文章的影响的一个评价，以及美国法院实际判决过程中的同意原则(adhesion doctrine)，参见 Walter Schmid, *Zur sozialen Wirklichkeit des Vertrages* (Berlin: Duncker und Humblot, 1983)。

商达成的合同,而且它还受到更多的规制。律师和法官已经不再把它当作选择的表达,而是看成对选择的否定,是强加给商品或服务的购买者的一组条款。弗里德里希·凯斯勒(Friedrich Kessler)在一篇将该概念介绍到美国法学界的经典文章中谈到了强者强加给弱者的合同;这些标准合同允许"企业家""以一种实质上的权力主义的方式……通过合同来立法",而且大有这样一种危险,即成为"强大的工商业巨头手中的有效工具,以使他们能将一种自己创造的新封建秩序强给许许多多的附庸"。①

这些多少有点夸张的话语正体现了对于契约法的批评的核心。这些批评本身已被批评为在经济学意义上和概念上空洞无物,不过我们在这里当然不关心这种批评的对与错。有趣的是这种论点自身的性质。其形式是(这种批评也是)自由选择的形式,但其内容却是强加于人的意志和否定选择。无助又无知的购买者确实签署了契约、租约或者卖据,签名通常表示同意;但是这些情况下的同意是双重不真实的——首先购买者没有真正的选择,其次购买者既不知晓也不明白他签署的是什么。② 然而在西方,尽管有人可能对契约自由的"神话"进行毁灭性的批评,但几乎没有人会这样严厉地质疑自由或者契约;他们并不赞成这样的制度:在这个制度中房客受制于房东,租约期满不能离开房子;

---

① Kessler, "Contracts of Adhesion," p. 640.
② 因此,在著名的"威廉姆斯诉沃克-托马斯家具公司案"(Williams v. Walker-Thomas Furniture Company, 350 F. 2d 445 [C. A. D. C. 1965])中,一位可怜的妇人签订了一个复杂且狡猾的格式合同,在这个合同下,她分期付款购买货物。斯凯利·莱特(Skelly Wright)法官以"不正当"为由废除了这个合同。他说:"当几乎没有讨价还价权,因而没有真正选择的一方,在几乎不懂或根本不懂合同条款的情况下签订一个商业上不合理的合同时,其同意甚至其同意的客观宣示从来都几乎不可能会是针对所有这些条款的。"

他们也不赞成个人不能完全自由辞职的制度。在西方，几乎没有（如果不是完全没有的话）人喜欢身份证明（internal passports）这个主意，也没有人喜欢——在事实上真的拒绝把流动性和自由选择作为通行原则的——社会的其他限制。

那些赞成政府规制或者福利国家项目的人和反对派所讲的大多是同样的个人主义和选择一类的语汇。然而"干涉主义"倾向于宣称在这样或那样的情况下真正的选择是不可能的；某些力量和权力已经压制或阻碍了那些本该是人们与生俱来的自由；除非这些力量和权力受到控制，否则真正的自由不可能实现。当美国中西部的农场主和小商人需要铁路、备有起卸机的谷仓、银行及保险公司方面的规制时，他们就提出这样的主张。他们从来没有把自己描述成自由选择和个人主义的敌人；他们大体上是用传统的、19世纪的话语表达自己。可恨的垄断阻碍了选择并威胁到经济独立。这里或许有自欺甚至伪善的成分。但是人们感觉到了真诚的实质：真正独立、真正的个人主义需要他们所要求的政策框架。一般来说，19世纪大部分法律和经济斗争的修辞（或许也是现实）基础都是同一种文化。《谢尔曼反托拉斯法》和职业许可的法律可以再一次作为典型的例证。

五、个人或者实体：选择的悖论

19世纪的法律（和社会）理论以一种特有的方式界定了选择的概念。例如，在劳动关系中，工人享有依自己的意愿自由来去的权利；只要他认为合适，他就可以接受或者辞去工作。人们认为自由人不应该受工作的束缚；奴隶制是反常的和令人憎恶的现象；其他形式的受束缚的劳动——契约奴役、学徒制度——在1800年之后都迅速衰落了。然而雇主也享有相应的和对等的权利，即雇佣和解雇的绝对权利。工人和老板都是有充分选择自由的个人。对于许多人来说，这似乎是看待雇主和工人的一种完美的、现实的方式。那时的商业通常规模很小。而且，自由契约与旧制度形成了鲜明的对照，在旧制度中，学徒、仆人或奴隶都被工作束缚着；习惯法限定了雇主和主人的权利，不过这些权利比仆人或工人的权利大得多，二者的地位处于绝对不平衡状态。①

较大规模的商业改变了19世纪简明、对等的规则的社会意义。雇主渐渐成为富有和强大的公司；形式上的对等看起来不再公平，天平似乎倾向了雇主一方。在19世纪，工人组建工会，工人运动发展起来。工会提出工作安全、较高工资、较好的工作条件以及社会正义的总体要求。在英国和美国，工会的斗争既在法庭也在街头发生。② 然而，由于19世纪的法官来自社会上层，所以他们常常敌视劳工的利益。

在美国的许多重要案件中，法院以违宪为由废止了保护劳工的法律，显示出了他们的敌意。法律正式承认公司的权利。公司是"人"，它们的自由和财产像其他人一样处于美国宪法第十四修正案的护翼之下。未经"法律的正当程序"——这是最高法

---

① 工人辞职的权利在法律上和实践上都受到早先农业社会中的严格限制；如果工人在作物生长季节中途辞职，他很可能丧失所有的报酬。参见 Morton Horwitz, *The Transformation of American Law, 1780-1860* (Cambridge, Mass.: Harvard University Press, 1977), p. 186。当然，19世纪晚期存在着对黑人农场工人更为苛刻的限制，参见 William Cohen, "Negro Involuntary Servitude in the South, 1865-1940: A Preliminary Analysis," *Journal of Southern History*, 42 (1976), 31。

② 关于英国的情况参见，例如，Henry Pelling, *A History of British Trade Unionism*, 4th ed. (London: Macmillan, 1987), pp. 107-110, 121-122。

院和许多州法院魔术般扩张的弹性词语——立法机关不能侵犯或损害公司的这些权利。他们发现了隐含在这个词语里的阻碍支持劳工立法的权力。① 在一些异乎寻常的案件中,"正当程序"被解释为——比如说——宪法保护的"契约自由"。因此任何规制工作条件的法律都被一个阴影笼罩着;任何此类法律都会侵害工人和雇主缔结契约的"权利"。在臭名昭著的"洛克纳案"(Lochner v. New York, 1905 年)中,最高法院撤销了纽约州的一项立法,除了其他规定之外,该法律限定了面包师的最长工作时间:每周不超过 60 小时,或者每天不超过 10 小时。最高法院的多数法官认为:"在面包师的职业中,通过限定工作时数来干涉人们的自由权(liberty)或契约自由(free contract)的权利,是没有合理根据的。"最高法院越过奥利弗·温德尔·霍姆斯(Oliver Wendell Holmes)大法官的著名异议,宣布该法无效。②

有趣的是,正是在取消那些为劳工组织所争取的法律的过程中,一些最为声名狼藉的判决使用的却是强调工人权利的话语。在"高德查理诉威格曼案"(Godcharles v. Wigman, 1886 年)中,宾夕法尼亚州最高法院宣布一部要求矿山和工厂以现金支付工人工资的法律无效。法院说,该法律"相当于对雇主和雇员权利的侵害……它是一种侮辱性的尝试,企图将工人置于立法保护之

---

① 在"阿尔热耶诉路易斯安那案"(Allgeyer v. Louisiana, 165 U. S. 578 [1897])中,最高法院将正当程序条款中的"自由"一词解释为包括"市民依据自己意愿自由地……生活和工作的权利,自由地依靠任何合法职业谋生的权利……以及为了那些目的而缔结所有可能适合……实现……提到的……目的的合同的权利"。关于这个时期法院工作的文献有很多;参见,例如,Michael Les Benedict, "Laissez-Faire Constitutionalism," *Law and History Review*, 3 (1985), 293。
② Lochner v. New York, 198 U. S. 45 (1905)。霍姆斯的异议包含着他的名言:"第十四修正案并没有规定赫伯特·斯宾塞先生的《社会静力学》是法律。"

下,这种保护不仅贬损了他的人格,而且损害了他作为公民所拥有的权利……他可以为了他认为是最好的东西——无论是金钱还是商品——而出卖自己的劳动"。①

在没有以任何方式剥夺工人依其意愿辞职的权利的情况下,福利国家及时削弱了雇主随意处置工人的"个人"权利。作为宪法原则的"契约自由"已经在美国消失了。② 结果是一种明显的不对等。工人拥有雇主所不具备的"自由"。可是一般人看不出这种不平衡有任何矛盾或者不公平。相反,它倒似乎是完全自然和公正的。

原因在于法律文化。大部分人的信仰和态度并不必然内在地协调一致;也不必然正确,如果我们所说的正确指的是与事实的某种严格一致的话;而且无论如何也达不到逻辑分析的标准。人们考虑自由、选择和个人价值的主要依据是自己或与自己类似的人,而不是组织或者商业企业——小企业和私人企业(例如夫妻杂货店)除外。这是关于法律文化的一个要点,因为,那些促进"个人"自由的法律毕竟常常需通过限制商业和政府机构的自由来实现。

这种导向在民权法中尤其明显。民权立法保护了少数种族、妇女、非正统宗教信仰者、同性恋者、残疾人等的权利并且增加了他们的机会;确立了在住房、工作和公共设施上"机会平等"

---

① Godcharles v. Wigeman, 113 Pa. St. 431 (1886);参见 Arnold Paul, *Conservative Crisis and the Rule of Law: Attitudes of Bar and Bench, 1887–1895* (New York: Harper and Row, 1969), pp. 15–18。
② 参见,例如,"西海岸酒店诉帕里什案"(West Coast Hotel v. Parrish, 300 U. S. 379, 391 [1937])中对支持妇女和少数群体的最低工资法律问题的讨论:"宪法并未规定契约自由(freedom)。它规定了自由权(liberty)……但是受保护的自由权是一种存在于需要法律保护的社会组织中的自由权。"

的规则；建立了新的政府机构和组织去实施和执行这些法律。这一立法活动无疑扩大了黑人、妇女、同性恋者等其他曾经遭受并且仍在遭受歧视者的选择范围。它强行打开了以前紧闭的门。但是从大房产主、商业团体和政府机构的立场来看，民权不是权利而是义务——不是特权而是负担。民权法充满了做这个不做那个之类的命令，以及雇佣、解雇、出租、收回租物、服务顾客和控制一般商业决策方面的种种限制。公司不再能简单地依凭经营者的奇想来运营；实施民权法的规则就至少会要求该行业办理一些复杂的手续。公司经营者的自由和决策空间受到明确的限制。

然而，无论通用汽车公司或菲亚特汽车公司的法律地位如何，它们都不是"个人"，人们也不会那样看待它们。不管经济学家或经济学空头理论家(economic theologians)可能怎样认为，将约束性规则加在大公司身上都显然与告诉个人能做什么不能做什么不一样。剥夺房东驱逐房客的权利与剥夺房客当着房东的面关门的权利不同。当"房东"不是一个人，而是一个可能拥有或经营30层高、有着数千房客的公寓大楼的大公司时，情况尤其如此。房东和房客绝对处于不同的地位。①

当经济保守主义者和自由论者反对那些限制了房东等群体的民权法律或者规则时，他们倾向于以适用于普通个人的话语来表述其主张。这种修辞很重要。他们可能主张（例如）房东应该可以把"他的家"里的空间出租给任何他想出租的人。雇主也与此类似：政府不应该吩咐我能或不能雇佣哪个人在"我的店"里工作。在一个臭名昭著的案件(1908年)中，美国最高法院废

---

① 参见 Lawrence M. Friedman, "Comments on Edward H. Rabin, 'The Revolution in Residential Landlord-Tenant Law, Causes and Consequences,'" *Cornell Law Review*, 69 (1984), 585.

除了一项法律。除了其他内容之外，该法规定铁路公司因工人参加工会而将其解雇的行为构成犯罪。法院认为，政府不应该"强迫任何人在他的业务范围内违背自己的意愿接受或保留另一个人的个人服务"，或者"强迫任何人违背自己的意愿为另一个人履行个人服务"。①

当然，如果"家"指的是一个 40 层的公寓大楼，商店指梅西百货（Macy's）或者哈洛德百货（Harrod's）②那样的商店，企业不是指水果摊而是指一个庞大的州际铁路公司，而"个人服务"这样的表达并不确切适合工厂工人，那么上述案件会让我们觉得有几分似是而非；但是保守主义者坚持认为他们的原则完全相同。③ 他们诉诸个人选择、个人隐私和诚实这些符号与法宝。④ 例如，米尔顿·弗里德曼（Milton Friedman）就将种族歧视轻描淡写为个人"爱好"问题，这就把它淡化为一个社会问题、一个个人偏好问题，就像跳舞时选择舞伴一样。"在导致房主偏好漂亮而非丑陋仆人的爱好和导致另一位房主偏好黑人而非白人或偏好白人而非黑人的爱好之间，除了我们对前一种爱好产生共鸣和赞同，而对后一种爱好可能不赞同外，"他问道，"存在任何原则上的不同吗？"当然，弗里德曼意识到，企业、机构和具有不同"爱好"的个人一样，也有区别对待⑤行为，但是，有区别对

---

① Adair v. U. S., 208 U. S. 161 (1908).
② 分别是美国和英国的著名百货公司。——译者注
③ 法院在"阿代尔诉美国案"（Adair v. U. S.）中仍然坚持这样的说法："雇员辞职的权利……与雇主为任何原因摒弃这样的雇员的服务的权利是一样的……在所有这些方面，雇主和雇员享有平等的权利。"
④ 当然，也有模棱两可的情形——小商业和私人俱乐部，在这些情形下，个人和实体之间的界限很模糊。
⑤ 在英文中，"歧视"和"区别对待"是同一个词：discrimination。——译者注

待行为的组织仅仅是作为其成员行为的渠道或者载体；这些组织在做的是"传达它们的顾客或其他雇员的偏好"。①

无论这些观点正确与否，它们都与法律文化的路径脱节，更背离了法律和社会发展的实际进程。当代的人们不像米尔顿·弗里德曼那样界定选择和爱好，而是把自由选择看作一种高贵的权利，这种权利主要为作为个体的个人所固有，并与触及他们的生活和人格的一切事物相关联。逆命题也很重要：一个不是个人、不是真正意义上的人和人格的实体，没有也不需要有同样的选择的自由范围。② 而且，正如我们将要看到的，反歧视法的道德基础与一般法律文化相当和谐。对偏见的爱好不同于其他爱好，因为它限制并伤害了个人——这种爱好阻止他们运用自己的选择权。它阻碍了某些人的发展并迫使他们与主流社会分隔开，就因为他们是黑人、妇女、同性恋者或者是坐在轮椅中的人——其特征都不源自个人的选择。因此，我们必须考虑所属的身份或者不可选择的身份的问题，以及这一问题在选择的共和国中所处的位置。

---

① Milton Friedman, *Capitalism and Freedom* (Chicago: University of Chicago Press, 1962), pp. 110, 112. 这本书写在《民权法》通过之前，然而，米尔顿·弗里德曼不赞同目前州公平雇佣委员会(State Fair Employment Commissions)的工作，他认为那是"对个人之间签订自愿契约的自由的干涉"，参见上书第111页。

② 当然，这并不意味着大大小小的私人企业不应该自由定价，或者不应该在经济紧缩的时候解雇雇工。钢铁公司或者大房地产开发商的行为范围应该取决于效率和社会公正，即，这是一些社会政策上的事情，而不是关于个人拥有的"权利""自由"之类的事情。至少我是这样理解当代法律文化和司法文化的。

六、组织中的男人(和女人)

这里的中心论点关涉某种形式的个人主义的兴起、发展和盛行。然而个人主义的黄金时代——我们的时代——很明显也是组织尤其是大型组织的时代。这两种社会现实如何能够协调呢?

现代社会中组织的角色是一个重大而又困难的议题。实际上,今天大多数个人为大型实体——政府或者大公司——工作,而不是为家庭企业、农场或者自己工作。许多人住在大型公寓楼里;其他人则照管自己的花园,拥有自己的住所,但是即使如此,住所和花园却有可能被抵押,而抵押权不是为哈里叔叔而是为一个较大或者相当大的银行所拥有。在社会的各个角落,公共生活都通过组织来活动和运作;工会可能已经过了兴盛期,不过依旧很强大,各种贸易协会和农场主团体也是如此。一些学者甚至看到一种发展中的新社团主义,尤其是在欧洲。①

我相信这并不会削弱中心论点;实际上,它增强了该论点。这些组织和群体主张和要求的仅是人们生活的一部分;它们不是像监狱或尼姑庵那样的"全控机构"(total institutions)②;它们要

---

① 参见,例如,Philippe C. Schmitter, "Interest Intermediation and Regime Governability in Contemporary Western Europe and North America," in S. Berger, ed., *Organizing Interests in Western Europe: Pluralism, Corporatism and the Transformation of Politics* (Cambridge: Cambridge University Press, 1981), p. 285。

② 转引自 Erving Goffman, *Asylums: Essays on the Social Situation of Mental Patients and Other Inmates* (New York: Anchor Books, 1961), chap. 2, "On the Characteristics of Total Institutions"。

求人们或者献出一磅肉或者出借灵魂,① 但从来不会把两者都拿走,甚至在日本也是如此。传统社会中,个人被固定在首属群体(primary group)②里。19世纪的"社会"具有严格的规范并且强调规训和控制,是一种依凭自己权利的全控组织。

现代生活的许多群体和组织是自愿性团体,而且它们具有平行(horizontal)利益和地位。这些群体和组织是作为自我表达和动员的载体而活动的,不论是集邮俱乐部、激进女权主义研究团体,还是稻农促进会。(关于这些平行群体的问题在第7章有更多论述。)这些同等类型的组织种类繁多而且堪称丰富多彩;很多表达自我的工作都采取了这种在组织的市场中进行选择的形式。即使是工作的选择,在某种程度上也是如此——国际商用机器公司(IBM)、飞利浦或壳牌石油公司在文化、结构或习惯上并不具有同一性。总的来说,所有种类的群体身份——正如理查德·梅尔曼(Richard Merelman)所言——都变成了"个人选择的问题,并且可随意改变无虞"。③

确实有"组织男人"(organization man)和——越来越多的——"组织女人"(organization woman)这样的事物存在:服从的压力,工作上的严苛管理及微型暴政(petty tyranny),更不用说官僚主义、文牍主义和繁冗的次级规章对人们的持续蚕食

---

① 典出莎士比亚戏剧《威尼斯商人》和歌德长诗《浮士德》。——译者注
② 指成员相互直接接触、具有认同团结感的群体,例如家庭、朋友圈子。——译者注
③ Richard M. Merelman, *Making Something of Ourselves: On Culture and Politics in the United States* (Berkeley: University of California Press, 1984), p. 30. 他说美国文化是"松散形构的",大量美国人已经从"广泛的群体认同和牢固的文化根基"中被"释放"出来。"解放了的个人,而非社会群体,一定会因此成为基本文化单位……群体成员的身份于是变为自愿、临时和流动的。"

了。不计其数的工作者蒙受屈从于文牍主义和官僚主义的痛苦。由工作直接或者间接造成的异化相当普遍,尽管我们还有待他人确切地弄清楚这到底有多么普遍。然而这种异化,不论是轻微还是严重,都使工作生活和非工作生活之间形成了非常鲜明的对照;表现型个人主义的领域恰恰因工作环境施加束缚的效力而不断增大。固然,各种领域的根本分离是以有供人们在工作环境之外放纵自我的足够空间——充足的金钱和闲暇——为前提的。19世纪的工厂工人,无论他有怎样的精神爱好,即使花费再多的精力和时间——从早到晚,日日夜夜——也负担不起那些爱好的成本。他们也不具备发展爱好所需要的安全保障。20世纪在这方面的富有和充足是19世纪所无法匹敌的。

七、出身、地位、不可改变性

文化强调选择,但是个人的某些方面却超出或者似乎超出了选择的范围:种族、性别、年龄、出身、身高、外貌、身体结构(在某种程度上)、眼睛的颜色以及作为遗传组合一部分的其他一切。我们无法控制自己是白人、黑人还是亚裔,男性还是女性,年轻还是年老,等等。这些是所谓的"不可改变的"(immutable)特征。

作为一个概念,不可改变性在美国宪法中占有一席之地。例如,在一个性别歧视案件中,最高法院恰当地指出:"像种族和民族一样,性别是一个完全由出生的偶然性决定的不可改变的特征。"[①] 西方国家的基本法律通常规定基于种族和其他原因的歧

---

① Frontiero v. Richardson, 411 U. S. 677 (1973).

视为非法。依据不可改变性分析现代权利之法是可行的。任何人都不应该因种族、性别和其他先天特征而遭受不利。为什么呢？因为这些特征不可改变，或者换句话说，因为文化认为这些特征并不是个人选择的结果。拒绝一个没有技能、未经训练且有很多不利推荐资料的求职者是一回事；这些是他自己的"过错"，是（或者被认为是）选择的问题。种族是工作者无法控制的个人特征。也是在这里，法律制度最高层的严肃讨论汲取了具有更为大众化渊源的一些思想。随着强调契约、选择和同意的个人主义在法律文化中占据主导地位，选择就变成了活法的血肉之躯。规则反映了这个主要原则：不利不应该来自那些不在个人选择或控制范围内的境遇或者自身特征。

事实上，"不可改变性"并不像它起初看起来那样是如此明显的一个概念。流行的信念和法律文化不可能等同于事实、现实世界或者社会学家解释世界的方式。经过分析，我们可以区分三重含义，其中自身的一个方面可能是不可改变的。首先，自然事实是不可改变的：某些事情就是那样，或者曾经一旦发生就无法取消。我于某一天出生在伊利诺伊州的芝加哥市，这就是一种无法改变的事实，此事一旦发生，我就无论如何都不能取消它了；如果因为我出生在那里，或者因为我妈妈生育时是 25 岁或者 35 岁，或者因为我家住在公寓而不是私宅里，就使我处于不利地位，这样的结果就是"不公平的"。

种族在一种不同但更为复杂的意义上是不可改变的。它涉及"不可改变"的另外两重含义，一重是生物学意义上的，一重是社会意义上的。二者交织在一起。大多数人把种族看作纯粹而又简单的生物学问题；种族特性是不可改变的，因为它是先天遗传的。然而种族基本是一个社会定义的问题。在美国，一个白人母亲和一个黑人父亲所生的孩子是黑人；甚至只要祖父母、外祖父母中有一个人是黑人就足以使这个孩子成为黑人。这显然与遗传无关。称这个人为白人是合乎逻辑的；更准确的做法是称她为混血儿。在美国社会中，混血儿自动地成为黑人。在民族问题上，情况就不一样了。一个意大利母亲和一个爱尔兰父亲所生的孩子可能会直接说"我是半个爱尔兰人"或者"半个意大利人"。但是却没有诸如"半个白人"这样的人存在。在英国，白人把巴基斯坦人、印度人与黑人统合在一起，这就挑战了传统的（科学的）种族分类。

将特定的后果赋予某些遗传特征而非其他特征，这种判断几乎完全是社会性的。你是棕色眼睛还是蓝色眼睛——事实上是遗传特征——不会带来社会性的后果，但是被定义为"种族"的生物性状组合却非常重要。种族是一个基本社会范畴，种族在民族历史和个人命运中扮演了关键的、悲剧性的角色。自我的其他方面可能由生物学决定并带来社会后果，恰恰是因为人们不把他们看成完全不可选择的。例如，有许多针对胖人的有意无意的歧视，但是对于不计其数的苦恼的节食者而言，身体肥胖要么就是遗传，要么可能是遗传。是社会定义而不是遗传的境遇在起作用。

性的差异以一种比种族更深刻更重要的方式植根于生物学，但是性的角色却非如此。这主要——如果不是完全的话——是社会文化的产物。事实上，大部分不可改变的特征根本不是生物学的；它们仅仅以那种方式被定义了。但是，那种认为这些特征被社会性地而非生物学地定义了的观点对很多人来说有点过于深奥了；他们宁愿仅用生物学的话语来考虑种族、性，等等。至少在短期内，社会性定义是和生物学事实一样普遍而且难以改变的，因此从我们所讨论的人的立场来说，社会性定义同样是"不可改变的"。一些社会性定义——例如种族或性别（gender）——的强大力量是任何女性或黑人尽其一生也无法战胜的。过去，这样的定义将女性和黑人安排为固定的卑下角色；现在它们在许多国家里仍然以各种方式肆无忌惮地大行其道。然而，法律将那些性状精确地定义为"不可改变的"，由此引出了一个重要的后果：这些性状超越了个人选择的权限。在现代法律文化中，无选择（choicelessness）像选择一样，是一个决定性的事实。增长中的权力的规范为了达成一致意见，便把一些事情设置成这样的外观：以生活中某些完全不可改变的——超越了可能选择的范围的——方面的原因使人们蒙受不利是错误的。

对于我们生活在20世纪80年代的很多人而言，这一切似乎不言自明；这正是道德的基石；很难想象另外一种可以与之匹敌的伦理，然而事实上，不可改变性的社会后果和法律后果是新近发展的产物——是当代法律文化的成果。那些在——比如说——18世纪是不可改变的东西，并不因此变成民权法的主题。正相反：那些东西仅仅固定了一个人在社会阶梯中的位置，而且这种位置通常没有任何被改变的希望。生物性状和基因的不可改变性并不表示无歧视的伦理；相反，它是一个人身份的关键，而且不受质疑或者不能改变。在一个实行长子继承制的社会里，出生顺序就是这样一种特征；性别的角色在大部分社会中普遍被固定了；种姓、种族或民族在其他社会中构成了决定性因素；宗教归属则在奥斯曼帝国和其他地方构成了决定性因素。美国和大部分西方国家今天已经大大改变了这种状况。数量庞大的法律和体系繁杂的规则声称要消除基于种族的歧视。这些规则在美国和其他有很多少数种族的国家发挥了最显著的作用。性别歧视也是一个几乎为所有人所普遍关注的问题。西方国家普遍确立了禁止男女同工不同酬的规则,[①] 而且也将其他形式的性别歧视规定为非法。

数量不断增长的规则将这项原则扩展到其他群体。例如,宗教歧视已经广泛地受到禁止。相同的原则可以推广到民族、性取向和身体障碍领域。[②] 上述每一个问题都是有关其权利的重大主题,也都有其各自的政治、社会复杂性。在选择的共和国的文化结构中,它们都各自占据了一种特定的位置。例如,宗教具有独特的两面性。首先,它是一个出身的问题。几乎我们所有人都出生在特定宗教的传统之中。对于许多人来说,宗教类似于民族,以至于很难把二者剥离开来。犹太教是最好的例子:无论是犹太人/犹太教徒自己还是反犹太分子都不费心区分犹太教徒(practicing Jews)和犹太人(born Jews)。德意志第三帝国把犹太定义为一个种族类型,将每一个出身犹太家庭的人——无论是无神论者、改信基督教者还是正统犹太教拉比——都通过毒气室送到同一个死亡终点。

在美国和其他西方国家,宗教仍旧时常带有这种民族的、可归属的意味。对许多少数民族和非西方宗教——佛教或者伊斯兰教——来说也是如此。但是,正如我们在第9章还会谈到的,宗教

[①] 《建立欧洲统一市场条约》(Treaty Establishing the European Common Market)第 119 条要求每个成员国声明"维护……男人和女人应该同工同酬的原则"。关于日本的情况,参见 Frank Upham, *Law and Social Change in Postwar Japan* (Cambridge, Mass.: Harvard University Press, 1987), chap. 4。

[②] 对美国关于歧视的法律的一般阐释,参见 Laurence H. Tribe, *American Constitutional Law*, 2nd ed. (Mineola, N. Y.: Foundation Press, 1988), chap. 16。

也已经成为个人选择的问题。人们可以在精神和文化模式的广泛选项中自由选择。因而，宗教歧视基于两个互相独立而又有点矛盾的理由受到谴责：第一，因为对很多人而言，宗教不是一个选择问题，而是不可改变的命运；第二，因为对其他人而言，宗教是一个自由选择的问题——他们生活方式的一个方面、一种选定的信仰和行为模式，而这些都是现代共和国有责任加以保护的对象。

性取向也是个人身份的一个混合方面。基本的性冲动被认为出于本能。是什么决定了性取向，这并不清楚，但是，无论如何它的形成是在生命的早期。西方人对性行为少数派的容忍已经稍微多一些了。他们较少可能将同性性行为谴责为不可饶恕的罪孽。"鸡奸"曾是可以处死的罪行；现在它在许多地方已经完全不被当作犯罪了。这个主题确实依然激发着赞成者与反对者双方的论战激情。罗马天主教教会和保守的新教教会坚决反对任何进一步的放纵，他们想让法律和习惯谴责同性恋者和同性恋行为。许多人——他们中有的同意有的不同意同性性行为——认为同性恋行为是下述原因的产物：性格缺陷、疾病、神经官能症、人体的某种机能失常，或许还有发育受抑制等，但无论是什么，总归不是个人所能控制的。

然而，像宗教一样，性取向在现代社会中也已经呈现出一些自愿选择的特色；对某些人来说，它也变成了一种被选择的"生活方式"。因此，尽管基本观点是"情不自禁"，选择的要素却甚至要与性征的基本模式联系起来了。"性取向"一语也暗示了这一要素。真实的情形是，性行为的确切选择范围——以及适合伙伴关系的特性类别——常常完全是一个偏好或者选择的问题；这种情况绝不局限于"性少数派"。毕竟，从法律的角度来说，即便是"性多数派"——尽管他们从得到社会承认的名单上选取其"伙伴"——也曾经受到很多的限制,例如他们可以选择哪些伙伴,可以什么时候选择,以及可以和他们做什么。性活动的自由选择很难成为 19 世纪的理想。在现代法律文化中,要与自由选择进行争论,是越来越难了。

在美国宪法中,基于财产的歧视已经成为最错综复杂的法律问题之一。20 世纪 50 年代以后,最高法院大胆地采取行动禁止种族歧视,并在 1971 年以后禁止性别歧视。最高法院以宪法第十四修正案为判决依据,该修正案保证每个人享有"法律的平等保护"。问题出现了:宪法是否也禁止法律基于收入或者财产所做的差别规定呢?这种差别规定是否也违背了"平等保护"或者法律的正当程序呢?

财产歧视在西方社会是普遍存在的——甚至可能说是根深蒂固的。因此,毫不奇怪的是,法院一直相当小心翼翼地处理这一问题。20 世纪 50 年代起,最高法院似乎开始在一些案件中摸索某种原则,以限制政府歧视穷人或者偏袒富人的权利。在著名的"吉迪恩诉韦恩莱特案"(Gideon v. Wainwright)[①]中,被指控在佛罗里达州犯了罪的吉迪恩十分贫穷,雇不起律师。他请求政府出钱雇一名律师为他辩护。根据佛罗里达州法律,他没有这种权利,但是联邦最高法院确认他有这种权利。在另一个案件中,最高法院宣布人头税违宪。[②] 法院取消了若干违宪的法律,因为这

[①] 372 U. S. 335 (1963). 该案的背景描述见于 Anthony Lewis, *Gideon's Trumpet* (New York: Random House, 1964).

[②] Harper v. Virginia Board of Elections, 383 U. S. 663 (1966). 道格拉斯大法官说,当政府"把投票者的富裕或任何费用的支付作为一个选举标准时",它就违反了宪法原则。

些法律规定了基于财产的差别对待。这些判决依据的是——以一种多少具有创造力的方式解读的——宪法的这个或那个条款。然而最高法院从来不愿超过限度,在宪法里找到一个针对财产歧视的一般性禁令。① 判例法踌躇着向这个目标前进了几步;最高法院逃避、退却了,理论也从原则的舞台上消失了。

原因显而易见。最高法院不能像取消歧视妇女或黑人的法律那样取消财产歧视。真正地禁止财产歧视将会使整个社会结构陷入混乱。财产歧视是不可避免的;它是西方社会中的不平等的一种永久的形式。法律和社会政策可以为不幸者和贫穷者提供救助,或者提供抵御灾难的庇护;它们可以保障或努力去保障体面生活的基本尊严。但是,根据目前形势,法律行动不可能消除大笔银行存款、可观的证券资产以及(或许是最重要的)享有特权的家庭出身所带来的优势。

是什么使得社会中的这些不平等合法化了呢?这是一个复杂的问题,而且有许多答案——当然,其中包括这样的意见:对某些人来说没有任何东西使不平等合法化了。然而许多人,甚至是穷人,似乎确实承认了不平等制度并认为它或多或少是公平的。② 之所以如此,其中有若干原因。仅仅提出一种正当性理由在这里是没有用的。在神话和故事里,以及根据至少一些人的观点,财富是成就的产物——换句话说,它是挣得的。当然社会中

---

① 正如鲍威尔大法官在"圣安东尼奥独立学区诉罗德里格斯案"(San Antonio Independent School District v. Rodriguez, 411 U. S. 1 [1973])中所评论的:"(最高法院)从未……认为财产歧视能独自为严格监督提供一个充分的基础。"

② 对于这个观点的一般性讨论,参见 Jennifer L. Hochschild, *What's Fair? American Beliefs about Distributive Justice* (Cambridge, Mass.: Harvard University Press, 1981)。

大部分（或许80%）的家庭财富来自遗产继承；① 过去这个比例可能更高。也有意外之财（中了彩票）。最后，还有挣得的财富、创造的财富、自己努力得来的财富和一代人的（one-generation）财富。文学作品的流行主题之一是从穷人变为富翁。继承的财产吸引着一般大众，非常富有的人拥有名人身份（见第7章）。但是大众文化更愿意关注流动社会特有的财富形式。在童话故事和古老的神话中，可怜的牧羊少年和仆人姑娘一贯是弃儿、失散的继承人、有着贵族血统的王子和公主。成功、财富和荣誉是血统的问题；"公主"是一个可归因的、天生的身份，无论是在茅舍还是在宫殿里。血统会显露出来。今天，穷人变富人的故事离开了这个结局；牧羊人或青蛙②永远不会变成（真正的）王子。王子的身份或多或少是仅用金钱就可以买到的东西，名人身份也是如此。毕竟，如果一个人足够富有，他便可以买一座宫殿。

拥有一个良好的人生开端——中产阶级或上层阶级的出身——依旧是非常有利的；类似地，出生在贫穷家庭，尤其是出生在大城市的贫民区或少数族裔聚居区是一个可怕的不利条件，仅有少数英雄式的人物克服了这样的困难。然而通俗文学和大众舆论倾向于掩盖或忽略这一点；它被埋藏在强调成就、选择和美德的意识形态的瓦砾之下。在美国的一个调查中，认为失败者"懒惰、缺乏自律"的人比认为失败者"没有获得足够好的起点机会"的人多出两倍还多。另一方面，富人是"受人崇敬和模

---

① Carole Shammas, Marylynn Salmon, and Michel Dahlin, *Inheritance in America: From Colonial Times to the Present* (New Brunswick, N. J.: Rutgers University Press, 1987), p.3.

② 典出童话《青蛙王子》，载德国雅各布·格林、威廉·格林兄弟所编《儿童与家庭童话集》（通称《格林童话》）。——译者注

仿的典型",而不是自私、无情、野心勃勃的人。① 因而,富人大体上被定义为已经理所当然地"功成名就"之人,已经挣得了他们所拥有的东西的人;而文化则通过成百上千种大大小小的方式强化着这种基本的意识形态。

---

① Herbert McClosky and John Zaller, *The American Ethos: Public Attitudes toward Capitalism and Democracy* (Cambridge, Mass.: Harvard University Press, 1984), p. 125. 尽管还应当补充说明:大多数回答者对这些问题根本没有立场,以至于使作者感到"新教伦理不再像它以前那样——使与资本主义相伴随的物质上的巨大不平等正当化——强有力地发挥作用了"。

第6章　被选择的共和国

法律文化立基于一些不容易标示和测定的基本社会规范之上。这些规范模糊而易变，而确认它们的证据又令人痛苦地感到"柔软"，在调查研究被证实之前尤其如此。但是，如果不认真考虑这些规范的力量和现实，就不可能很好地阐释社会的结构和行动。"法律文化"是一个表示有关法律规范和观念的方便术语；但是，它同时也太抽象和简单。每个人的态度和价值观念都是不一样的；没有两个人共享完全相同的一套观念，就像没有两个人具有完全相同的指纹一样。"社会"则是一个更加不精确的抽象概念。当然，这个术语很有用且无法回避，但是我们必须时时提醒自己注意它的局限性。因为，没有一个国家或共同体是一个全然不可分割的整体，以至于前后连贯、完全相同的精神渗透于每个人和每件事之中。所以，使用像社会、文化这样的术语常有的危险就是，它们会掩盖共同体内部的分裂、歧见和斗争，会抹杀道德、种族、性别和阶级方面的差异。

在以下的部分中，我们将从基本规范——它赞同选择的首要地位——这个角度，来讨论关于公民权利的法律及其法律文化。我们的目的是要提炼出潜藏于公民权利发展之中的一般法律和社会规范。这些规范并没有暗示社会共识。从来不存在这样的东西。这个提炼过程的每一步都是经过严格检验的。每一场诉讼中都至少有双方当事人和至少两种观点。公共政策——具体化为正式的法律——强烈谴责种族和性别歧视，宣称"歧视"是一个非法的概念，同时要惩罚那些违反有关公民权利规范的行为。至于这些法律是否得到执行，则是另一个问题。当然，我们不可能在纸上动动笔就把歧视消灭了。它已经退却，但依然是强大而邪恶的势力。公民权利问题仍然是美国政治中的一个重大的争论焦点，尽管争论的形式改变了。它同样也是其他国家的争论焦点；在种族平等方面，许多国家仍滞后于美国。因此，这里所描述的只是相对的、比较而言的趋势、方向和潮流。其基线则是并不遥远的过去。

流行的态度和行为中所反映的一般趋势相当重要；它们必须得到理解并被标示出来。我们的工作就是剥去它们的外壳直达规范的核心，描述并编排这些遍布于现代法律文化中的基本原则。当然，它们是抽象的——我们不得不从法律行为的类型中，从人们表达的态度中，从法律规则的语言表述和文本内容中把它们提炼和推断出来。下面，我将讨论在选择的共和国中占统治地位的法律观念。当然，它们并不是每个个体都具有的观念；这一点必须被强调。一个复杂的社会具有复杂的法律文化。它们是潜藏在法律之中的强有力的观念，是法律具有强大力量的原因。

1. 人们不应该由于他们无法真正控制的事件、特征和身份而遭受伤害。没有真正的选择，就没有真正应该被加之于身的损失、不利和惩罚。[①] 一个人只应该承受其自由选择所产生的法律后果。如果不是自由选择的后果，那么任何灾难和不幸都是不公

[①] 但是，这种文化确实承认某些优势，这些优势来自遗传的因而是无法改变的特性，比如运动能力、音乐天赋、高智商。

平的和"不应该的"状况，任何随之而来的折磨都是一种不公正。在一个公正的社会中，不公正是不被容许的。因此，此类事件就应该产生某些类型的索赔权、某些形式的补偿，即做出某些安排以恢复原状或适当情形。

2. 在人们能够或确实可以控制的情形中，法律应当允许、提供和授予一个广泛的选择空间。只有这样，人们才能以适合他们自己的方式生活得充实而自由；只有这样，他们才能富有成效地发展他们的人格与个性。

3. 在可选择的空间中，所有的选择都应该被当作具有同等价值和同等资格的。没有人应该因为他进行了选择而遭受痛苦，只要他的选择是在被允许的范围之内的。人们有权决定：穿蓝色衬衫还是绿色衬衫；信不信宗教和信哪种宗教；生活在城市、郊区还是农村；结婚还是独身；离婚还是不离；等等。

西方国家正式的法律——其法律实践更甚——表明这些和其他规范在起作用。当然，这些规范都具有高度抽象的特征；它们是一些原则，或者说高级原则，它们或多或少地起着典型或样板的作用。在这些典型和样板的引导之下，一些更为特殊的规则被创制出来。表达这些高级原则及其背后重要观念的术语——选择、同意、美德、过错等等——经常被微妙和无意识地重新界定；相应地，实际运作的法则也改变了。构成这些规范的基本内容的词语和观念是平凡的，甚至是平庸的。但是，这些少量的普通的思想和语言却构成了与另一些词语和观念的关键区别，后者是理解其他较为古老的或者别国的法律制度所必需的。

现代法律是一个权利和资格的体系。这是法律增多的另一个原因：更多的权利、更多的资格意味着更多的法律。而在一个可以自由裁断的政权下,则只会有相对较少的(正式)法律。在理论上,甚至可以将极权专政简化成一条单一的正式规则:元首的话就是法律。纳粹德国时期的"领袖原则"(Fuehrerprinzip),即关于该体制最终合法性的原则,就是这种可能性的典型体现。在一个全控型国家中,其元首及其各个附属部分的意志构成了全部法律。这是一个曾被热切接受的提议,它要求在一个人类历史上最邪恶和恣意的政权的名义之下残酷而专断地行动。

法律制度一般都很关注权利,尤其是个人或团体用来对抗他人的权利。但是,据说现代公民具有特殊的权利意识,也就是说他们比古代社会的公民更善于使用、实施、运用(invoke)权利,特别是针对政府和其他庞大机构的权利。在任何活动中,只要存在许多权利,就会存在许多用以主张权利的规则;它们界定各种权利和主张;它们规定行使这些权利和主张的程序。还有很多规则,它们解决权利之间的冲突。在频繁和快速地行使许多权利的领域中,社会空间变成了一条拥挤的街道,于是管理道路的规则就变得必不可少了。良好的现代法律可用这些术语来解释。法律以层级制度的方式安排权利和义务,并且公开或隐蔽地解决权利和义务中的冲突。

为什么现在的社会会有如此强的权利意识呢?因为,如果不把公民的选择自由转化为具体权利,那么这个选择的体系就毫无意义。空间意义上的"流动性"是一个社会事实;它依赖于火车、飞机、汽车——所有的现代交通工具。但是,它同样意味着可以从此地到彼地的权利。没有权利,这些机器也就毫无用处。另外还有更加微妙、隐喻意义上的"流动性"形式——社会和经济上的流动;这些流动意味着一系列权利,包括改变工作、发型、性行为、宗教倾向、自我意识——它们同样意味着或依赖于权利，否则必将是没有意义的和空洞无物的。反过来说，没有选择，权利同样没有意义。关于旅行的权利要变得丰富和富有成效，就必须要求存在关于哪里可前往和如何前往的公开备选项。

术语"权利"经常被用来创设一种具体的请求，特别是在福利国家中。的确，它们作为某种"安全网"（safety net）而具有极大的重要性。在19世纪80年代的美国，"安全网"已经变成了一个流行的术语，用以描述基本的福利措施。这确实是一个方便而有意义的术语。大多数人都不敢在一根绷紧的绳索上行走，除非下面有一张网可以保护他的安全。也就是说，这张网允许和鼓励人们从事的行为太危险了，以至于如果没有这张网就没有人愿意尝试这种行为。在我们这个社会中，一张已经造好的社会安全网刺激了权利意识的增长。我们用失败者的正义（loser's justice）这个术语所描述的东西鼓励了同样的倾向。很显然，令人印象深刻的个人主义依赖于这张安全网；没有它，做出的选择越多，因选择失败或失误而承受的惩罚就越多，以至于最后人们会再也不愿进行任何选择。

权利意识也是一种特殊的历史发展过程和特殊的法律文化的结果。尽管这个文化极端复杂，但是我们还是可以对之进行分析。它依赖于某种普遍的基本原则，包括对正义的一般期望。过去一个半世纪以来的西方社会，科学和技术的变革产生了现代法律文化。科学革命，连同其他一些变化，已经严重地导致了某种类型的生活不确定性（life-uncertainty）。科学和技术带来了新的问题，并且暗中破坏了旧有的前提预设；但是，它们也给人类带来了一份有巨大价值的礼物——更强大的征服自然的力量，更多的控制蛮荒的无生命世界的手段。比如，现在抗生素已经能够治愈几个世纪以来一直摧残人类的一系列疾病。结果，人们看待世界的方式也急剧改变。"什么都可以控制"的观念及其可能性与实际的控制能力一样重要。许多曾经不可能的事情现在通过使用适当的机制（包括法律机制）而变得明显有可能了。

控制是选择的一个必要维度。一个人不能选择超出他控制能力范围的事情。比如，在水底下生活就不是一个现实的选择。所以，选择不得不被限制在其能够被合理地实现的范围之内。这就可以解释科学革命与居于现代法律中心的选择及现代权威结构（modern authority structure）这两者之间的紧密联系了。选择都是个人的选择，但是人们需要一些集体性的安排来使得选择成为可能和富有意义。开车去乡村的自由自然产生了修建公路的需求。但是，个人无法建造高速公路、高架桥、桥梁和跨线桥。科学的力量要求采用集体的手段以便把它转化为人们可以利用的形式。如果可以更好地把下水道中的污水变成纯净的自来水，如果大量的疫苗接种可以消除社区中的天花、霍乱以及其他流行病，那么对这些手段的需求就会增长。但是，这些需求将会指向公共权威，它会要求政府积极作为，换句话说，带来法律的膨胀。

这样，一个循环开始了，在这个进程中权利和期望都被改变。随着权利及其保护的扩展，政府就要做更多的工作，新的期望被创造——需求及其响应螺旋式上升。在第一个阶段，比如说，公共医疗机构及其规则和附属机构被制造出来了，以保证水纯净可饮用，隔离被感染的病人，以及控制传染病。于是，人们就开始期待这些安排，这些安排成了周遭环境的组成部分。在这个范围内，随着政府的这些措施被看作正常的和必要的，人们就认为社会要对任何这类缺陷和失败承担责任。于是，大量的法律规章就不再被视为负担，至少对普通公民来说是如此。即使它们的社会效率不高，这种低效也是不可见的——如同无味气体一样。而看得见的恰恰是一种有了大本营（base-camp）和安全网的感觉。在这个进程的最后阶段——好像是我们时代的顶峰——一种新的、充分成熟的法律文化出现了，它的关键就在于对正义的一般期望。反过来，这也是选择的共和国的一个必备要素。

一、只因餐后甜点

选择是现代法律和法律文化的一个核心概念。反过来说也是正确的，即选择的缺席将会产生重要的影响。一个人能够并且会选择他的生活方式；同时承受其后果：或者变得更好，或者变得更坏（稍后详细讨论）。但是，当我们面对一个不容选择的情形时，再要求我们承受不利的后果就成为不正当的了。这就是本章在早些时候已经提到过的"原则"中的第一个原则。这一观念扎根于公民权利的法律及其相应的社会中，并且令人惊讶地枝繁叶茂。任何人不得因其出身或者其他一些"不可改变"的特征而遭受不利。同样的一般观念在美国和其他国家的侵权行为法，尤其是产品责任和医疗事故中也同样惊人的繁荣。[①] 20世纪的思

---

① 关于责任激增，参见 Lawrence M. Friedman, *Total Justice* (New York: Russell Sage Foundation, 1985), pp. 52-63; Jethro Lieberman, *The Litigious Society* (New York: Basic Books, 1981)。关于其学说基础，参见 G. Edward White, *Tort Law in America: An Intellectual History* (New York: Oxford University Press, 1980)。在欧洲法律中也出现同样的发展，虽然它更加强调通过社会保险而不是侵权行为法来获得赔偿，但是其基本原则是一样的。参见 Hein Kötz, *Sozialer Wandel in Unfallrecht* (Karlsruhe: Müller juristischer Verlag, 1976)。

想不接受宿命论意义上的"事故"观念。它把灾难看作非正义的一种情形——它成了一种未经受害人选择因而不应该由其承受后果的邪恶。当非正义发生时，无论它是什么类型的，法律都必须提供救济——某种索赔的权利，也可能是某些补偿的计划。在法律意识的更深处，所有形式的不利(disadvantage)都结合在一起了；出身这种历史性的不利与人一生之中由命运安排的其他各种形式的不利合为一体。既然所有这些不利都是超越于个人选择能力之外的，那么人们也应当同样地独立于这些不利的影响之外。医疗事故的法律和公民权利的法律在骨子里其实是同胞姊妹。①

对正义的一般期望把现代法律中许多表面上看起来风马牛不相及的要素联结到一起来了。一个新的快速成长的法律领域是关于残疾人的权利的法律领域。毫无疑问，现在还存在对残疾人的歧视；人们对残疾人避之唯恐不及，并且可能是出于某种尴尬，还污名化他们。实际上，这种偏见混杂着对盲人、聋哑人和坐轮椅者的同情。但是同情是一回事，权利是另一回事。民权运动戏剧性地改变了这种局面。权利的一种形式似乎会导致另一种；权利的这种形式可以支持另一种新形式的权利主张。在19世纪50年代，南方的黑人抵制公交车上的种族隔离措施，要求平等进入的权利。经过一代人之后，坐轮椅者要求优先进入公交车的权利；既然现在的公交车设计使之成为不可能，那么他们就要求修改或者另造一种新的公交车来满足他们的要求和愿望。

---

① 在某种意义上，医疗事故并非新鲜。法律已经频繁地接受了医生应为其疏忽而承担责任的观念。但是，在20世纪之前，医疗事故的实际案例并不多。所以，当代此类案例的激增最好理解成一个新的发展阶段，虽然其基本原理在很久以前就已经受到尊重。参见 Friedman, *Total Justice*, pp. 89-91。

从残疾人乘坐公交车的权利到其他权利的进程是政治的和社会的，而不是逻辑的或概念的。空谈民权运动的"影响"就会忽略要点。真正把这两者联系起来的是大家共享的关于灾难、不可选择性和非正义的感觉，以及那种广泛扩展的在选择的共和国中非正义为法律所不容的意识。法律和权威的职责就是消除各种类型的非正义，如果不能做到，那么就得提供金钱或者金钱的替代物；这种替代物，如果需要的话，可以采取进入公交车的坡道、电梯或类似的设施等形式。①

二、第二次机会

在20世纪，人们倾向于以另一种态度过轻松自在的生活：法律安排显示了一种对不可逆转性（irreversibility）的决然反对，即反对那些无法改变的选择和安排。乍看上去，这种趋势似乎既公然违反强调自由选择的规范，又同时使人们从中渔利。因为，如果我们允诺人们可以改变他们的想法，他们就会逃避他们选择所带来的后果，这在某种意义上就在底下抽空了他们做出的自由

---

① 在一个私下场合里（1988年7月11日），罗伯特·凯根注意到了在改装公交车以帮助残疾人的社会愿望和不愿意为"城市内部的黑人青年"做任何事情——"他们无力负担去郊区工厂工作的车费"的社会愿望之间的区别。他问道，为什么这些失业的黑人因阻碍而不能工作就不是不正义？这种情形肯定不是他们的过错，但是并没有据此而产生要求免费乘车或至少免费乘坐公交车的权利。这个论点是很有力的（在伦理上）；但是，白人中产阶级——他们的法律文化占统治地位——很少同情和理解都市中黑人所面临的问题，他们的困境被不假思索地认为应归咎于他们自己的过错。冷酷的白人（或者还有黑人）是那些尽管儿童时代生活在贫民窟里但是后来成为高层和中产阶级一员的人。这样，在这个国家中贫穷并不总能得到同情。而双脚瘫痪则似乎是如此具有决定性，以至于瘫痪者很少能够依赖其个人的意志、选择和个性而改变自己的命运。

选择。但是，那种反对选择的不可逆转性的预设意味着，人们不应该不惜一切代价盲目地做出某种选择，以致妨碍自己未来的选择；当然，他们也不应该被迫做出这种选择。比如说，无人有权将自己卖身为奴。

人们可以问道，如果选择过奴隶生活的决定确实出于自愿，为什么不可以这样选择呢？当然，质疑这种契约是有充分理由的；我们可以说，无论对方出多少价钱，没有人可以选择做奴隶；如果有人确实做出了这样的选择，那么我们假定在这选择背后，潜藏着某些不能接受的压力或者强制。但实际上，没有理由预设上述假定是普遍真实的；规则确实在某种程度上限制了选择的自由。

那种不可逆转的、剥夺了未来选择权的选择，无疑带有不合法的特征。某些这类选择受到直接的禁止；它们"与公共政策相悖"。境况的不可逆转性也是人们担忧以下问题的理由之一：大多数人吸毒上瘾，这对儿童来说更是一种陷阱；甚至是那些在个人生活的几乎所有方面都偏爱自由选择的人，也不会将自由选择这个原则适用到这类事务——"使用会上瘾的影响精神的毒品"，而"这种毒品可以改变使用者关于延缓欲望满足的看法以及对于毒品本身的欲望"。[①] 换言之，吸毒可以使人成为它的奴隶；它剥夺了上瘾者所珍视的自由意志。同样，人们也没有权利自杀，或者出卖自己的身体或生命。一个活着的捐献者在任何情况下，无论出于任何理由，都无权转让自己的心脏。只要人在，肾就应在。

---

① John Kaplan, "Taking Drugs Seriously," *The Public Interest*, 92 (Summer 1988), 32, 36.

当然，没有反对不可逆转性选择的绝对的一般规范。从某种意义、某些观点看，人们缔结的每一个合同和做出的每一种选择都是不可逆转的。生活是一系列不能退的票。在我们日常生活的大部分决定中，境况的不可逆转性并不被当成一种恶。只有当涉及主要选择时，涉及它取消了将来的一个无尽头的选择之链时，境况的不可逆转性才变得有问题了。

　　那种反对不可逆转的选择的规范是模糊和不定型的；它们没有采取刚性的、像宝石一样清晰的规则形式。它们倾向于有例外和反例。但是，这个假定确实以许多乔装打扮过的形式出现在法律中。它是一种武器，比如说，可以用于反对死刑的运动；死刑被说成一种无效的惩罚形式，因为死刑是不可逆转的。当然，当一个无辜的人在监狱里受难时，也没有人能把那些逝去的岁月归还给他；但是，至少我们可以给他以补偿。作为当代法律的一个特殊性格，法律中更为普遍的是对人们的错误和过失予以宽有。比如，在19世纪，如果事故中的被害人有"过失"，哪怕是轻微的过失，他也不能获得赔偿。这就是共同过失原则（the doctrine of contributory negligence）；在实践中，它严厉惩罚被害人——"惩罚"一词看起来完全适当——仅仅因为这些被害人犯下了轻微的违法行为和错误。法律甚至更加刺耳地把被害人定义成"非法入侵者"。法庭对待那些有意无意地逛到铁路边上而被火车撞了的人们，其方式更是十分野蛮。这些规则，部分由于其严酷性，部分由于其令人不快和太过苛刻，现在几乎全部都消失了。[1]

---

[1] 关于分担过失的增长，参见 Wex S. Malone, "The Formative Era of Contributory Negligence," *Illinois Law Review*, 41 (1946), 151；关于19世纪侵权行为体系的效用，Lawrence M. Friedman, "Civil Wrongs: Personal Injury Law in the Late 19th Century," *American Bar Foundation Research Journal* (1987), 351。

"最后避免机会"原则(the doctrine of last clear chance)就是一个征兆。它常常被追溯到一个英国的先例,即"戴维斯诉曼恩案"(Davies v. Mann,1842 年)①。原告"给他的一头驴的前脚戴上脚镣,然后把它赶到公路上"。此时,一辆由三匹马拉的货车也沿着公路飞奔。结果,货车把原告的驴子给撞了。原告显然是有过失的,所以案件就应该了结了。但是,法庭认为货车的主人也有责任。因为他有"最后避免机会"来避免这次事故。后来,其他法官扩展了这个原则。这个原则对于那些身处险境又无能为力的人非常有用。在现代美国法律中,共同过失原则很大程度上已经被比较过失原则(the doctrine of comparative negligence)所取代,后者寻求诉讼双方的平衡,同时使得原告不至于因为其过失而损失太多。②

在破产法领域,境况不可逆转性的原理在字面上不怎么重要,但在实践中却十分重要;这是推动第二次机会被承认的动力的商业形式。如果没有破产制度或者其他一些类似的制度安排,那么一个由于经营失败或者其他任何原因而债台高筑的企业家,也许就无可避免地完全被毁了。破产制度是一种复杂的法律安排。它的目标之一就是确保无论破产企业还余下多少财产,这些财产都要在债权人之间公平分配。但是,它同样也让破产者有一个干净的、全新的开始。破产是现代法律理念的一个必然组成部分。当然,它产生于商业习惯;曾几何时,它是为商人而不是为大多数群众保留的特权。③ 但是在现行制度下,大多数普通人都

---

① 10 M. & W. 546 (1842).
② 参见,例如,Li v. Yellow Cab Co.,13 Cal. 3d 804, 534 P. 2d 1226 (1975)。
③ 参见 Lawrence M. Friedman and Thaddeus T. Niemira,"The Concept of the 'Trader' in Early Bankruptcy Law," *St. Louis University Law Journal*, 5 (1958), 223.

可以从债务中完全脱身出来，然后像一个新生儿一样再次出现。破产制度至少可以追溯到 19 世纪；1898 年通过的、现在仍然有效的美国破产法确立了一些全国适用的准则。①

在现代法律中，关于"第二次机会"的许多例子可见于刑事审判中。法律制度对待初犯者特别宽大；他们更可能被适用缓刑而不是被投入监狱。在美国的很多州，年轻初犯者的犯罪记录可以被"密封"，并且以这种方法永远成为一个秘密；因此，年轻人的过错就不会造成永久性的伤害。② 给初犯者第二次机会的缓刑制度可以追溯到 19 世纪晚期；加利福尼亚州在 1903 年通过了一项关于成年人缓刑的法律；③ 在世纪之交，未成年人法庭在伊利诺伊州的库克县和科罗拉多州的丹佛④建立起来了，而后又迅速地扩散到美国的其他地方。

有很多理由来说明为什么要对犯罪或犯错误的年轻人加以区别，为什么要以特殊的方式对待他们。首先，社会认为少年时期就是一个不断尝试、试验和犯错的时期。正在形成过程中的自我也许会走一些弯路，但是社会倾向于容忍和原谅这些错误，至少

---

① 关于美国破产法的历史，参见 Charles Warren, *Bankruptcy in United States History* (Cambridge Mass: Harvard University Press, 1935); Peter Coleman, *Debtors and Creditors in America: Insolvency, Imprisonment for Debt, and Bankruptcy, 1607-1900* (Madison: State Historical Society of Wisconsin, 1974)。

② 参见，例如，Cal. Penal Code sec. 851.7。还要指出，在刑事审判中，检控方不能提出过去认罪的证据。

③ Lawrence M. Friedman, *A History of American Law*, 2nd ed. (New York: Simon and Schuster, 1985), p. 596; Cal. Penal Code sec. 1203, as amended.

④ 关于未成年法庭的增长，参见 David J. Rothman, *Conscience and Convenience: The Asylum and Its Alternatives in Progressive America* (Boston: Little, Brown, 1980), chap. 6; Peter D. Garlock, "'Wayward' Children and the Law, 1820-1900: The Genesis of the Status Offense Jurisdiction of the Juvenile Court," *Georgia Law Review*, 13 (1979), 341。

对于中产阶级的孩子是这样的（总体上说，失败者的孩子中被重新接受的就要少得多了）。在确定社会地位的时候，出身不再是一个决定性的角色；少年时期的事实同样不是。当然，社会必须划一条线以结束试错时期，必须确定一个成熟的自我从蝶蛹中破壳而出的时间点。这就是成年的年龄。成年当然不是自由选择的结束——正相反，成年人被允许从事更多的活动，但社会对他们的某些过错的容忍态度却不复存在。于是，未成年人法庭就是对待未成年人——更精确地说是青少年——的态度的一个象征，它反映了反对境况不可逆转性的规范。

"第二次机会"这个一般理念继续在社会中展开。这些规范被社会反对境况不可逆转性的努力所型塑。人们希望保持他们选择的开放性，他们在一定社会范围内为自己保留了选择的开放性。美国的教育理论反对这样的理念：学生应该被永久性地分类、测验、评定等级和贴上标签，就像超级市场中的猪肉一样。学生绝不能以不可逆转的方式被规定好"道路"。当然，仍然有人公开地或者暗地里主张应规定好学生的道路，这样的做法很难被彻底消除。但是，制度同样允许并且鼓励像"第二次机会"这样的机制。高中的等效测试（equivalency test）和社区大学为"晚成者"（late bloomers）提供了流动的途径，这些人比别人相对要发育得晚一些、成熟得晚一些。英国和欧洲大陆的教育体制更倾向于为生活贴上标签；这无疑反映了阶级和等级的更深偏见。但是，在许多国家，教育过程中的境况不可逆转性受到了攻击，甚至英国和法国的制度也变得更加宽松和没有阶级的束缚。①

---

① 一个一般的概览，参见 W. F. Connell, *A History of Education in the Twentieth Century World* (New York: Teachers College Press, 1980), chap. 12.

那种暗中起作用的反对不可逆转的定式的规范同样也影响生活轨道本身，正如那句话所说的，它使得生活轨道更具有"流动性"。时间的流逝同样不可逆转。唉，人们无法阻止自己变老；但是，钟声滴答所带来的某些逻辑却并不必然那么命定。在北美，像我们愿意看到的那样，法律反对年龄歧视。反对境况不可逆转性的规范同样影响了有关结婚和离婚的法律，尤其是使离婚更容易的法律。自由选择这个重要主题型塑了法律文化及其规则和实践的结构；它已经改变了权威体系和制度，而所有这些都使得开放性的选择日益成为主导性的特色。我们将在第 9 章再回到这些例子上来。

三、失败者的正义

在生活和法律的游戏中——每一场诉讼，每一个主张，每一次选举——必然有成功者和失败者。反对境况不可逆转性的规范对可强加于失败者的惩罚（实在的或比喻意义上的）施加了社会性的限制。有些失败者根本不会遭受惩罚，尽管他们心怀怨恨并挑战体制。这也是现代法律制度的一个基本特征。

过去和现在的大部分社会并不重视失败者正义的问题。在过去的社会中，如果一个人愚蠢到会在口头或行动上反抗明显非正义的行为，又如果他失败了，那么他就要冒第二次惨败的风险。政治上的失败者有时候还会掉脑袋。在今天西方的民主社会中，选举失败不可能带来生命的危险。失败者仍旧保有他的职位、他的社会地位和他的家庭；失败者经常会一次又一次地去谋求某个公职，并且有些失败者会在下一次选举中成为胜利者。一个大学生要求改变她的课程，或者请求脱离南非，或者申请更多的学生津贴，她可能会失败也可能会成功。但是无论是否成功，学生仍然是学生，她通常不会受到惩罚或被开除。一个承租人要求出租人提供更多的暖气或者要求维修楼梯和蒸煮东西的容器；出租人拒绝了，于是承租人会向房管机构抱怨。承租人也许会也许不会得到希望的结果，但无论是否成功，她都仍然可以合理期待她将继续住在公寓里。一个罢工者不会预期她会被辞退，而且事实上也经常不会被辞退。在大多数时间和地方，在大多数体制下，所有这些都是不允许发生的。在那里，维护和主张权利的代价有时高得让人望而却步。在19世纪，比如说，美国或英国的一个工人在工作中受伤，如果他敢于起诉他的老板，那么可以预期的是，他会被立即开除。[1]

于是，失败者的正义拓宽了什么是被容许的异议和反抗形式的社会定义，限窄了可容许的惩罚和回应的形式。在某种意义上，失败者的正义是民主概念的核心。它与"安全网"的理念密切相关，后者是福利国家的基础。安全网是一个经济上的缓冲带；失败者的正义是一个社会性的和针对个人的缓冲带，它保护寻求权利和提出主张过程中的失败者。在概念和后果上，它与诸如破产和失业补偿之类的法律安排具有可比性。像安全网一样，失败者的正义会对行为和态度产生深远的影响。它鼓励某种类型的权利意识和斗争精神；它是对现代形式的个人主义的一个极大激励。大多数人毕竟不是天生的英雄。他们不会为他们的权利而斗争。他们更喜欢和平和安全。现代的抗议者——在此我不仅仅

---

[1] 关于美国的情形，参见 Friedman, "Civil Wrongs"；关于英国的情形，参见 Patrick Atiyah, *The Rise and Fall of Freedom of Contract* (Oxford: Oxford University Press, 1979), p. 275.

指那些街头抗议者，同样也指起诉他们的老板、抨击他们的政府以及以各种形式在社会中争取激烈变革的人——也许是英雄，也许不是英雄。许多抗议者是勇敢的，但是他们同样在下意识中赞成失败者的正义这种机制，它构成了现代法律文化的部分形式，也被抗议者们视为当然。在人们须为抗议付出生命代价的社会中，很少有人会加入到抗议的队伍中。失败者的正义反映了对正义的一般期望，且并非偶然地反映了反对境况不可逆转性的规范。在现代社会中，维护权利、伸张正义和表达抗议是合法的选择，且依照法律和一般流行的看法，强行要求人为这些选择承担无法抗拒或不可逆转的后果，是一种错误。

因此，失败者的正义并不仅仅是对民主游戏中一般规则的表达。它本身就是一个重要的社会现象。它滋养和鼓励了个人主义，同时它也对个人主义式的个人选择产生了影响。最大的可能是，它既不是原因也不是结果；它和新个人主义相互影响并相互限制。当然，这个论点不能走得太远。在现代西方，并没有为违规者准备的天堂。在任何社会中，制造麻烦的人都是不受欢迎的。那些抱怨和抨击工作的人仍然可能被拒之门外。失败者正义的机制并不意味着民主的容忍理念一定会与现实相符。我们的讨论忽略了大量的例外和很明显的不足之处。我们仍然会遇到对不合群的人、麻烦制造者、告密者、令人讨厌者和其他被定义为行为不端或错误的人的惩罚。那些不合常规的人很可能要遭受职业生涯上的挫折和个人事务上的痛苦。因此，我们的观点是相对的。失败者的正义反映了在界定麻烦制造者方面的微妙但重要的转变；它改变了社会对于那些维护权利者或者制造麻烦者是否可以被剥夺权利的判断。就像我们将在第9章要看到的那样，失败者的正义关涉生活轨道的性质的改变。它也受到社会关系性质的影响。

四、保有权、公民身份和退出

当代法律的一个显著特征是加强了对职业安全和承租人安全的保障。这点在欧洲表现得比美国更加明显。有两个法律文化的原则在这方面发挥作用：保有权(tenure)和准公民身份(quasi-citizenship)。保有权原则特别重视长期关系。[①] 就是说，特别强调由于时间的推移而产生的权利价值。在许多国家，关于教师和其他公务员的保有权有明确的规定。经过一段试用期之后，公务员就有职业安全保障了；教授可以终身保有他们的职位或者一直到退休。但是，类似于保有权这样的概念也在其他社会秩序领域中出现。如果一对夫妇要离婚，那么他们结婚时间的长久与否就会产生一些不同的后果；一个已经结婚很久的妻子比一个刚结婚不久的妻子有更强的财产主张权。[②] 在现代劳动法典下，工人对他们的工作有很稳固的权利，几乎和财产权一样。雇主不能不经事先通知就解雇工人；离职金是受到保障的，并且有些工人根本不

[①] 比较以下规范，"保持对某人有益的地位不被改变被认为是一项权利，改变之则被认为是不正义的"。Edward E. Zajac, "Perceived Economic Justice: The Example of Public Utility Regulation," in H. Peyton Young, ed., *Cost Allocation: Methods, Principles, Allocations* (New York: North-Holland, 1985), pp. 119, 141.

[②] 参见，例如，Lenore J. Weitzman, *The Divorce Revolution: The Unexpected Social and Economic Consequences for Woman and Children in America* (New York: Free Press, 1985), chap. 6, 关于赔偿、加州法与加州《民法典》第4801节。法律明确授权法官在决定是否支持赔偿的问题上要考虑"婚姻存在的持续时间"。

能被解雇，除非有先例。①

在美国，私人雇主有很大的自由来决定是雇佣还是解雇一个工人，但是甚至在这方面，时间的推移也会带来充分的权利，比如对养老金的影响；法律同样偏爱资深者，尽管是间接的。同样值得注意的是，最近美国的判例已经开始承认雇员被"不公平"或"不公正"解雇这样的新诉由。英国的法律禁止"不公正的解雇"；美国法院已经为他们自己发明了一个类似的原则。在大多数案例中，起诉的一方是白领和年轻的管理人员，就此范围而言，这些案件顶多只是一个征兆。但是，趋势仍然在增强。在有些州，解雇"不忠诚"（bad faith）的雇员被认为是错误之举；法院已经设计出一些理论，给予那些被无端（或理由不足）解雇的雇员以损害赔偿。②

在这些案件中，长期雇员很可能会赢得极大的同情。但是，法官表现出来的态度已经不限于坚持保有权原则。法院似乎热衷于发现这些情形中的雇主的责任，在有些情形中，工人被解雇这一事实打动了法官和普通人，使之认为被解雇是不公正的；这些情形包括妇女因为拒绝好色的老板而被解雇，工人因为抗议有害的工作环境而被解雇，"告密者"因为揭露了行贿和腐败而被解雇，销售人员因为老板要节省佣金和养老金而被解雇。认为老板

---

① 关于"被解雇"和"不公正的开除"的法律，以及相应的在英国、法国和德国的情况，参见 Tony Honoré, *The Quest for Security: Employees, Tenants, Wives* (London: Steven, 1982), chap. 1. 关于对此类解雇的投诉权利的增长以及此类法律投诉与经济因素的关系，参见 Jörn Diekmann, "Kündigungsschutz und Konjunktur," *Zeitschrift für Rechtssoziologie* 6∶1, (1984), 79, 96-98。

② 参见，例如，Donald H. J. Hermann and Yvonne S. Sor, "Property Rights in One's Job: The Case for Limiting Employment-at-Will," *Arizona Law Review*, 24 (1982), 763; William L. Mauk, "Wrongful Discharge: The Erosion of One Hundred Years of Employer Privilege," *Idaho Law Review*, 21(1985), 201。

或房东应该有独断权的观念与如下文化是不相容的：强调正义、灵活性、选择，以及不赞同对那些灵活性和选择的行为施加惩罚。

某些法律关系比另外一些更容易解除。今天，一个妻子可以很快而且很便利地和她的丈夫离婚，一个工人可以一会儿就辞去一份工作。但是，一个公民却不能如此轻易地和自己的国家脱离关系。任何出生在美国的人按照法律就是美国的公民。并不是每个国家都实行这样的原则，但是无论如何，在大多数国家，大量的公民从一出生就是公民并且这样保持下去。一个公民可能会反对她的政府，抨击它，甚至起诉或扰乱它，但她仍然是一个公民。公民身份不是一种私密关系；它不会脆弱到一触即断，或者因为一方和其他人想要改变就可以改变。至少最初，公民身份是注定了的，它不是选择的后果。"退出"（exit）的权利——用赫希曼（Albert Hirschman）的术语——不能唾手可得。这可能会增加那些持不同政见的公民采用另外一些选择的机会，即赫希曼所谓的"表达权"（voice）——从内部进行抗议。①

还有一些法律上的关系，它们以某些途径获得了类似于公民身份关系的特征，我们可以称之为准公民身份。我将再次使用出租人和承租人的关系这个例子来说明。假设承租人生活在一个巨大而复杂的城市公寓中。她和出租人争论着租金、楼梯和电梯的条件或者房东的取暖或空调设备。争论是严肃且无法妥协的；承租人向有关机构投诉，最后向法院起诉。她无疑希望胜诉；但即使她输了，我们也不能合理地预期她将被驱逐出公寓。事实上，

---

① 这个术语出自 Albert O. Hirschman, *Exit, Voice, and Loyalty* (Cambridge Mass.: Harvard University Press, 1970)。

法律保护她继续住下去的权利。不能仅仅因为她试图维护自己的权利就把她驱逐出去。① 同时,承租人的安全,就像工作的安全一样,在欧洲的法律上受到更多重视:法国的一些地方仍然倾向于对租金加以控制,在英国和德国,承租人享有广泛的安全保障的权利。②

换言之,出租人和承租人的关系趋向于准公民身份关系。这不是19世纪理论所谓的那种原子化对称关系;它更不是那种封建的对称关系,后者将双方捆绑在一起而不是组成一种松散的关系。这种新型关系可以被作为失败者的正义的一种形式来分析,禁止报复性驱逐尤其属于这种形式。大城市中的出租人根本不是"自然人",而是公司或者机构;出租人和承租人之间的关系是商业性的;它缺乏私人的或感情的纽带。20世纪的法律越来越多地保护"个人"的选择和关系。同样由于这个理由,人们并不介意出租人和承租人之间的不对称关系,至少在大型的住宅开发中是如此。保有权原则保护谈判中的个人一方。它同样调整被认为是在权力和资源上的不对等现象。法律越是加深对准公民身份关系的保护,它就越是支持失败者的正义,它成为推进个人主义、敢作敢为和权利意识的原动力,至少对某些权利持有者是如此。法律的保护就像某种"大本营"或避难所,是防止某种伤

---

① Mary Ann Glendon, "The Transformation of American Landlord-Tenant Law," *Boston College Law Review*, 23(1982), 503; Lawrence M. Friedman, "Comments on Edward H. Rabin 'The Revolution in Residential Landlord-Tenant Law, Causes and Consequences,'" *Cornell Law Review*, 69(1984), 585. 当然,这是一个程度的问题;一个经常不交房租的承租人还是得走人,尽管这里的驱逐要更困难并且比以前花费更长的时间。

② Tony Honoré, *The Quest for Security*, chap. 2. 在保护承租人方面,英国已经走在了前述三个国家的前面;承租人的权利"是如此严重地损害了出租人的权利,以至于它近乎剥夺了出租人的权利"。

害的物质或心理的安全保障。在向更高更危险的顶峰发起冲击之前或之后，公民可以在大本营中非常安全地露营。

初看上去，这些保护性的原则和保护措施似乎显得奇怪，与个人主义不协调。部分由于这个理由，我们听到了很多人在谈论个人主义的衰退，听到许多人在慷慨激昂地谈论着"集体主义"或"社会保障"，认为在20世纪它们已经取代了个人主义。但是，这种观点是否正确取决于对个人主义的特定解释。当代个人主义意指尽可能多的个人选择，认为只有以这种方式，人们才能自由地发展自我，发展他们的人格和他们存在的本性。这无疑不同于19世纪粗糙的经济和政治上的个人主义，即那种浮沉任由自己的个人主义。现代个人主义远不是与社会保障相悖的；实际上，它使社会保障茁壮成长，而它也依赖于社会保障。19世纪的个人主义一开始就把人连根拔起；它把人们从传统中撕裂出来，使他们的小船搁浅在世界的孤岛上，与世隔绝；它使人们暴露在经济和社会上的深层的不安全感中，他们被迫在没人照顾的孤独的情况下谋生或死去。现代世界的个人主义仍然因其孤独和隔绝而遭人咒骂。但在西方，它现在已经以某种财产和闲暇的大本营为前提了，更进一步，以保证(guarantees)、授权(entitlements)、社会服务(social services)和权利(rights)为基石。

当然，许多合乎逻辑地出现的福利国家的机制，就像是选择和选择机制的对立面一样。但是，这些机制的社会意义并不是一个逻辑的问题。从金钱的角度看，对孩子的免费教育是自由的；但它同时也是强制的。它强迫的是这样一些父母——比如他们更愿意让他们的孩子去挣钱，或者可能更希望由他们自己来教育孩子，或者根本不教育自己的孩子。一个合理的论辩是说，强制储蓄和（由国家提供的）养老金减损了个人做出自己安排的空间，或者其过一种像蝗虫而不是像蚂蚁的生活的权利。

但是，我们不应以这种方式简单地看待这些机制。教育被认为是必要的，每个人从生命开始时就应该享有它。没有它，自我的任何实现都是不可能的。养老金和其他一些社会福利使人们感到减轻了负担，感受到了社会安全网的存在，它们扩大了灵活性、选择权、闲暇和选择机会的范围，除去了责任和不确定性所带来的不可承受之重。① 换句话说，现代个人主义依赖于、来自并十分需要某种支柱：福利国家的保证、第二次机会的提供、保有权原则以及失败者的正义。它们使得选择成为可能，并使选择的失败者的再次选择成为可能。只有当一个人的错误选择不是致命且不可逆转的，只有当他们不至于被引向绝望的灾难性后果时，他们才能享有现实的选择机会和选择权。否则，大多数人是绝不会鼓起勇气在可行的选项中做出选择的。

简单说来，现代法律的保有权原则和其他高级原则构成了我们称之为"大本营"的东西。这个体系允许试验和自由选择，因为它把人们从对灾难的整体性恐惧中解放出来。还有一种社会容忍的大本营：一个更加显著、更加宽广的合法行为的范围；"主流"是宽松的和更加具有包容性的。相比之下，某些古老的或新生的少数民族现在有了更大的流动性，并且可以更多地实践他们的选择权，而过去他们却处在另一种环境下，被限制并被挤压到一个狭小夹缝中。

---

① 当然，福利国家以税收的方式吸收了大量的金钱，然后进行再分配。作为税收的那部分金钱就是那些挣钱的人不能选择如何使用的金钱。它把选择的权利转移到集体手中。但是，由于本文中提到过的那些理由，对大多数人来说——至少我猜想是大多数，在选择的王国中还是存有可感知的净收益的。

当然，反对境况不可逆转性的规范、保有权原则和失败者的正义都只是一般趋势，而非绝对或没有例外的"法则"。比如前文提及的破产制度，它作为一个偏向第二次机会的例证，显示出境况不可逆转性是多么不受赞好。但是，没有人会经历了破产程序而毫不受损。并且，在某种意义上破产制度自身就是第二次机会的对立面：它是债务之剧的最后一幕；它意味着贷款之门永久关闭了。在某种意义上，损失和债务会变成不可逆转的负担，选择必须在破产和毁灭之间做出。

此外，"公众"是个十分抽象的概念；而对于特殊的规范、政策和原则的政治和社会的支持是相当具体的。不存在魔术般的共识。比如，反对境况不可逆转性的规范，为反对死刑运动提供了一种修辞性和规范性的支持。但是，并非每个人都加入了游行的行列。事实上，死刑本身是相当受欢迎的；大部分公众都部分地偏爱境况不可逆转性原则；他们希望门砰的一声关上；他们希望快速无情地结束那些腐化的罪犯的生命。这种愤怒和激愤是一种社会事实。"失败者的正义"或多或少也有这个问题。而保有权原则是以一种有瑕疵的方式被适用的。如今的工人不能像19世纪时那样被轻易地解雇，但是（甚至在欧洲），变坏了的经济形势会使得工人们失去他们的工作（高失业率便是其明证）；针对因"不忠诚"而解雇的诉讼，对工作保障只有很少的影响或者根本就没有什么影响；在美国——可能欧洲也是如此，劳工运动变弱的后果是诉讼所得不能弥补的。总之，本章中描述的规范和现象是真实的和有意义的，而它们的范围包括了从显示大趋势的点滴小事到普遍存在的现象。这些都取决于具体情况。

我并不意在暗示说选择的共和国的各项原则都必然服务于公

共利益——无论这个词意味着什么；我尤其不暗示说这些原则在经济上都是有效率的。这些也许正确，也许不正确。不对等的房东和房客的法律关系——比如在英国——也许会毁掉房屋租赁市场。租金控制和保有权所提供的安全也许弊大于利；它也许会有助于将私人公寓转变为产权私有但由人们共同居住的公寓，但也很可能会使房屋的股价大跌。确定每一种趋向到底是好还是坏是一个独立的课题。

我也不想主张这些法律文化的规范是超越时间的和绝对意义上的"正义原则"。正好相反，它们绝非不受文化的限制。它们不会按照它们自身的逻辑，必然地实现它们的目标。压抑、无望、绝望和正义的严重失败还会发生。这里的关键是，这些损失将根据不同的基线被测定。满足和挫败、安适和不安，会发生在同一个文化框架之下；而本章尝试描述的正是这个框架——选择的共和国。

第7章 神灵、国王与电影明星

在这一章中,我将概括地讨论当代权威的转变及其对现代法律和社会秩序的影响,这种探究不可避免地使我们考虑所谓的名人文化(celebrity culture)。我们假定传统权威正在瓦解,如果这种假定是正确的话,那么取而代之的会是什么呢?社会系统不会容忍权威的真空地带,新形式的权威会取代弱化的或消逝的旧式权威,新的法律结构会凸现出来。今天的美国政府官员向宪法——一种法律文件——宣誓。而在独立战争之前,他们向英国国王宣誓效忠。

从总体上说,法律是相当冷酷无情的。在情感意义上它不可能取代传统权威。实际上,权威这个词意指一种连带(bonding),一种涉及命令发布者(某些人或某些事物)与跟随者或遵循者之间的正当性联系。崇尚法律的理念是可能的,但现代世界的法律不能基于情感力量而维持权威。实际上法律是一种形式、一个框架;当权威得到扩展和变得复杂时,法律则是一种组织和承载权威的模式。那么什么是权威的扩展形态呢?

观察者们已经指出,同过去相比较,现代世界的权威趋于平行构成而非垂直构成,换句话说,在很大程度上行使权威的是同等身份群体,而不是父母、老师和统治者。大卫·里斯曼把这种群体的成员描述为"他人导向"的。① 当然,准确指出权威之所在并非易事,也没人会主张现代社会的父母不对孩子行使权威;不过,里斯曼的主张似乎有一定道理。人们觉察到同等身份群体已经取得了与父母或其他统治者相似的地位。但是,同等身份群体不是一种独立的权威,它类似一群羊,有一个似乎看不见的牧羊人。如果我们询问谁是新的英雄、谁是新的典范、谁是牧羊人,最显然的回答不是同等身份之人,而是著名人物,或以一个词来概括:名人。名人这一术语在本义上不一定指代权威,但是他们确实越来越成为表现型行为的典范。

界定"名人"这一术语并不容易。其核心意义是声望,着重点在于声望本身,而非何种行为创造出声望。一个名人,就是不管何种缘由,人们通过读报、听广播、看电影、听音乐会或者看电视等途径所能知晓的人物。一个名人可能仅仅只是有名。当然,大多数名人之所以有名是因为某个具体成就,或者因为他们的社会地位,例如,他们是电影明星、音乐家、运动员或者政治家;或者因为他们有钱有势;或者仅仅因为他们有钱。

在20世纪80年代,各种有关富翁和名人的人品、生活的讯息和谈资轮番向公众轰炸。美国最受尊敬的人物似乎是体育冠军、摇滚明星、电影明星、电视演员、政坛领袖和商界大亨、总统夫人以及类似人物,还有一两个宗教领袖——教皇或者特蕾莎修女(Mother Teresa)②。成千上万的人阅读《人物》(*People*)杂志

---

① 参见大卫·里斯曼《孤独的人群》一书第3章以上部分的相关讨论。
② 1910年生于南斯拉夫,37岁正式成为修女,1948年在印度加尔各答设立救助穷人的慈善机构,两年后正式成立仁爱传教修女会,竭力服侍贫困中的最穷苦者,至1979年已在24个国家设立200多个分支机构。1979年获诺贝尔和平奖,1997年病逝于印度加尔各答。生前被誉为"穷人之母""活圣人",也被世人亲切地称为"特蕾莎嬷嬷"。——译者注

或其他类似的休闲花边杂志。《人物》延续着那些电影杂志(迄今依然存在)的风格,不过在刊物视野上更加开阔一些,它总的来说致力于报道名人。《人物》杂志本身就有助于其采访对象成为名人。如果有人认为这些杂志体现了一种典型的美国病,那么他需要看看法国、英国、意大利或德国堆满了书报亭的各种小报和杂志了。当然,知识分子会对所有此类杂志不屑一顾,但它们却是一种真实的社会现象。有关名人的新闻无处不在——书籍、电视节目和《纽约时报》。公众对于名人新闻的胃口似乎永不知足。这种嗜好影响着艺术、理性生活、大众文化和书籍。在1985年11月的《纽约时报》上,罗素·贝克尔(Russell Baker)指出,"《纽约时报》畅销书排行榜上名列前五的书籍"全都是名人撰写的或者有关名人的。当时排名第一的畅销书是《艾尔维斯和我》(*Elvis and Me*),系艾尔维斯·普莱斯利(Elvis Presley)[①]的前妻所写的一本书。[②]而艾尔维斯·普莱斯利,无须赘言,是名人中的名人。

114　　人们对名人为何如此感兴趣?这种好奇心会对社会行为产生怎样的影响?可以确信,对名人的这种态度蕴涵着纯粹好奇和嫉妒的因素,但是无论好奇还是嫉妒都无法抓住名人文化的主导基调,羡慕可能更为接近一些。因羡慕而导致的效仿(emulation),是名人文化的重要方面。名人是一种典范。人们会模仿名人的言谈举止、衣着和生活习惯。

[①] 即猫王,他是摇滚乐的开创人物,也是美国有史以来唱片销量最大的歌手。而他死后则成为美国文化中无所不在的偶像。猫王已成为美国文化的一种象征,众多的职业歌手模仿他的风格,他的家乡格里斯兰(Graceland)几乎成为美国的圣地。——译者注

[②] "No, but I Saw His Show." *New York Times*, November 6, 1985, p. 23.

效仿是一种强大的力量和行为的吸铁石——一种社会连带的模式。在维多利亚时代，中产阶级效仿上流社会的服饰和礼仪，而想要攀龙附凤的下层人则尽其所能地效仿着中产阶级。在社会发展史上这几乎一定是一种新的因素。效仿意味着社会界限的模糊或消解。一个传统或者等级社会不是，也不可能是一个（向上）效仿的社会。人们看到比自己更优越者，就要服从他们，不管是否情愿；人们观察并理解阶级、等级、地位方面的不同之处；但是他们除了本来的样子不能想象自己的其他存在方式。

一个效仿的社会的前提条件是，在不同社会等级（包括道德和文化等级）之间具有一定的流动性；同时，它也以社会等级上升和下降的可能性为前提条件。效仿也有其负面效应。现代社会的典型犯罪是信任骗局（confidence game）——一种依赖伪造身份的骗局：人们把自己装扮成银行家、贵族、售货员和未来的求婚者，骗取易欺之人和冤大头的钱财。除非在一个阶层和等级之间可以流动、效仿成为可能的社会，否则依赖虚假身份进行欺诈不太可能也无法想象。今天，一些人甚至靠效仿谋生：明星的效仿者"太像猫王了"，诸如此类。很难想象在一个没有名人文化的社会中会有此类行为。

因而，效仿是一种重要的社会事实，它影响着人们的吃、穿、住、行等各个方面。许多人，尤其是年轻人，努力使自己成为心目中偶像的翻版；像他们一样走路、说话，剪一样的发型。但是，名人文化不止于效仿。

首先，名人崇拜有某种模糊的特性。在一定程度上，名人文化似乎与现代个人主义相当不一致；与此相似，里斯曼的"他人导向"的人格，以及众多社会观察家在现代社会所看到的人们对一致性的酷爱似乎也与个人主义不一致。但是，如果我们更加仔细地梳理这些观念，这些不一致就消失了。名人崇拜的一个基础是名人们生活在另一个不可思议的王国；如同菲茨杰拉德（F. Scott Fitzgerald）①描述的，"很有钱的人与你我都不一样"。② 当我们在电视上或者流行杂志上看到他们时，名人是不一样的：他们引导着奢侈、令人兴奋、放纵的生活潮流；他们的情感经历甚至离婚都是韵事传奇和肥皂剧的素材；他们远离我们大多数人普普通通的日常生活，而我们构成他们的观众。

然而在另一种意义上，名人非常接近于普通人（空间上和情感意义上）。名人往往擅长做那些普通人虽然能做，但常常做得不是太好的事情。典型的名人是运动场上和（流行）乐坛的"佼佼者"，或者是电视节目主持人，或者是电影演员。他们只是我

---

① 小说家。他的创作倾向与"迷惘的一代"相似，表现第一次世界大战后年轻的一代对美国所抱的理想的幻灭。1920 年发表第一部长篇小说《人间天堂》，一举成名。之后又出版了两部短篇小说集《姑娘们与哲学家们》（1921）和《爵士时代的故事》（1922）。1925 年，他的代表作《了不起的盖茨比》出版，确立了他在文学史上的地位。《了不起的盖茨比》表现了"美国梦"的幻灭。这部小说谴责以汤姆·布坎农为代表的美国特权阶级自私专横，为所欲为，以同情的态度描写了盖茨比的悲剧，并指出他的悲剧来自他对生活和爱情的幻想，对上层社会人物缺乏认识。1934 年菲茨杰拉德出版了另一部重要的长篇小说《夜色温柔》，成功地表现了上层资产者的自私与腐化，对主人公的沉沦满怀同情。1936 年菲茨杰拉德在病中写了自传《崩溃》。后来以好莱坞一个电影导演为主人公创作长篇小说《最后的一个巨头》，未及完成便去世。遗稿由他的朋友、批评家埃德蒙·威尔逊整理出版（1941）。——译者注

② 这句话来源于一个 1926 年出版的故事——《富家子弟》（"The Rich Boy"）。参见 The Stories of F. Scott Fitzgerald: A Selection of 28 Stories（New York: Scribner, 1951）, p. 177. 接着欧内斯特·海明威（Ernest Hemingway）对此有一句著名的回应，"对，他们有更多的钱"。参见 Matthew J. Bruccoli, Scott and Ernest: The Authority of Failure and the Authority of Success（New York: Random House, 1978）, p. 4。

们自己——普通的女人和男人的增强版。羡慕的感觉与某种人以群分的相似性有关。对许多人而言，羡慕极有可能受到潜意识中由于不满足而产生的遗憾的影响——假如命运给了他们一手稍好的牌的话，他们自己也许已经成了名人：假如他们可以把球扔得更远一些，把吉他弹得更好一些，演得更像一些，唱得更正一些。

名人文化的关键是这样一种悖论：独特的同时又恰恰同我们一样。实际上，我们中每个人与其他任何人都有差别。我们之所以成其为"人"，就在于我们都有独特性。我们每个人都是人群的一部分，同时实际上又是一个个体。那些名人"神灵"也仍然是人类：他们更像是沃旦（Wotan）①或者希腊神话里的诸神（需要吃饭、喝水、做爱的诸神），而不像那些可怕的、抽象的、看不见的中世纪和基督教会所尊奉的上帝。名人文化使得那些遥远的、令人敬畏的、强有力的主体转变成个人化的、亲切的。陌生和生疏的主体被人们重新界定或者赋予了新的含义，这样他们就被纳入了普通生活的轨道。这并不是有关宗教或超自然信仰的体现。超自然之物仍然伴随在我们身边，但已被20世纪的术语所严格限定。中世纪的人们相信恶魔、巫婆和奇迹，但是这些只是标准化、制度化了的宗教信仰的一部分。现在我们有权寻找适合自己的私人的超自然之物。这可能包括追随一位宗教领袖，成为一名精神导师，或者准备某种形式的再生。我们可以根据自己的喜好做出决定和选择。

现时代人们对名人的态度是对相异性（otherness）的更一般态

---

① 日耳曼民族最高的神，北欧各族一般称之为司智慧、艺术、诗词、战争的欧丁（Odin），盎格鲁-萨克逊各族则称之为沃登（Woden）。——译者注

度的主要部分。一个相关的例子是流行文学和电影中所描述的那种遥远且神秘的"外星人"或者太空生物。曾几何时,在科幻小说里,来自其他星球的入侵者总是危险的、邪恶的和完全没有人性的怪物。科幻小说曾属于恐怖故事的一种。外星人威胁着地球的存在,他们试图征服和毁灭一切。此类文学形象所表达的主题是仇外、妄想和极度恐惧。

这种风格一直持续着,直到近些年来大众文化已经出现了相反的形象,赋予外星人以值得同情的色彩。电影《外星人》(*ET*)[①]是一个经典的例子。ET,即 the Extra-Terrestrial 的缩写,是完全外来的,在外形上相当奇特。但在奇形怪状的外表之下,他只是另一种活着的生物,是来自太空的可爱小生命。《外星人》这样的电影以宽容的态度对待来自茫茫太空的侵入者。而宽容正是我们所期望展示的,展示给不同种族、不同文化的人们,展示给残疾人,展示给生活方式或性取向不同的人。实际上,对别人宽容也是期望别人对我们宽容。我们期待在 ET 的星球上也能得到那里善良而自由的人们的理解和认可,就如我们给予 ET 的一样。事实上,我们需要在我们自己的星球上确立这样的被接受的权利,这就是 ET 传递给我们的信息——多元文化的信息、"民权"的信息。

成为名人只是显示一个人与其他人"不一样"的另一种方式。某个人可以 4 分钟跑完 1 英里,或流行歌曲比别人唱得好,或者打棒球有 .350 的安打率,或者担任总统,这样的人与坐在轮椅上的人或外国人或去其他教堂做礼拜的人没有实质上的不

---

① 史蒂芬·斯皮尔伯格执导的电影,当年《外星人》在世界各地取得了商业上的极大成功。其中小孩子与 ET 用食指接触传达友情,还有两人骑脚踏车飞跃月亮的镜头都成了电影史留名的经典画面。——译者注

同。现代社会是多元主义的，这个词顾名思义是指不同民族、文化、种族和宗教的共处。这种多元主义意味着众多"生活方式"的共存；在这样的社会，富人和穷人的分野与差异被定义为不过是另一种形式的"不一样"。

当然，在另一层面，名人确实是不一样的，在选择的共和国里，他们是或者看上去是那些有着最大选择权和潜在可能性的人。他们有能力并且已然使得自己梦想成真。大众通过电视这个魔眼看到他们，想知道他们的一切，并崇拜他们；他们浑身散发着奇妙的光芒、迷人的风采；他们享用着每个人都想得到却极少有人实际得到的机会和自由。与此同时，名人和大众密不可分。他们是名人——他们有声望——确切地说是因为有公众存在。是公众确立了他们的地位并提供给他们最丰富的资源。

现代社会的权威在名人印象下已经被重塑了。当然，名人未必是权威；没有人认为"猫王"是权威，无论他活着还是去世之后都是如此。论点毋宁是如下：面对面的权威（包括家长权威）已经衰落了，部分是因为大众传媒的影响，传媒打破了面对面的影响和典范的垄断；非面对面的权威已经被名人概念所改写。甚至传统权威的残存制度也基本被名人文化的气氛和习惯所重新安排。教皇约翰·保罗二世（John Paul II）是这一过程的极佳例证。教皇掌握着相当大的权力，他是一个庞大而有影响力的组织的首脑。但是他的权威越来越依赖其作为名人的地位。也许正是由于这个原因，这位现任教皇不同于其前任，成了一位环游世界者，并且关心电视和社会舆论。

而并不掌握任何权力的英国女王，几乎完全变成了一位名人。女王当然不可能像摇滚明星、女演员、歌手或者运动健将那样,她几乎没有明显的禀赋。她也不是一位传统意义上的君主:几个世纪以来,英国王室逐渐丧失了所有的政治权威。所有关于英国女王的象征意义以及她为国家和英联邦所履行的职责的讨论,都无法解释美国、法国和联邦德国的百姓像英国人一样对女王及其王室宗亲有浓厚的兴趣。事实上,女王最好被理解为一位世袭的国际名人。

名人身份的实质是把自己暴露在公众面前。没有公众宣传和大众传媒,名人就不成其为名人。大多数名人是"像我们一样的人",许多名人本来也是普通人物,出身平凡,因为某项成就或美德、幸运或倒霉而成了名人。而有些名人,像英国女王,从出生起就是名人。然而,女王的公众宣传却强调她是多么的"平易近人",多么的"普通",与我们有多么相似,除了她特有的风采和魅力以外。她在一半的时间里头戴王冠,另一半的时间却戴着方头巾,举止像一位家庭主妇。[①] 还有其他一些转瞬即逝的天生名人——例如戴欧妮(Dionne)的五胞胎,或者婴儿M(Baby M)[②]。所以,名人首先是普通人,由于一些奇遇变换了角色,但是仍然类似于其他人。可能是出生奇迹促成了转变,也可能是天生禀赋,也可能是由于悲剧性的或者幸运事件的魔力。

---

① 19世纪中期,当另一个女王(维多利亚)登上王位时,沃尔特·白哲特写道:"君主制是强有力政体的最好理由是,它是一个明晰的政体。"他形容君主制如同"宝座上的家族",一个事实是它"把主权的骄傲降低至琐碎生活的水平"。Walter Bagehot, *The English Constitution* (1867; London: Collins, 1963), pp. 82, 85.

② 婴儿M——梅丽萨(Melissa)的缩写——是一位代孕母亲所生的小孩,该代孕母亲拒绝按照协议放弃婴儿的抚养权。这个案例在1988年轰动一时。参见In re Baby M, 109 N.J. 396 (1988)。

即使是普通人，其一生也有机会爬上名人的阶梯。这是现代西方社会的一个特征。在传统社会这是不可实现的，因为人们的身份在出生时就注定了。我们所记载的古代传说和民间故事反映了这种思想。如果故事开头时男女主角是贫穷而低贱的，那么结尾时我们会发现他/她居然是一位神秘的王子/公主——一个弃儿，从小被遗弃，或者被某种奇异的妖术所控制。"克里斯玛"型领袖将他们的权力和权威归因于超自然的力量。同样是超自然力量使死去的达赖喇嘛的灵魂转世投胎，生于一位牧民的茅舍。

今天名人的地位可以闪电般突然降临到普通人的身上，要么是通过像赢得彩票大奖这样正面的事件，要么是通过诸如沦为某种灾难的牺牲者这样的负面情形。一个坠入井中的小女孩是名人，至少在一段时间内是；一件恶名昭彰的强奸案的受害者也能成为名人。名人的原型与旁观的大众极其相似：名人正是我们自己幻想(或噩梦)中的形象。马戏团的小丑非常吸引人是因为这种二重性：在夸张的胡子、隆起的肌肉和肥胖的外表之下，他们只是普通人。美国的马戏团老板兼江湖骗子菲尼斯·泰勒·巴纳姆(Phineas Taylor Barnum)[①]是表演小丑和捧红明星的先驱。如同列奥·布劳迪(Leo Braudy)所指出的，巴纳姆展示了他的明星的"私生活"，"主要是为了展示奇特外表下那种并不令人恐惧

[①] 19世纪中后期美国著名的马戏团老板及演出者。巴纳姆曾说："每分钟都有笨蛋出生。"他信奉"凡宣传皆好事"的实用主义哲学，擅于制造轰动效应，以欺骗手段赢得了丰厚的利润和"名声"。他编造的神话之一是：其马戏团中的一位黑人女奴，100多年前曾经养育过美国第一任总统乔治·华盛顿。结果为该马戏团带来每周上千美元的票房收入。在公共关系发展史上，这一时期被人们称作"巴纳姆时期"或者"公众受愚弄时期"。——译者注

的常态"。①

　　名人只是在某个特定的方面被黑色或白色的光环所围绕，而在其余的方面她仍是我们中的一员。当名人们过着戏剧、电影、电视所描绘的那般耀眼而浪漫的生活，或者恐怖的、宿命的和痛苦的生活时，我们看到了自己的映像。大多数政治领导人——罗纳德·里根（Ronald Reagan）是很好的例子——是纯粹的名人。他们根本不是马克斯·韦伯描述的"克里斯玛"型人物。他们政治权力的魅力恰恰与韦伯所谓的"克里斯玛"形成鲜明对照。他们不是超人，只是普通人幸运或受人尊敬的样板；他们的领导力，如其所示，来源于他们同普通人的相似性。

　　我们所知道的（或者认为自己知道的）关于名人的信息已经相当惊人：不仅是他们的长相，而且连他们的衣着、他们的所思所想、他们的朋友是谁、他们的习惯、他们的性生活等等也都知道。当然，许多这样的"知识"在公共关系的意义上纯粹是胡说或者完全是谎言。但是相比过去或者其他的政治体制，西方大众现在知晓的关于社会名流的信息要多得多。东西方政治一个明显的区别就在于其领导人具备名人身份的程度。俄罗斯和中国的领导人不会在公众面前展示他们的家庭，花边杂志不会去描述斯大林或勃列日涅夫的妻子。赖莎·戈尔巴乔娃（Raisa Gorbacheva）②开

---

　　① Leo Braudy, *The Frenzy of Renown: Fame and Its History* (New York: Oxford University Press, 1986), p. 504. 布劳迪还评论说巴纳姆"出色地利用了民主体制下观众想要参与演出的愿望……没有一个观众期待仅仅是被动地观赏气派高雅的表演……这是这样一群观众……他们想要'知道'后台的秘密、项目的资金，直至骗子的巧妙手法和欺骗事项的时间"。参见该书第500页。

　　② 苏联总统戈尔巴乔夫的夫人，苏联第一位也是最后一位显赫的第一夫人。赖莎在公众面前扮演的是与苏联总统平等的政治伙伴的角色，她的西式做派和华丽服装曾在国际舞台上出尽风头。赖莎于1999年9月因白血病逝世。——译者注

创了一个新角色，但是"第一夫人"的称谓在中华人民共和国似乎是非常滑稽的。因而西方专家常常不了解俄罗斯或中国高官的基本家庭状况，对他们是否结婚、是否有孩子以及他们住在哪里等一无所知。

西方领导人的名人地位不是一夜之间形成的，而是政治变革的渐进产物。在美国，乔治·华盛顿实际上被奉若神明，但是这种神化与现代西方领导人的名人化是不一样的。人们不能把罗纳德·里根、温斯顿·丘吉尔或者戴高乐想象为身着传统制服的一尊雕像。声望的社会意义与时俱变。对于美国国父而言，声望的传统"既非无视伦理亦非道德中立"；声望的取得是一个持久的过程，由后代子孙来判定。[①] 这与现代名人文化有着显著差异。今天，声望是强烈的、当下的、易逝的，与"德行"少有关系或根本无关。

诚然，从前的民众对于领导人的背景也很感兴趣。在美国官员中这也可能是不可避免的。亚伯拉罕·林肯（Abraham Lincoln）的竞选活动就以其卑微的出身、小木屋的住所和劈木人的职业为资本。但是林肯时代和稍晚的总统的隐私得到了很大程度的保护，他们与公众保持距离，所以如今看来他们的经历模糊而清白。19世纪末期的格罗弗·克利夫兰（Grover Cleveland）总统在完全秘密的情形下进行了一次重大而危险的手术。伍德罗·威尔逊（Woodrow Wilson）总统忍受着严重的中风痛苦，而公众却几乎一无所知。富兰克林·罗斯福（Franklin Roosevelt）是一位操纵媒体的高手，他禁止发表任何显示他坐在轮椅上的照片。公众

---

① 关于这一点，请参见 Douglass Adair, *Fame and the Founding Father* (New York: Norton, 1974), pp. 3-26。上述引用的话来自第11页。

当然知道他是跛足的,不过他的残疾并没有在公众面前随意显露,而是隐藏于幕后。① 政府的其他首脑享有同样的隐私。

现在,当总统生病时,他的肠、脾、血压和前列腺都是每天公告的对象;电视甚至报道他们最轻微的疾病;成群的记者包围着国家医院。当然,公众有权利知道政府首脑是否健康,但是如今了解领导人生活各方面细节的详尽程度,已经远远超出了对政府的关注的可能范围,而是折射了领导人的名人身份。一个人也许是总统,他可以统率军队,甚至领导整个西方世界,然而他也有结肠、肾脏和消化道。同我们中的部分人一样,他也有高血压和消化不良症。如果你挠他痒,他能不笑吗?如果你抓伤他,他会不流血吗?

传媒视野里的政治家(甚至包括英国女王),就好像其他同时代的名人——电影明星、体育明星、歌星——一样,他们是特别的,但也确实"像我们一样",或者同我们"像极了"。有一个著名的事件,内布拉斯加州的参议员罗曼·赫鲁斯卡(Roman Hruska)曾经为被尼克松总统提名为最高法院大法官的一位先生辩护,有人指责这位先生过于平庸。这位参议员说道,有"许多平庸的法官、律师和公民",他们"应有人来代表,不是吗?"②

---

① 关于克利夫兰的手术,参见 Allan Nevins, *Grover Cleveland: A Study in Courage* (New York: Dodd, Mead, 1932), pp. 528-533;关于威尔逊的情况,参见 Edwin A. Weinstein, *Woodrow Wilson: A Medical and Psychological Biography* (Princeton: Princeton University Press, 1981), chap. 21;关于罗斯福,参见 Hugh G. Gallagher, *FDR's Splendid Deception* (New York: Dodd, Mead, 1985)。加拉赫(Gallagher)指出,尽管总统图书馆保存有罗斯福总统的35000多张照片,但其中显示总统坐在轮椅上的仅有2张。没有任何新闻彩片"显示其被抬着、扶着或者置于轮椅里"。这是"周密策划的结果……将他的残疾影响减少到最低程度"。参见该书第14页。

② 参议员接着说道:"我们的法官不可能全是布兰代斯、弗兰克福特和卡多佐。" *Washington Post*, Mar. 17, 1970, p. A2.

这是一段愚蠢的评论，遭到人们广泛的奚落，但却仍然有一定的道理。如同很久以前詹姆斯·布赖斯（James Bryce）所指出的，美国人不愿意让知识分子来统治他们。在总统的问题上，"普通美国选民并不反对平庸"。① 选民们需要像自己一样的人。不管是否具有足够的知识，领导人都应该跟我们一样。所以我们感兴趣于他们的姑妈、妻子、侄子和表兄弟，他们的嗜好，他们吃的什么食物，开的什么车；他们喜欢什么，不喜欢什么，并想探知他们这样做的原因。我们想看到他们的模样，听到他们说话，了解他们，嗅到他们的气味。我们甚至想知道他们的性生活以及他们是否忠实于他们的丈夫或者妻子。所有这些被假定属于公众应该知晓的范围，是公众知情权的一部分。

名人文化是一个复杂的现象，无法用单一的术语做出完满的解释。就大规模的生产和通信意义而言，名人文化显然体现了大众社会的一个侧面。它完全依赖能够迅速向成千上万人同时传递信息的现代科技。这种技术培育了现代社会一个令人厌恶的特点：通过控制或贿赂传媒来宣传和操纵真相。特伦斯·科特（Terence Qualter）认为，宣传是"少数人的如意算盘，他们企图通过对符号交流的操纵来影响多数人的看法和行为"。② 宣传绝不限于极权主义国家，每一个西方政府都同样受到如何塑造形象问题的困扰，宣传是一种形象工具，而广告则是一种宣传形式。现代以前可能缺乏宣传工具，但是那时候也没有进行宣传的需

---

① James Bryce, *The American Commonwealth*, 2nd ed. (London: Macmillan, 1891), vol. I, p. 75. 据布赖斯观察，相比较"决定欧洲社会舆论"的人们而言，美国选民对于政府首脑需要具有的品质和才能"没有多少概念"。

② Terence H. Qualter, *Opinion Control in the Democracies* (New York: St. Martin's Press, 1985), p. 124.

要。就大多数社会而言,除非特殊时期和特殊情形,大众的忠诚和热情对统治阶级来说是不成其为议题的。

所有的政府都撒谎,但是它们有各自特有的方式。在多数的极权主义国家,撒谎经常纯粹是隐瞒事实,政府干脆什么都不说,掩盖发生的事情,无论发生什么都尽可能完全当作秘密。而西方政府通常采用替代性的谎言,民众似乎知道一切,因此当西方政府说谎时,它们假装告知民众全部事实真相,实际上却只告知事实的一半或干脆提供一个全然错误的故事。这就是名人型政府,它意味着,民众自认为是参与者,或者至少是国家生活每一方面的观察者。① 政府关注自己的形象不仅是为了寻求选票和支持,而且也是其公共职责的一部分,即以名人的形式从事活动。

如果没有大众传媒,名人文化是不可想象的。名人文化与使其成为可能的工具一起发展。谈及美国名人文化的发展历程,就必须突出提到19世纪晚期"黄色新闻"(yellow journalism,指那些耸人听闻的、贩卖丑闻的、流行性的报道)的兴起,尤其是威廉·伦道夫·赫斯特(William Randolph Hearst)②的

---

① 一个例外是国家安全,公众被告知无须知道任何这方面的事,而且他们确实一无所知,这经常带来不幸的后果。法院总体上看也相当隐秘,竭力避免"公共关系"。鲍勃·伍德沃德(Bob Woodward)和斯科särà·阿姆斯特朗(Scott Armstrong)合著的关于联邦最高法院的书《最高法院的兄弟们》(The Brethren [New York: Simon and Schuster, 1979])有一个副标题"在最高法院",以令人屏息的语调、有趣的新闻和"内幕消息"讲述了这一高贵而沉默的机构的故事。有点令人吃惊的是,这本书获得了巨大的畅销。也许这是因为它填补了一个缺口:试图把法院降低或抬高到正常的名人地位,而这正是法院本身拒绝做的。

② 美国报业大王,19世纪末期向当时纽约的报界领袖普利策发起挑战,结果赫斯特成功了,而普利策也并没有失败。那场大战至今仍在美国报界为人们所津津乐道。为了竞争,这两家报纸都争相报道各种耸人听闻的消息,并开始了靠黄色新闻打开销路的恶习。所谓黄色新闻,就是以极度夸张及捏造情节的手法渲染暴力和色情,内容不外乎名人丑闻、凶案及明星们的私生活等等。美国的黄色新闻泛滥于19世纪末20世纪初,人们都将赫斯特视为始作俑者。——译者注

报业帝国。① 接着是广播，然而一张照片胜过千言万语，结果是电影的影响，尤其是电视的出现，完全超越了纸质媒体甚至广播的影响。②

在这里，技术在社会变革方面发挥了巨大的推动作用，而广播和电视并没有创造出上述的名人文化。在保加利亚或者中国大陆是没有名人文化的，尽管那里也有大众传媒。不过，传媒和名人文化之间的联系如此紧密，以至几乎改变了先前的那种偶然性联结，也就是说，名人文化须有大众传媒。以前统治者和上流阶层的成员并非"名人"，而仅仅是与其他阶层隔离开的人物——他们在出身和教养方面与普通人有显著差异。他们的地位（他们相信）是上帝赋予的，或是由超出人们记忆的古老传统确定的。他们的臣民带着不无敬畏的朦胧眼光仰视他们。政治民主制戏剧性地改变了这种状况。当一国又一国的选举权向下延伸到中产阶级和更低的阶层时，世袭的和"天生的"统治阶级渐渐湮没了，新的统治阶级取代了他们。获得权力的门票基于好运、流动性和金钱，曾经区分"我们"和统治者之间基本身份归属的"血统"的重要性大大降低了。这一过程使过去的统治者降低到同我们相同的地位——当然，也可以说把我们提升到与他们同样的地位。

当然，对权威的恐惧和怀疑没有消失，但是这些令人不快的

---

① 参见，例如，Edwin Emery, *The Press and America: An Interpretive History of Journalism*, 2d ed. (Englewood Cliffs, N. J.: Prentice-Hall, 1962), chap. 19。

② 一般参见梅罗维茨（Joshua Meyrowitz）深具洞察力的研究，*No Sense of Place: The Impact of Electronic Media on Social Behavior* (New York: Oxford University Press, 1985); 有关媒体的成长，也请参见 S. Robert Lichter, Stanley Rothman, and Linda S. Lichter, *The Media Elite: America's New Power-brokers* (Bethesda, Md.: Adler and Adler, 1986), chap. 1。

念头被一些抽象的概念所替代：机构化、复杂手续、科层制等。而处于顶端的名人却不属于这些要素的一部分。实际上，聪明的政治家通过严厉批判科层制的约束而竞选岗位，至少在美国是如此。他们中伤自己很渴望去掌握的机器，并且谴责自己其实非常想捞取的特权。

将统治者转变成名人的过程，在美国可能早于西方世界的其他国家。这导致了美国"内部风习"的某种"傲慢无礼"，一种过分的平等主义，这使得19世纪来到美国海岸的芬妮·特罗洛普（Fanny Trollope）和其他文雅的参观者们感到震惊。特罗洛普女士的儿子安东尼（Anthony Trollope）继其母亲之后也来到美国（1862年）并观察到了同样的情形。他"趾高气扬地抨击平等"。美国人的举止深深地触怒了他，不过他承认美国必定是一个适合普通人生活的好地方。尽管这些人举止上带着"假装"的亲热，但与他们英国那些卑躬屈膝的同类人相比，他们无疑生活得更好；他们也确实有更多的尊严。①

英国（以及大多欧陆国家）与美国在尊重名人和社交礼仪方面仍有实质性的差异，但是每个地方的风俗似乎都正在改变。政治领导阶层显示出明确的美国化趋势。英国和德国选民并不直接选举政府首脑，但是名人文化仍在政治领域得到了发展。人们不太会因为政党和意识形态而投票，更多的是因为领导人个人的魅力，例如支持或者反对撒切尔首相，支持或者反对科尔总理等。"名号认知"

---

① Anthony Trollope, *North America*, ed. Donald Smalley and Bradford Booth (1862; New York: Knopf, 1951), p. 267; 他母亲的评论见 Frances Trollope, *Domestic Manners of the Americans*, ed. Richard Mullen (1832; New York: Oxford University Press, 1984), chap. 10. 这里所提到的特征可以追溯到殖民地时期，见 J. R. Pole, *The Pursuit of Equality in American History* (Berkeley: University of California Press, 1978), pp. 28-30.

（name recognition）是必不可少的。欧洲的竞选比美国的竞选要简短些和较少歇斯底里，但是他们也变成了名人和媒体的活动。

　　大众传媒已成为侵扰人们和传播消息的强大力量。1856年时有多少人知道布坎南（Buchanan）总统长什么模样？如果在大街上看到格莱斯顿（Gladstone）或者狄斯累利（Disraeli），有多少英国人能认出他们来？人们当然熟悉维多利亚女王的面孔，但那也仅是邮票和硬币上的肖像而已；当时的美国总统或者候选人大概也是一样，他们也只是通过小徽章和海报为人所知。总的说来，那时候人们对于政治领导人所知甚少，而对于他们的家庭则一无所知。对大多数民众而言，领导人是位居核心但却模糊而遥远的人物。美国的总统候选人参加竞选活动，而且精力充沛，他们同民众握手，周游全国；但是在这一个地域辽阔的国家，他们不可能到达每一个地方，会见每一个人。他们亲身接触的只是人口的一部分而已。英国选民选举的议员都是当地的名流，而议会自己选择自己的领导者。实际上，下议院的席位通常都属于出身高贵的人和大地主。

　　当代世界的政治结构已经发生了显著的变化。大众传媒和名人文化相互促进。更重要的是，名人文化使得权威结构的持续、急速的转变成为可能——这种转变静悄悄地发生，几乎是秘密的，无须有意识地或者按计划进行。先前，最强有力的权威和角色典范是人们触手可及的：父亲、老师、教士、当地的领主或者乡绅。权威就在家里或者村庄的周围；权威每天不断地施加着压力；它是一个小世界的一部分，人们所见所闻和行迹所至的范围形成了这个小世界的边界。外部世界或者中央权威都不能太多地干预专断的地方统治。父亲在家庭的权力以及当地神父和学校老师的权力是不受拘束的；而地方乡绅的权威则难以抑制，他们住在山上的城堡里，刚好超出了村庄的界限。远方还有更厉害的人物——国王、主教、教皇，不过在普通家庭的村舍里他们并不亲身在场，他们是被远距离地感知的，而不是直接被体验到的。这些强大的权威，在首属群体或者地方社区之外，是模糊的、神秘的、神圣的——如日本天皇、俄国沙皇和罗马教皇之类的人物。他们完全超出了农民和普通市民的视野和理解范围。

在这种意义上，距离在现代社会已经变得无足轻重。① 1000英里对卫星来讲，也就是千分之一秒的行程。典范和英雄跨越广阔的空间进入千家万户，伊丽莎白（Elizabeth）女王，与维多利亚女王不同，已不再只是一幅画像了。她四处走动、谈话、交流，是人们熟悉的人物，是一位名人。现任教皇约翰·保罗二世成了一位周游列国的人和媒体明星。人们很难再记起，直到不久前教皇实际上还是梵蒂冈的"囚徒"，他几乎从来没有离开过那片土地。日本已故天皇是一个特例，他仍是一位神秘人物，深居简出，但是新天皇可能更易于接近。

无论如何，日本天皇和英国女王在管理国家的问题上失去了发言权。那些实际发挥作用的人——总统和首相们——成了名人文化的一部分并得到了相应的对待。② 实际上，某些极权主义国家的领导人继承了沙皇的斗篷。他们住在城墙或堡垒里；他们的个人生活被秘密地隐藏起来；没有人记述他们的来去行踪；他们

---

① 在其他意义上，当然，邻近仍然是重要的。发生在自己镇上造成两人死亡的车祸同遥远国度里造成上百人死亡的惨剧会在电视中得到相似程度的报道。

② 在某些议会制国家，国家元首只有象征性权力——简而言之，几乎纯粹是一个名人——政府首脑拥有更大的权力却名声较小。英国的例子非常明显。但是政府首脑很容易获取地位，而当今的瑞典首相在本国甚至比国王更像一位明星。

可以一下子消失几个星期。极权主义国家的"个人崇拜",如同神化希特勒一般,是一种向前现代那种权威崇拜的倒退。这一用语易于引人误解:受到神化崇拜的对象所缺乏的恰恰就是具体的人格,即平易近人的人性气息,而这些对任何名人来说都非常重要。

名人文化首先包括大众文化中的杰出人士,其次是政治领导人。不过,它还扩展、吸纳了包括现代商人在内的所有精英。美国的大众文化非常看重流动性——"从一贫如洗到家财万贯",在其他国家也是如此;这当然是名人的共同模式。西方社会看待商人的态度不断变化,经历了许多个阶段。在19世纪,一些非常富有的人是些可憎的魔鬼式人物,以邪恶而闻名,例如约翰·D. 洛克菲勒(John D. Rockefeller)就是其中之一。然而从总体上说,美国文化十分尊重商人。他们是美国的精英——实干、练达、勤奋、成功。如同宣传口号所讲的那样,美国的事业就是商业,[①] 商人属于社会的顶级阶层。

社会中总有极端的和平民主义的思潮,这种思潮试图把富人妖魔化,不过该思潮已经失去了大部分影响力:人们不再经常听说"巨富即罪犯"的说法了。[②] 对大公司如此的憎恨似乎仅限于极左势力的一小部分。现在仍然有奸商——不择手段的生意人、内部交易者、流通领域的投机商——但是人们把他们视作违法的越轨者,而不是在道德上斥为异类。福利国家在一定程度上约束着大企业,经理人和所有权人已经学会了尊重大众,或者至少已经改

[①] 卡尔文·柯立芝(Calvin Coolidge)总统在1925年1月17日的一场听众为各大报纸编辑的演讲中声称"美国人民首要的事业就是商业"。*New York Times*, January 18, 1925, p. 1, col. 5; p. 19, col. 2.

[②] 该用语来源于西奥多·罗斯福总统于1907年8月20日作的一次演说。参见 Theodore Roosevelt, *Presidential Addresses and State Papers*, vol. 7 (New York: Review of Reviews Company, 1910), pp. 1358-1359。

善了他们的公共关系。行为本身可能也改变了——大企业的领导者,不再轻易地发出公然蔑视公众的信息,更少可能公开地说"讨厌的公众"之类的话。今天谁也不会摆出一副蔑视消费者的姿态。

另外,商业行为受到了国家相当大程度的控制,受到了规则和规章的监督、监视和限定。明显的诈骗要受到法律的制裁。人们不会认为商业会永远遵守规则:丑闻和腐败是大量存在的,它们无疑更多地隐藏在表象之下。如今的商人隐秘地违反规则,就像普通的窃贼一样行为隐秘,而不是像独裁者那样目无法纪。商界领袖,比如说那些非常富有的人,已经成了名人:李·艾柯卡(Lee Iacocca)①是最好的例证。《人物》杂志上有许多关于商人的故事。

当然,也有些商业杂志经常刊载特别有趣的、成功的、精彩的商人专访故事。近来,商业杂志开始刊登一国或者世界上最有钱的富翁和富婆的排行榜。消费者抢购这些期刊,他们渴望知道那些非同寻常的名字,了解这些人的惊人财富。这些故事的风格与《体育画报》《快讯》等娱乐杂志中的故事风格没有很大区别。最近,法律职业杂志在美国纷纷涌现,与传统的专业期刊有着显著不同。新型法律杂志的内容全是关于律师事务所及律师个人的丰富多彩、有趣的特写故事。

华尔街的律师们曾经避免抛头露面,他们都躲在灰暗的防护幕后。只有从事犯罪、离婚和侵权案件的律师——与委托人打"一次性"交道的从业者——需要在公众面前露面,在报纸上出现并炫耀自己。他们需要抛头露面以确保业务有稳定的客源。但是,现代的业务(即使在华尔街的层次)也变得高度不稳定了。

---

① 原克莱斯勒公司总裁。他经过大刀阔斧的改革使公司起死回生,他自己也因此成为亿万富翁和美国汽车业的英雄。——译者注

无论如何，今天头部的商业律师似乎不会在幽静的小木屋里体验那种宁静的生活了。他们不会拒绝唾手可得的名人身份——至少在其职业领域内不会如此。①

一、名人文化与权威

名人文化推动了关于权威人物和角色典范的（真实的或想象的）知识积累。这也导致了权威性质的改变。从最一般的层面来说，名人文化使得个人主义特有的现代形式成为可能，或至少是强化了这种趋势。这种个人主义注重创造自己的生活、个性和风格；通过在富有魅力的选择领域内自由地进行选择，打造一个独特的、充分实现的自我。

传播着名人文化的同样的技术也在以令人震惊的速度传播各种风格、样式和时尚，它所展示的典范、目标、愿望、习惯、行为以及理想，令人应接不暇、眼花缭乱。权威被平行而同步地展现出来，而不是以旧式的和垂直的姿态表露出来。权威曾通过非常强健的过程，即家庭、邻里和村社的社会化，缓慢而有序地运作。权威曾经以地方权力为核心，它是多年训练和学习的产物，大多数都是无意识的。

在传统社会，而且一直到 19 世纪，个人的自我一直被置于"面对面"权威的近乎专断的控制之下。个人在受到保护的环境中被型塑和改造，当他或者她被解放而进入社会时，可以说，其

---

① 参见 Lawrence M. Friedman, "Litigation and Its Discontents," forthcoming, *Mercer University Law Review*, 40 (1989), 973。

个性已经完全定型了，如同被从茧状硬壳中放出来的蝴蝶。相反，现代人从一开始就被暴露在一个外部世界，处在这种外部世界的全部力量、难以置信的丰富形象和色彩以及无穷无尽的典范和建议的包围之中。这个过程实际始于出生之时，在电视时代尤其是这样。儿童在还几乎不会区别形状和声音的时候，就要面对这个大图画盒子，里面是当今流动世界的各种形象。

法律与权威一样，在传统社会也是垂直的。它的运作强劲而依循习惯，古老并由地方权威所强化；法律的起源似乎是遥远的、神秘的、超人类的，来自我们不能看到的更高权威的领域。在描述中世纪或部落文化时，没有什么能比其中那种生活的狭隘性和存在的静止性更能强烈地打动读者了。个人及其氏族似乎居住在一个很小的光圈里，已知的和熟悉的领域被一个无边的和未知的世界包围着，那个未知的世界充满了善与恶的虚幻精灵。但是，在今天最简陋的小屋内，也有一道力量强大而神奇的光束从外部世界照射进来。现代的法律与以前的法律不同，它是平行的、万花筒似的，它是不断流动的，它是一个社会中各种选择拼接起来的复合体。从理论上说，它是由具有同等地位的人们构成的，所有的人们都自由地依据展示在他们面前的典范和景象来构筑或转变他们的生活。

在那种现代法律制度中，没有什么能比有组织的利益集团发挥更大的影响力了。它们施加压力的方式是在立法层面创制规范，并且通过集团诉讼在法院或者经由法院创制规范。法律似乎越来越成为社会运动的产物。[①] 然而，这却是一个个人的时代。

---

① 参见 Joel F. Handler, *Social Movement and the Legal System: A Theory of Law Reform and Social Change* (New York: Academic Press, 1978); Lawrence M. Friedman, *The Legal System: A Social Science Perspective* (New York: Russell Sage Foundation, 1975), pp. 148-165。

这两者之间有矛盾吗？其实没有。正如乌尔里希·贝克（Ulrich Beck）所指出的，电视"既使人与外界隔离又使人标准化"，它松弛了传统的生活模式，向大众同等地展现"从火奴鲁鲁到莫斯科再到新加坡"的体验；电视创造出一个"孤独的、隐居式大众"的世界。① 这些民众从电视上看到的生活模式——虽然它们没有展示全部地域和文化多样性——相比那些生活在封闭而狭小的世界里的人们所能获得的模式和典范，具有难以形容的多样性和世界主义的广博性。而如果没有电视，可能大部分观众都要生活在那样封闭的世界中。

电视促进了平行"利益"团体的形成，并为此提供了机会。没有平行的影响和交流手段，这样的团体在社会中不易出现。在现代社会，个体主要通过他们所归属或者代表他们的团体来影响公共事务。团体本身可能是纯粹的志愿者的联合，如全国性的集邮爱好者团体、养殖火鸡的农场主商会以及监狱改革推动者群体等。其他团体由"不可改变的"集合构成，例如基于女性性别或种族的团体。但是即使在这些情况下，决定是否参加团体和在特定的事务中表现活跃，仍是个人选择的事情。关于利益团体在制定法律和影响公共事务的问题上所实际发挥的作用，存有诸多学术争论。在真正的"团体市场"的意义上，西方社会是一个真正的多元主义社会吗？还是说它处在可见或不可见精英（他们隐藏在多样性幻象的背后）的操纵之下？争论的任何一方都不否认，至少多元主义和大批利益团体具有某种作用，对于一些观察者来说，这些团体使现代政治体（polity）中的一切其他要素都相

---

① Ulrich Beck, *Risikogesellschaft: Auf dem Weg in eine andere Moderne* (Frankfurt: Suhrkamp, 1986), p.213.

形见绌。

压力团体的存在归功于现代交往沟通的手段。团体成员也许空间上相距遥远，他们共享的是相似的选择偏好。他们通过发送简讯、小册子和电话留言等方式互相交谈。他们通过电子手段施加影响，而不是通过在街头和在某地聚众闹事的方式施加压力。

现代个人主义的基础是选择的观念。甚至所谓的"一致性"实际上也属于选择的事务。人们选择他们愿意与之保持一致的团体，保持一致意味着与某个特定的同等身份群体或多或少出于自愿的联合，"一致性"的概念明显是现代的，它暗示有不一致的可能。在真正的传统文化中，没有"一致"这样的概念，因为与社会规范事实上维持一致是理所当然的。在传统社会，身份是无所不在的。个人当然要与他的氏族、部落、宗教保持一致，要与群体的习惯保持一致，要与有关性别和年龄角色的明确而详细的要求保持一致。这些角色和习惯看起来是固定和不可改变的，并且在短期内它们确实是这样。团体的成员不加疑问地接受了它们。我们大多数人都在短期内体验过所有这一切。

在传统社会中，没有"生活方式"这样的词汇。实际上确有生活的不同方式，但是那不是可以选择的事情。按照现代的心理学呓语（psychobabble），一种生活方式总是包含选择的观念，无论这种概念多么模糊。简言之，现代的团体从属者尽管也许会像绵羊一样行为，但至少可以选择他们所从属的羊群。

因而，"一致性"这个概念以两种不同的方式成了选择的首要性的标志。第一，从其讥讽意味和贬义来说，"一致性"标志着自我卑下；第二，其承认选择是在决定与哪个团体保持一致以及选择什么样的团体时的固有部分。冲击我们的信号——广播的声音、电视的画面以及无处不在的广告——给我们提供了惊人的信息量。典范和提示如此之多，以至使得人们感到，他们不必再固守古老的、流传下来的首属群体的典范和准则。甚至在家庭的私人空间或者乡村生活的界限内，外部世界仍然影响着她。名人是传递新的典范和模式信息的强力载体，他们是选择生活方式的生动体现。

就生活方式而言，选择和同意的观念极其重要。至少在理论上，个人塑造并重塑着自我。在人的一生当中，这确实被认为是她主要的功能和任务。而现实则是另外一回事了。如同我们所说的，选择可能完全或者部分地是一种错觉，而塑造自我——一个无止境的事业——可以被降至琐细的、自我陶醉式的日常生活决定，所涉及的不过是衣服、假期和唱片专辑之类的东西。

但是，关于现代生活是自我选择的生活这种信念仍然包含着很多真理，或者具有真理的外观，这一信念哺育这一生活态度并使之常青。对广大民众来说，他们有空间和社会流动的手段。至少对中产阶层来说，他们有转变宗教信仰的自由、转移住处的自由、更换工作的自由、变换发型的自由、更换崇拜偶像的自由。即使定居在单一地点的人们，从社会和心理层面也接收着来自媒体的流动性信息：他们从电视和电影场景中看到世界无限的多样性；他们通过令人着魔的屏幕看到几乎使他们手舞足蹈的舞蹈动作。所以，世界上异常丰富的各种模式，不管观察者们是否享有它的益处，都逐渐被当作正常的、自然的和出于本能之物而接受。至少，接连不断的信息流将一些想法传入人们的大脑。这些想法是法律文化的基本要素，而法律文化是法律的"建筑师"和"机械师"。名人文化表达的是平行而非垂直组织的权威；是通过电子技术传播的，而非经由家庭或村庄的方式传播；是通过选择的体制来表达的，而非通过那些强调等级或自我控制的体制来表达的。当然，所有这些都有程度上的差异。家庭没有消亡，父母的权威仍旧令人敬畏，旧式的宗教和旧式的爱国主义仍然对许多人施加巨大的影响。重要的区别仍存在于边缘处，这造成了社会自身的差异。

面对如此众多的可能选项，不存在单一的反应模式。人们把可供选择的事项视作对他们开放的，至少部分如此。或者如果他们将它们视作对自己封闭的，那也是因为他们自己选择如此或自己存有某种缺陷。如果某个人不能像猫王那样唱歌，至少可以穿得像他或者购买他的唱片。但是面对选择事项时，人们可能也有负面的反应，比如感到愤怒和挫败。这些反应达到极端就可能导致暴力和犯罪，下一章将会讨论这个话题。还会有冷漠或绝望的反应：世界看起来丰富多彩，但是观察者们自身所处的环境可能使其感到单调乏味、心情郁闷和不如人意。不过，这种绝望也是透过向选择的世界敞开的窗户进来的。

二、操纵与依赖

西方社会相对开放，社会舆论在其中发挥了重要的作用。如同我们提到的，此处的论点并不要求选择必须是真实的或反映公共意见的。这些选择可能非常虚幻，就像一位魔术师的戏法一样。媒体和观众之间给予和获取的关系也同样如此。什么是处于实际控制地位的？媒体是在回应公众，还是其实表达着隐蔽或公开的权力结构的愿望？他们在无耻地操纵公众吗？如果消费者认为他们在自由选择,这是一个神话,还是一种意识形态?

这些都是严肃的问题,但是它们超出了本书的范围。不过,我还是要适当做些评论。在名人文化中,推动力和影响力似乎在朝两个方向展开。一般而言,权威依赖于它的公众。市场调查、投票、票房收入以及电视收视率,所有这些市场本身的手段或者是为了统计选择的情况,或者是为了弄清消费者已经或即将做出何种选择。权威需要这种信息,它贪得无厌地探测公众的需求和想法。不参考神谕般的民意测验,如今的政府几乎不会采取任何行动。将领导者与民众联系在一起的是一种双向互惠的依赖关系。例如,美国的总统必须是一位"大众的领导人",而"修辞术"就是该职位的核心或"心脏"。总统"有责任不断地公开为自己辩护,在全国范围内推动政策的创制,以及激励国民"。[1]

这样说来,公众看起来是全能的。同时,只有天真的人才会认为领导果真是人民卑微的仆人。正是在劝诱和咨询的过程中,领导操纵了公众。所有这些花言巧语和公共关系,所有这些鼓舞和"激励"的关键点在于要能像捏面团一般拿捏民众,即要找到试图设计的形象、需要使用的宣传手段和最具说服力和欺骗性的信息。政府在公共关系领域行使权力,从事活动。权力至多能与大众的愿望相互影响,很难说完全源于大众的愿望而运作。现代社会的新闻界和电视媒体之所以非常强大,恰恰是因为这种相互影响对于领导者非常重要。在某些方面,媒

---

[1] Jeffrey K. Tulis, *The Rhetorical Presidency* (Princeton, N.J.: Princeton University Press, 1987), p. 4.

体具有同政府一样强大的力量,因为政府十分依赖它们。① 西方社会的精英都享受和使用他们的名人身份,这使他们依赖媒体,并且通过媒体依赖公众。

在一般的广告与"消费主义"之间,也出现了同样的相互影响。在典范模式与效仿典范模式者之间,在领导者与追随者之间,都不存在简单的单向命令关系。当然,消费者主权(consumer sovereignty)完全是一个神话。没人相信它,即使是那些使用这个概念维护自身社会地位的巨头们也不相信它。然而公众并不仅仅是传媒业者手中操纵的工具。观众可能是非常善变的,消费者可以瞬间改变他们的忠诚。不管市场调查的前景如何诱人,广告和促销方面投入的美元数额如何巨大,广告和市场的历史上都充斥着惨遭失败的产品的遗迹。

当商人和美国体制的辩护者以无辜受害者的语气声称他们不会欺骗公众,或者制造虚假、无用的需求时,他们并不完全是伪善的。他们说,市场是由公众摆布的,他们只向公众提供其所需的东西。如果公众需要绿色的牙膏,这就是他们所能够得到的产品。显然,没有任何广告能够以性行为有害健康或者是极大的罪孽为理由,说服芸芸众生放弃性行为。然而广告可能促使人们更换肥皂的品牌,或者使得他们每次进餐后不刷牙就觉得自己不清洁。还有,自艾滋病出现以来,广告就一直在推销"安全性行为"的观念。广告也传递着人们普遍欢迎的信息:购买合适的产品能够带来巨大的满足;购买自己喜欢的肥皂、用于早餐的谷类

---

① Tulis, *The Rhetorical Presidency*, pp. 186-187:"新闻媒体已经以自治机构的形态出现,它既是总统倡议的帮手,也是对手和妨碍。"总统现在"需要参与整套预期的新闻故事,当他构思一次演说或声明的时候"。

食物和内衣有助于使自己满意。①

　　社会中的男人和女人总是受到强大却看不见的约束，而这种约束影响他们的选择，有时甚至具有决定性。这是现代社会学和人类学向我们传达的主要信息。广告商潜意识的信息可能是限制和塑造需求的重要因素，但是外界的规范更加重要。这里，木偶操纵者的手法是巧妙且灵敏的，而木偶没有意识到提线的存在。人们乐于感到自己是命运的主宰者，他们也许是正确的，西方的人们可能是命运的主宰者，并且可以以先辈无法想象的程度做出选择。但是，同样真实的是，他们也在先辈无法想象的程度上受到操控。

　　相对论和决定论是争论的一个方面，关于选择的主观意义是争论的另一个方面，这些观点之间存在一种紧张关系。普通人不是这场伟大争论的一方。人们从未看到过自己社会的公理和原理，这些公理和原理距离人们太近了，以至于不可见。自由选择及其价值即是这些公理之一。自由选择的限度甚至更不可见。"选择"实际上是在不同典范模式之间的选择。这如同在商店里选择一个衣柜。选择是真实的，但是受到价格、款式和库存量的

---

①　将这一点与马坎德（Roland Marchand）的《广告美国梦》（*Advertising the American Dream: Making Way for Modernity, 1920-1940* [Berkeley: University of California Press, 1985], p.339）对比。马坎德认为美国人对于现代化的反应是将他们的生活分成"两个不同领域：一个是严酷、理性、竞争、非个人的工作和经济交往的领域；另一个是温和、多愁善感、亲密的家庭生活和良好的个人关系领域"。但是这样"严格的"区分被证实为并不完全令人满意："心理满足的渴望和个人的相互作用杂乱无章地从亲密的私人世界溢出到经济交往的公共领域。"而这种"溢出"，在我看来，是 20 世纪个人主义取代 19 世纪个人主义的一大特征。

　　在某些女权主义著作中会发现与马坎德相似的二分法，将妇女特殊的"声音"或"领域"同男性的做对比。请参见第 10 章有关卡罗尔·吉利根相关观点的论述。

限制。消费者只能购买被放在货架上的东西,即商店实际提供用于销售的东西。同样,传媒没有提供的——或者更一般地说,社会没有提供的——就不能成为选择的对象;在这种情况下,消费者甚至从不知道存在这些选择的可能性。

第 8 章　犯罪、性与社会分裂

　　几乎没有任何事情能像犯罪问题那样使美国人心神不宁。在美国，暴力犯罪以及（也许）更一般的犯罪，在上两代人中都似乎有了显著的增长。而在其他西方国家，犯罪就不是一个那么严重的问题——人们走在伦敦或者罗马的大街上要比在纽约更少些恐惧——但是在意大利和英国，人们对犯罪问题的关注正在像美国一样明显增长。根据现有的证据来判断，尽管欧洲国家的起点比美国低，但这些地方的犯罪数量也增长了。

　　要计量犯罪绝非易事；犯罪行为通常不会自我宣扬。而且，犯罪在很大程度上是一个社会界定的问题，因而一个国家可以通过在刑法典中增删条款来增加或减少犯罪。但是这些多变的犯罪，这些在法典中增删的条款，尽管在其他方面可能很重要，却一般并不是那些构成"犯罪问题"的东西。如果我们把自己限定在那些较为持久的和变动性较小的犯罪上——像谋杀和持械抢劫犯罪——计量的问题就变得有些较易于处理了。较旧的统计资料比现今的更缺乏可靠性，这使得犯罪史和刑事司法史不堪卒读。然而近些年来，历史证据确实指向了一个总体方向。在西方，暴力犯罪在 19 世纪总体上减少了，每一千人中的谋杀、伤害和非法侵入他人住宅犯罪变得更少了。但是这种清平气象到 20 世纪早期的时候就已结束。犯罪率开始增长，尽管相当缓慢，一直持续到大约第二次世界大战结束。就在那时,犯罪率开始飙升。在跨国的趋势中,有着惊人的相似之处。犯罪的数量可能不同——比如,纽约的犯罪数量就比伦敦多得多——但是不论在哪里,只要认真研究就会发现,犯罪的曲线图的形状都非常相似。①

犯罪自19世纪早期以来的进程(如果可以这么说)充满了大大小小的谜团。有关犯罪原因的理论林林总总。有些强调这样或那样的社会或经济因素:商业周期、城市化、种族差异、人口模式、出生率和同类群组(cohort)规模,以及就业和失业。如果不大量篡改和压缩数据,这些中的任何一个因素都很难与犯罪的历史曲线相符。然而,严重犯罪和暴力犯罪很明显是社会、经济、文化现象。如果谋杀在日本比在美国更少见,那么这不是偶然的。无疑,如果要指出一些明显的因素的话,战争、经济萧条、城市的兴衰、青年男子在总人口中的数量等都能解释曲线图中的一些起伏跌涨,但是它们却无法解释基线。这必须由那些深嵌于社会框架中的事物来解释。我们一直讨论的文化形式变化,以及我们观察世界的方式和个人主义类型的变化,从理论上讲,也都深刻地影响着犯罪率和犯罪形式。

看来似乎很明确:"所有在社会网络中探寻犯罪根源的犯罪解释,都可以被简化成一种对削弱了道德共同体的境况的描

---

① 关于这一点,参见 Ted R. Gurr, Peter N. Grabosky, and Richard C. Hula, *The Politics of Crime and Conflict: A Comparative History of Four Cities* (Beverly Hills: Sage Publications, 1977); Roger Lane, "Urbanization and Criminal Violence in the 20th Century: Massachusetts as a Test Case," in H. D. Graham and Ted R. Gurr, eds., *Violence in America: History and Comparative Perspectives* (Washington: U. S. Government Printing Office, 1969); James Q. Wilson and Richard J. Herrnstein, *Crime and Human Nature* (New York: Simon and Schuster, 1985), chap. 16。

述。"① 其中无疑有生物学理论，这种理论认为犯罪肇始于基因和染色体。尽管这种观念一度非常流行，但今天相信"天生犯罪人"的学者已经不多了。② 罪犯毋宁说是一个抚养不善、管教不当而没有被成功地社会化的人，以至于从事了那些为社会所谴责的行为。诚然，犯罪有很多动因，例如极度的饥饿。自我保全是比遵守法律效力更高的法。饥饿曾是盗窃的一个主要诱因。在英国，1800 年有许多人都是为了得到面包或养活孩子而偷窃——都是些像伊莎贝拉·菲尔(Isablla Fell)一样的人。1830 年，她从一个商店柜台里偷走了三块方巾，因为她"极其穷困，而且已经两天没有吃过面包了"；或者人们也像玛丽·安·沃德(Mary Ann Ward)一样，她从一个公寓里偷了一块毯子、一个烛台、两个枕头，以及其他一些东西。"我有个失明的母亲，而我不能坐视她挨饿不管。"③ 不论整体繁荣和福利国家有什么样的缺点，它们已经改变了这种景象。饥饿和为了活命而铤而走险在解释现代西方社会的人们为什么偷窃时，已经不再是主要的因素了。

现今的理论寻求其他解释。詹姆士·Q. 威尔逊(James Q. Wilson)和理查德·J. 海因斯坦(Richard J. Herrnstein)的主张的核心在于"道德共同体"及其弱化。威尔逊和海因斯坦指责了社会化过程的变化。儿童培养方面的读物已不再强调谆谆教诲"道德和宗教原则的重要性"。人们曾一度认为孩子们"生来就

---

① Gwynn Nettler, *Explaining Crime* (New York: McGraw Hill, 1974), p. 195.
② 关于这一点，参见 Ysabel Rennie, *The Search for Criminal Man: A Conceptual History of the Dangerous Offender* (Lexington, Mass.: Lexington Books, 1978)。
③ 这些案例引自 the Old Bailey Sessions Papers (1830), No. 909 和 No. 1014 案件。玛丽·安·沃德被判有罪并处以七年的流放，伊莎贝拉·菲尔被判处三个月的监禁。

具有危险的冲动，因而需要抑制"，现在不再如此。新的论调是"无害的本能也是应该得到发展的"。以前社会化的关键在于发展性格，现在在于发展个性。19世纪的人们相信他们能够抑制犯罪，因为社会非常强调"冲动控制"。但是在当今社会，"教育人们自我控制的重要性，在一定程度上已经为激发人们自我表现的价值所取代"。① 换句话说，父母和老师曾经认为在孩子的性格塑造中，抑制是基本的要素。今天，对本能的压抑则被断然视为罪恶。孩子们被教以个性而不是服从，创造性而不是顺从。最起码主张就是如此。在儿童培养和教育的理论方面，在许多文化中都出现了沿着这些思路的转变。②

简而言之，威尔逊和海因斯坦认为：以牺牲秩序、纪律和等级制度为代价对选择、个人意志和生活方式的尊崇，必须对犯罪的大爆发承担责任。按这种观点，犯罪可以被称作社会为强调个人主义和选择而付出的代价。他们的观点的确有些道理，从强调自控到强调表现型个人主义的转化，或多或少地与犯罪的历史曲线数据相符。在19世纪，纪律、严格管制和生活习惯的适度原则被赋予极其重要的价值，惩戒机构（警察机关和监狱）的兴起和刑法典统一化程度的日益增长，可能也都有助于减少严重犯罪的发生率。（我们回头再讨论这些命题。）表现型个人主义在20世纪的兴起则可能具有相反的影响。

因此，引入一种"对自我控制的内在承诺"③ 的失败，可能

---

① Wilson and Herrnstein, *Crime and Human Natur*, pp. 420, 435；关于从"品行"到"个性"的转变也请参见 Warren Susman, *Culture as History* (New York: Pantheon Books, 1984), chap. 13 and 14.
② 关于教育中的文化转变，参见第3章。
③ Wilson and Herrnstein, *Crime and Human Nature*, p. 427.

是犯罪大爆发的一个看上去合理的原因。个人主义和它的现代变体——人格主义(personalism),使人们变得"自我中心主义"(如其字面意思所示)。这种文化并不教人们如何沉潜或者融入到一些比较大的组织、实体或事业中去。相反,它的首要责任就是对自我的责任,而且人生第一要务就是发展自我。但无论以什么标准来衡量,并不是每个人都可以处理好这一要务。并不是每个人能够精心设计出一条能带来个人满足和生命中美好事物的人生道路。个人缺点以及个性、家庭结构和社会情境的各种结合会孕育出惨淡的(从自我评估角度看的)失败之果,以及随之而来的极端不满。

在一些情况下,这些失败的自我转向了犯罪,这是一个比任何明显的替代方案都更好或者更易获得满足的方法。乔纳森·卡斯珀(Jonathan Casper)采访的一位没透露姓名的罪犯以这种直率的语气为自己的盗窃生涯辩护:"总有些东西是我想要的……像一辆新车和好衣服,而且或许有一天……一座漂亮的房子和东西。我知道要是光靠干活的话要 20 年、10 年才能得到这些东西……我想有辆车……我觉得,哥们儿,怎么才能找到活干而且攒够那 1000 块车钱还有那 500 块保险费呢?哥们儿,等到我能做到那一天,我已经是个老头了。"[①]

但是无论这种争辩有什么值得肯定的地方,也不能把对犯罪的所有责难都归结到社会化及其失败上。毕竟,20 世纪 80 年代大多数人都仍然很好地遵守着法律,尽管也注重自我表现。放任、娇纵的父母并不必定培养出犯罪的子女来,如果确实那样,

---

① Jonathan D. Casper, *American Criminal Justice: The Defendant's Perspective* (Englewood Cliffs, N.J.: Prentice Hall, 1972), p. 156.

那么社会就还得再建一百万所监狱。实际上,暴虐、严苛的家庭比温和、娇纵的家庭更易引发犯罪。① 因此,不误解此处提出的观点就很重要,它和那些老顽固们声称的管教严厉的父母比宽松的父母培养出的孩子更好并不一样。相反,正确的看法是,犯罪是一种与整体文化的变化有关的社会现象——尤其是文化中强调满足和自我而不是自控和戒律的变化。也许事实上溺爱娇纵的父母比那些冷酷无情的父母做得更好,恰恰因为他们并没有违背孩子的本性。

此外(而且这也是基本的),必须对一些微小的、边缘性的差异做些说明。引发一波犯罪浪潮并不需要很多人。探寻犯罪原因在某种意义上就像在一个干草垛里面找一根针。如果盗窃案件的数目翻番,那仍可能是个小数目,但两倍数目的家户和店铺会遭抢劫,房主和店主们现已经注意到了这种差异。当很小一部分人决定要犯罪时,犯罪问题就出现了。在较古老和传统的社会中也有些人决计去犯罪,但是很明显他们人数很少,而且原因可能也不相同。导致犯罪的原因并不必然保持连续和稳定,而是因不同时间与不同文化而有别,犯罪的定义和本质、作案手段、犯法者的净数量更是如此。

除了犯罪外,对失败还有些其他的反应——自暴自弃,堕落消沉——而且有些失败的自我只是不断地重蹈覆辙,或者以逆来顺受告终。这些人和那些犯法者很难说有什么区别。很明显,环境、同辈群体和邻居都起着某种作用。但对它们究竟有多大作用,人们一直争论不休。经济、失业率以及政治事件的作用也同

---

① 关于这一点,以及对更保守的犯罪理论的总体评论,请参见 Elliott Currie, *Confronting Crime* (New York: Pantheon Books, 1985), pp. 186-210。

样重要，但是却难以评估。然而关于有个可能的因素——刑事司法制度——仍需要多说几句。

一、刑事司法制度

一些学习刑事司法制度的学生——而且还有很多普通人——都将高犯罪率部分归咎于法律制度本身。在一般人眼里，这种制度还不够严厉。它已经在"娇惯"罪犯的方向上走得太远了。它已经从纯粹的惩罚、训诫、管制和严苛，转向（过分）坚持个体化地对待犯罪人。在这一过程中，它失去了獠牙，因而也就失去了阻止犯罪行为的能力。与这些批评相反，自由主义者担心被告的权利，他们要保护和扩张正当程序。每个被告都是一个独特的人，每个案件都必须在个体化的基础上处理。另一方面，典型的保守主义者要求刑事司法制度更加严厉——这也是处理罪犯和惩罚犯罪的最古老的方式。赫伯特·帕克（Herbert Packer）阐述了在正当程序和犯罪控制这两种刑事司法模式之间持久的紧张关系。[①]

这两种相反的观点都很普遍，通常都以一种杂乱的方式被提出，都显示出表现型个人主义的影响并且各执一词。保守主义者把犯罪归咎于意志的腐化。他强调个人选择，但是那是罪犯的选

[①] 弗兰克·G. 凯灵顿写道："寻求保护罪犯的权利，排除守法者的权利，这已经导致了一个深入而持久的挫伤……这更明显了：刑事司法体制已经垮掉了，它既不能也不愿保护守法者了。"参见 Frank G. Carrington, *The Victims* (New Rochelle, N.Y.: Arlington House, 1975), p. 29。

赫伯特·帕克得出的刑事程序的"正当程序"和"犯罪控制"模式的区别参见 *The Limits of the Criminal Sanction* (Stanford University Press, 1968), pp. 153-173。

择。他选择了犯罪的生活，因而也就必须承担其后果。保守主义者还喜欢指出受害人也有权利。犯罪毁损了受害人的自由，它剥夺了每个人诸如在公园里的月光下安全地散步之类的简单快乐。自由主义者也将被告的失败看作一种社会的失败。他不能控制的环境决定着他走向犯罪。被告可能很穷，可能具有挫伤和阻碍自我而且丧失了选择的现实性的背景。缺乏教育、破裂的家庭、不良典范以及社会的分裂应当与个人自己一起承担责难。自由主义是一种社会理论，但是它把罪犯看作可能因为污秽事物的腐化影响、早年的贫困和有缺陷的家庭而不完全是自权人（sui juris）的人。这些剥夺了他本应该是所有人与生俱来的权利的那些选择。

实际上，许多刑事司法制度方面的专家觉得，这种制度的影响至多也是边缘性的，① 公众高估了它能合理实现的程度。如果根本就没有这样的制度——没有警察，没有法官，没有监狱——犯罪率也许会骤然增加。这是个几乎无法检验的命题，尽管，例如，在警察罢工（police strikes）期间会有一些"自然试验"（natural experiments）。约翰·菲利普·瑞德（John Philip Reid）还密切观察了在美国西部穿越大陆的旅途中的活法（living law），在那里旅行者数月都不受法律和命令的约束。② 但是即使这些事例也

---

① 例如，汉斯·兹塞尔主张，街头犯罪"不能仅仅通过警察、法院或监狱等体制性的机制而获解决"，相反，社会应该重视"犯罪的深层原因"。Hans Zeisel, "The Limits of Law Enforcement," *Vanderbilt Law Review*, 35 (1982), 527, 528.

② John P. Reid, *Law for the Elephant: Property and Social Behavior on the Overland Trail* (San Marino, Calif.: Huntington House, 1980); 参见 Johannes Andenaes, "The General Preventive Effects of Punishment," *University of Pennsylvania Law Review*, 114 (1964), 949, 961-962 (利物浦警察罢工；德国占领军逮捕了丹麦地方警察部队时的情形).

不必定说明问题。真正的问题是相对于"硬"制度而言的"软"制度的作用,更确切地说,通过拧紧西方制度中的螺丝还能获得多少威慑效果。作用可能微乎其微,一些措施甚至可能徒劳无功。把螺丝拧得过紧也不是现实可行的。法律和公众的观点都不会允许大量的逮捕、大规模的预防性监禁,或者恢复绞刑。相比刑事司法制度的波动,社会化将在引发或抑制犯罪率方面更举足轻重,或者更确切地说,更能影响犯罪率的波动。

然而,这个制度现在正在受到抨击,它面临着来自各个方面的、各种各样的严厉批评。无疑,该制度在许多地方都充满着政策与实践的矛盾,它有些时候是腐化的,而且在压制迫害和无效率的两极之间摇摆不定。反对派及其对立方围绕这一制度展开了拉锯战。在西方社会,个体化的司法被界定为一项基本权利。公众在原则上尊重这一规范,但在实践中,这一规范被公众对罪犯和改造他们的可能性上所持的深度悲观主义所抵消和冲淡。人们强烈要求以低成本、有效率的方式对待数量庞大的罪犯。如果犯罪的人因细节上的技术性因素而被释放,杀人犯或者强奸犯从监狱里逃出来,不管他们已服刑了多久,公民们都会为此震怒。

在现代(自由主义)理论中,一个被控有罪的人必须被当作个体来审判。必须将每个行为、行为人和受害人都看作是独特的,并且据此进行审判。我们必须确认被告是有罪的,他们不应成为一些可怕谬误的牺牲品。即使社会最终要为它的害群之马负责,在每个案件中罪过的程度也应当被仔细权衡。法官、陪审员和其他行为人应当依照特定事实来确定惩罚和责任。

与之相对的是数字上的沉重负担:男人和女人们被起诉的净数量。存在很大的加速审判和程序化的压力。因而,自由主义理论仍然停留在理论层面，实践就不同：除了极少数屈指可数的几个有影响的案件以外，到处都是仓促草率的、格式化的、马马虎虎、经费不足、粗心大意的案件。穷人是被告的时候，就更是如此。"一个热忱的律师的典范"，即愿意"竭尽全力地斗争，以证明表面上遵守了正当程序的公诉是有缺陷的"，在美国很少得到实现。因为结构性和经费上的原因，穷人的律师很少对他们的委托人表现得像个"卖力的律师"。[1]

例行公事的做法之一就是臭名昭著的辩诉交易。它用一种同意或选择的形式——常常是虚伪的形式——取代了费用较高和旷日持久的审判制度。[2] 辩诉交易是无数文献涉及的主题，受尽了批判。辩诉交易主要是个美国现象，尽管它在英国也被提及,[3]而且在其他国家的制度中也有类似的现象。辩诉交易有多种形式，最具代表性的是：被告同意接受指控的罪名，作为交换条件，检察官放弃一些指控或者要求法官判得轻些。当然，法官也这么配合。作为辩诉交易制度的一个重要后果，实际的审判在美国相应地就变得很少。在最近对美国 9 个州的一项研究中，真正审判的案件在抽样选取的案件中所占比例不到 8%。[4]

辩诉交易可能是个"你比划我猜"的猜字游戏，而且大部分被告都这么认为。但是这是个有趣的猜字游戏，它酷似同意、

---

[1] James Eisenstein, Roy B. Flemming, Peter F. Nardulli, *The Contours of Justice: Communities and Their Courts* (Boston: Little Brown, 1988), pp. 287, 288.

[2] 例如，关于辩诉交易可参见 Milton Heumann, *Plea Bargaining: The Experience of Prosecutors, Judges and Defense Attorneys* (Chicago: University of Chicago Press, 1978)；关于它在美国的历史，参见 Lawrence M. Friedman, "Plea Bargaining in Historical Perspective," *Law & Society Review*, 13 (1979), 247。

[3] John Baldwin and Michael McConville, "Plea Bargaining and Plea Negotiation in England," *Law & Society Review*, 13 (1979), 287.

[4] Eisenstein et al., *The Contours of Justice*, p. 231.

参与和自由选择——换句话说，酷似一场真正的交易。辩诉交易是个普通法上的制度。它源于普通法的这种做法，即要求被告必须提出有罪或无罪的抗辩。交易以后，被告形式上接受部分或者全部的指控，并且认罪。在其他国家的制度中，辩诉交易——如果有的话——采取了一个不同的形式。在西德，被广泛地采用的"刑事令"（penal order），多少与之有些相似。这是一个"由控方准备好且由法官签署的法院命令"，它陈述了犯罪内容，列举出了犯罪的证据，而且提出了具体的刑罚。如果被告"在一周之内不以书面形式或者亲自提出异议"，该令就直接生效，而且与审判中的判决具有同等效力。[1] "刑事令"与辩诉交易一样都具有同意的外观。

当然，对同意的强调并不是现代独有的现象。许多法律制度都看重供认，有些制度是如此急切地希望被告供认，以至于对他们进行刑讯逼供。[2] 换句话说，供认比比皆是。现代的供认被假定为自愿的。被迫的供认是非法的、无效的，更不用说通过刑讯逼供所获得的供认了。[3] 使用刑讯的那些体制似乎完全是野蛮的。

但是，那些在过去使用刑讯手段的人并不必然是野蛮人（现代的刑讯者们倒可能是）；他们只是生活在一个具有不同文化的世界中而已。供认的罪犯，即使经历了拷打，也重新肯定了他之前违反的那些规范，他遍体鳞伤的身体又被整合到他胆敢冒犯其内在秩序的等级的社会中。供认的价值也在于此。在选择的共和

---

[1] William L. F. Felstiner, "Plea Contracts in West Germany," *Law & Society Review*, 13 (1979), 309, 310.

[2] 参见 John H. Langbein, *Torture and the Law of Proof* (Chicago: University of Chicago Press, 1977) 中的记述。

[3] 参见 Ashcraft v. Tennessee, 332 U. S. 143 (1944)。

国里，供认仍然非常有价值，它肯定了法律程序，并使这种程序得以正当化。而同意就是一切。法律（有时伪善地）坚持供认必须表现最纯粹的自由意志，否则就毫无价值。

各种问题和困难都困扰着刑事司法制度，但是，问题的基本根源可能是——再次引用赫伯特·帕克的分类——在犯罪控制和正当程序之间的冲突。现代制度不安地摇摆于严惩理论与宽宥理论之间。这种紧张关系并不新鲜。正如道格拉斯·海伊（Douglas Hay）在他的鸿篇长文中描述的那样，18 世纪英国的刑事司法以大批量的宽赦调和了它血腥的法典：在王座和高等法院法官们的宽恕和恩惠下实行特赦和减刑。它因此就获得了两种极端形式都不能获得的特定功效。① 现代法律反对古典的宽宥模式，用现代眼光来看，这种做法太过于父权制、家长式和等级制了。确切地说，那些对于王室和贵族有效的 18 世纪的某些宽赦，在一个选择的共和国里已经不适宜了。在我们的时代，宽宥甚至更为广泛，但是它采取了制度性的形式：正当程序本身、第二次选择、科层制的假释委员会以及因表现良好而获得的减刑。

二、越轨行为与控制

正如可预见的那样，对个人主义和个人选择的尊崇已经显著地影响了对犯罪的界定和惩罚的模式。每个社会都有它自己处置违禁行为的方法。对犯罪和惩罚的描述本身就是很有意思和重要

---

① Douglas Hay, "Property, Authority and the Criminal Law," in Douglas Hay et al., *Albion's Fatal Tree: Crime and Society in Eighteenth Century England* (New York: Pantheon Books, 1975), p. 17.

的。它也为人们探索社会意义提供线索。刑法以多种方式组成了"法典":这个文本承载着某些人关于法律文化的暗示和迹象,这些人在社会中操控、撰写、颁布、支持和解释这些法律。一个社会是否将这种或者那种行为贴上犯罪标签,具有类似诊断的重要特性。大众对于犯罪原因和根源以及控制和惩罚犯罪方式的观点,也是具有重要意义的社会因素。

法律文化中既有连续性又有变化。谋杀、盗窃、纵火和持械抢劫在所有有组织的社会中都被禁止和严厉惩罚,并且时时与本书主题有关。这些犯罪的定义确实有微小的变动,而且执行的实践无疑变化更大,但是变化从总体上来说是相当细微的。追溯刑法典中较易变动的部分是一种理清法律文化脉络的较为容易的办法。出于这一目的,我们将考察所谓的无受害人犯罪(victimless crimes),尤其是那些与性行为有关的犯罪。越轨行为和道德败坏在过去大约两个世纪里被反复不定地界定着,执法的努力以非常有趣的方式从这边摇摆到那边,然后又倒回来。

诸如私通、通奸、卖淫和性变态之类的违法行为,在西方社会已经是公共政策的重要关注点。几乎所有的社会——而且几乎所有的法律制度——都在允许的和禁止的性行为之间划出了界限。这些年来,边界已经有了很大的变动。目前的趋势是强烈倾向于支持使传统的法典宽松化,反对严厉的法律禁止成年人之间许多自愿的性爱形式。换句话说,法律倾向于以这样的方式界定边界,以便使选择成为核心标准。自由选择的行为不应被贴上犯罪的标签。法律应该惩处那些暴力的或者具有胁迫性质的性关系,或者与不能做出成熟选择的人——最明显的如孩子——发生的性关系。对成年人自愿的行为而言,所有的事情,或者几乎所有的事情，都应该被准许。

这种针对所谓无受害人犯罪的规则的放松，与过去的法律形成了鲜明对照。实际上，"无受害人犯罪"这一术语本身已经多多少少对事情做了预先判断。行为都是自愿的，没有强力或者强迫介入，所以也就没有受害人和损害。两个自愿的成年人之间的私通就是典型例证；作为一种犯罪，它已经基本从制定法文本中消失了。

"无受害人犯罪"明显是个现代概念。这种观念在过去是不可能的甚或不可想象的，例如在清教徒时代的马萨诸塞和18世纪的英国。在马萨诸塞湾殖民地，犯罪等同于罪孽(sin)，[1] 既然上帝无所不知无所不晓，而且会施罚于有罪孽的人和群体，那么把这些行为叫作"无受害人的行为"就会显得不合情理。社会本身就是受害人。犯罪和过失触犯了被神圣地创建的秩序，他们也有破坏社会结构的危险。政府的一个主要功能就是控制和惩治这种行为。

私通在马萨诸塞湾殖民地是十足的犯罪。在17和18世纪，私通事实上是马萨诸塞唯一一个经常受到惩罚的犯罪。[2] 总体说来，对于私通的惩罚并不特别严厉：鞭挞、罚款、戴枷锁、强制结婚(如果那是惩罚的话)。不过，私通行为还是很严重。犯罪控制一如既往地反映了殖民地统领们的价值观念，而且预设了它等级制的形式。殖民地的社会精英们坚定地相信传统的权威——

---

[1] William E. Nelson, *Americanization of the Common Law: The Impact of Legal Change on Massachusetts Society, 1760-1830* (Cambridge, Mass.: Harvard University Press, 1975), p.39.

[2] Ibid., p.37; Lawrence M. Friedman, *A History of American Law*, 2d ed. (New York: Simon and Schuster, 1985), pp.72-74.

上帝、《圣经》和那些以神圣的戒律行使统治的地方长官的权威。

到了 18 世纪，刑事司法的目标和方式就已经处在变化过程中了。反对私通和通奸的法律得到更少的有力执行。17 世纪的道德主义衰退了。私通仍然出现在有关法律的纪录中，但这些纪录表现的重点已经不同了。有关私通的法律强制父亲抚养他们的私生子，[①] 也就是说，它们与济贫法关联起来了。到 19 世纪，反对私通和通奸的法律甚至执行得更软弱无力。刑法典无疑还继续谴责道德犯罪，然而根据现有的资料判断，不管在英国还是美国都很少有人因为道德犯罪而被逮捕、起诉和惩处。[②] 社会变迁部分地使这种情形变得不可避免。除非在一个小型的、喜欢闲言碎语的、排外的社群里，否则这些"犯罪"都不易被查获。在较大的城市里，由于人口或强或弱的流动性，性不检点行为很难暴露，更少有人知道或者关心隔壁邻居的道德问题。

但是执行问题没有揭示出问题的全部。举例来说，在许多州，法院会因为一方通奸而准予离婚，但是这并不意味着被告人因通奸犯罪而被起诉。一些刑事制定法的文本也以发人深省的方式发生了变动。例如，在伊利诺伊州的法律中，诸如此类的通奸就不是一个可惩处的犯罪，只有"公开状态的通奸或私通"才构成犯罪。[③] 换句话说，通奸是一种针对公共道德的犯罪，而非针对上帝的罪孽。刑事司法和秘密的、隐蔽的、偶然性的通奸行

[①] Hendrik Hartog, "The Public Law of a County Court: Judicial Government in Eighteenth-Century Massachusetts," *American Journal of Legal History*, 10 (1966), 282, 299–308.

[②] 例如，在印第安纳州的一个村庄中，1823 年到 1860 年所有的性犯罪只占到了被起诉犯罪的 2.4%。David J. Bodenhamer, *The Pursuit of Justice: Crime and Law in Antebellum Indiana* (New York: Garland, 1986), p.140.

[③] Illinois Crim. Code 1874, chap. 38, sec. 11.

为无关，它只关心那些不光彩的公然藐视传统规范的行为。

将这种变化与19世纪的个人主义联系起来是十分吸引人的。正如我们注意到的那样，在那个时期，个人主义意味着职业生涯和政治上的自由，以及一种在个人生活上的自我控制的强大权力。一个优秀的男人应该是勤奋、雄心勃勃、具有上进心而且遵从传统道德的。一个好女人也应该是纯洁、恭顺、温良而且安守本分的。一些反常的特征——特别是"道德败坏的行为"——深深地植根于人类的本性，难以杜绝，而且具有社会危险。如果他们的自我控制失败或者有缺陷，那么他们就是危险的，如果他们反对自我控制本身，那么他们就是极其危险的。社会的领导者们可能会下意识地担心，如果人们失去了对自身的掌控，如果他们屈从于诱惑和不加节制地自我放任，那么整个社会秩序可能就会解体。自我控制是规制道德的那些法律的主题。在政策上应精心制定出一套权威的法律秩序和结构，它们将使自我控制居于支配地位，而且抑制那些缺乏自我克制的意愿和能力的人，还有那些用语言或行动公开攻击这些规范而威胁到自我控制这种统治模式的人，或者那些偏离这种观念过远或过甚的人。

在社会上受尊敬的人和那些社会的领导者们，并没有天真地认为对道德败坏的斗争可以毕其功于一役。罪孽、性泛滥和一般的放荡并不能被完全消灭。人们的目标将是把这些过分的行为控制在一定限度内，羞辱它们，把它们驱赶到地下，通过这么做维护规范性秩序的结构。规范、规则和惯例必须明确，越轨行为是不当的，必须在实践中被认定为非法。这种规则也将（并非附带地）限制那些违法的不法行为的总数量。宣称反对道德败坏的法律从没有被执行过，而且也不能被执行，是很容易的——例如把禁止吸食大麻的法律看作荒唐可笑的失败而予以嘲笑，就是一种传统观点。但是如果人们除非以违法为代价就不能吸食毒品，那么请恕我直言，他们也就不能、不愿去像今天那样自由和频繁地在光天化日之下吸毒了。一些胆小的和习惯守法的人将会掂量掂量，或者克制自己不去吸食或尝试毒品，因为这些行为是违法的。

禁止性的法律至少会影响吸食毒品的时间、方式和行为。不论社会费多大的力气去执行压制性的法律（一般不多），道德败坏和赌博都不会一下子灭绝。但是这并不意味着这些法律就没有作用。它们可能具有相当大的影响，包括对实际行为的影响。在禁酒（Prohibition）期间，酗酒的人的确少了，而且死于酒精中毒的人也相应地少了。许多有关道德的法律的最终落脚点都是通过将某些行为宣布为非法而限制和控制这些行为。

那些在社会中掌舵的人下意识地在摸索一种执法的恰当水平，一种对行为控制的投入和这种投入能获取的控制量之间的平衡。这是在捕食者与被捕食者、狼与羊之间寻求平衡。当我们回顾历史时，19世纪的法律和法律安排易使我们产生十分伪善的印象：喝酒的立法者通过了禁酒的法律；赌博和逛妓院的男人们通过了禁止赌博和卖淫的法律；过着奢靡和隐蔽的淫逸生活的人写书夸赞维多利亚时代的假正经。但是"伪善"这个词并没有抓住维多利亚时代的精神，这些法律并不是被一些玩世不恭的人通过的，他们也并不打算让这些法律成为无效的摆设。立法者毫无疑问对他们的法律抱有真心，他们希望这些法律成为控制手段和限制措施；他们就像今天的立法者一样，自己制定禁止超速驾驶的法律，但是他们自己也会违反。然而这些法律并不是伪善的，也不是毫无意义的。

那么，惩治道德败坏的法律应该确曾有意影响行为。它们也确曾打算表达一定的社会观念，将一些危险的行为认定为越轨行为，并限制这种行为，并且（最重要的是）迫使其转到地下。这可能就是所谓的维多利亚式妥协的实质。更古老的法律将性侵犯当作普通犯罪处理，这在今天看来似乎未免严酷而带有神权色彩，而且无论如何毫无实际用处。罪孽，只要它还只是罪孽，就不是一个压倒一切的问题。当它只是罪孽的时候，它就还不是一个社会问题。另一方面，罪孽的公然施行则是一种对道德秩序的真实威胁。因为这种举动或者展示了一种自我控制的失败，或者更糟糕的是对自我控制本身的蔑视。

三、监狱

19世纪后犯罪与刑法体制中的其他重要变化也与我们的论题相关。矫正体制中的一个重要变化就是监狱系统的兴起。监禁在19世纪之前并不是惩处严重犯罪的常用办法。那时的监狱主要是用于关押债务人和那些等待审判的人的，其体制草率而腐败。早期的监狱后来被大型的、专为刑事目的建造的森严堡垒所替代或补充，这就是现代监狱。到19世纪中叶，它们已经成为英格兰、美国北部和法国的标准式样。[1] 一些历史学家考证这是

---

[1] 关于监狱的兴起尤其可参看 David Rothman, *The Discovery of the Asylum: Social Order and Disorder in the New Republic* (Boston: Little Brown, 1971), chap. 4; Michel Foucault, *Discipline and Punish: The Birth of the Prison* (New York: Vintage Books, 1979); Adam J. Hirsch, "From Pillory to Penitentiary: The Rise of Penal Incarceration in Early Massachusetts," *Michigan Law Review*, 80 (1982), 1179.

美国的伟大发明。如果确实如此，那么监狱很快就传到了欧洲，或者在那里被再次发明出来。迈克尔·伊格纳季耶夫（Michael Ignatieff）为我们提供了一幅1842年伦敦潘敦威尔监狱（London's Pentonville）①的生动图景，它与对美国监狱的描述惊人地相似。

监狱制度的核心是一个冷酷无情的严密管制体系，在典型的美国监狱里，犯人们住在小单间里，在死一般的沉寂中捱过他们的刑期。囚犯们早上醒来，整个白天干活，然后以一种单调乏味的、完全统一的方式上床睡觉。他们齐步走，吃同样的饭，穿同样的囚服。博蒙特和托克维尔从法国来考察这种新体制，发现它令人赞叹而且有效。然而，它是惊人地"严厉的"。他们发现了一个矛盾："美国的社会提供了一个最广泛自由的例证，而监狱……则提供了一个最彻底的专制的景象。"② 毕竟，19世纪的社会发动了一场激进的自治的实验。在美国，传统权威被大大地弱化，而且在其他地方也是如此。人们被假定为能够自治，自由取决于他们为了参与有组织的社会生活而自控的能力。那些行为不端的人不适合作为公民，他们背叛了一个自由社会所设定和需要的那些原则。为了避免损害自由社会的这些原则，并且给其他人一个教训，他们应该被严厉地惩处。博蒙特和托克维尔得出结论说："遵守法律的公民受其保护，当他们走向罪恶，他们也就不再自由。"所有的社会都认真地对待犯罪，一个自我控制的社会则非常严肃地对待它。越轨行为危及了社会秩序的柱石——人

---

① Michael Ignatieff, *A Just Measure of Pain, the Penitentiary in the Industrial Revolution, 1750-1850* (New York: Pantheon Books, 1978).

② Gustave de Beaumont and Alexis de Tocqueville, *On the Penitentiary System in the United States and Its Application in France* (1833; Carbondale Ⅲ: Southern Illinois University Press, 1964), p.79.

们被假定为是自由的,应该是而且也可被确信是自由的。

因此,监狱并不只是一种惩罚的方式,它是19世纪的社会所信奉的戒律的一种生动体现,而这些戒律决定着19世纪个人主义的主要形式。监狱也是当时(被视为)正常的社会化过程的一个极端版本。它也是对人类童年生活的一种夸张和拙劣模仿:兵营式严格管制的、家长式的、严厉规训的生活,目的是要"破除(犯罪的)意志",并且迫使他重新恢复正常行为。这听起来有些道理,儿童时代的严格管教使孩子品行优良。顽劣的伙伴,管教不严,与轻薄奸邪的同伴们厮混在一起,往往就带来道德败坏、纵欲和犯罪。通常,自我控制的失败大致都是这么造成的。犯罪理论用伊格纳季耶夫的话说,已经变得"环境化"了。严格管制和训诫是改造的方式,它们也如大卫·罗斯曼(David Rothman)所说,"旨在给社会带去一个信号"。监狱将"训练社会失序的最明显的受害者①遵守法律,教会他们抵制腐化……监狱将增进对秩序和权威的新的尊重"。这很重要,因为"离开个人化的和真切的对权威的尊重,社会稳定就无法实现"。②

总体来说,19世纪的刑事司法是(或者目标是)理性的、系统化的和有序的。这是一个法典化的时代。在较早一些的时候——如道格拉斯·海伊描述的那样,在18世纪的英格兰——刑法和刑法典绝不具有韦伯意义上的"理性的"特征。它们是紊乱的、不系统的,而且缺乏可预测性。私人关系以及地方长官和贵族们不受约束的裁量权决定着人们的生死存亡。③当然,那时的法律秩序也有种内在的逻辑。刑法典在文本上是严酷、血腥

---

① 此处指囚犯。——译者注
② Rothman, *The Discovery of the Asylum*, p.107.
③ Hay, *Albion's Fatal Tree*.

和不容变通的，但是在实践中，宽宥和特赦被大量地援用，这减轻了刑罚。但是只有上层人士和有权势的人才有获得宽宥的特权。因此，强有力的服从和义务的约束由较低阶层达至统治阶层。一部野蛮的正式法律，连同一套非正式的宽宥与裁量体制，实现了比单纯威胁恐吓更有效的社会控制。

19世纪的刑罚理论保留了强烈的家长制的因素。国王和总督自由地行使着他们的特赦权。为了强化个人自我控制的体制，刑事司法体制仍以尊重财产权的名义严惩盗贼。服从和等级制自然延续并兴盛了起来，但是美国比英国要少些，不论是在内容上还是在风格上都是如此。在美国，没有土地贵族。但英格兰和欧洲大陆都曾有过"美国化"趋向。如此看来，刑法朝着理性化、科层制和逻辑化的方向演进，感化教养式的监狱开始取代旧式监禁，就不是偶然的了。一个民主地组织起来的社会，消解了那种面对面的非正式关系和家长制的秩序。社会变得越来越倚重于个人自治，在这样一个社会里，自由个人的选择必须确保美德和良好的秩序，而且个人也不能再依赖传统的统治阶层了。这样一个社会舍弃了宽恕措施的公开运用和反复无常性，而转向一个严格规制和高度一致的制度。无比沉寂的监狱里严酷但平等的生活，既是19世纪司法的象征，也是该制度全面运作的最好例证。

四、罪犯：天生的还是后天造成的

关于刑罚方法，有一些通俗或民间的理论，这些涉及的是"哪些刑罚起作用，哪些不起，以及为什么如此"等问题，关于犯罪性质的理论也是如此：谁成了罪犯？他们为什么犯罪？19

世纪晚期,强调犯罪的基因因素的理论变得备受关注。普通人和科学家都倾向于相信"天生犯罪人"——一种经过数代不良繁衍生出的有缺陷的人。优生学运动持这样的观点:人类像牛和狗一样,可以通过"选择交配"而得到改良。相反,"堕落者生堕落者,白痴生白痴,罪犯生罪犯"。① 有一部著作围绕这一点展开:对越轨行为恶性持续的记叙,使得像裘克斯和卡利卡克家族(Jukes and Kallikaks)②那样的犯罪家族成为一种家喻户晓的词汇。在这些家族中,一粒恶种就遗传下来了几代的小偷、白痴和妓女。一个天生的罪犯当然是无法改造和挽救的,也无法对其施以社会教化,罪恶是在血统里的。

当然,这只是大众思维在许多时期对罪犯做两分法的一个显著特点:一边由一些还可以改造或教育的犯罪人组成,另一边则由天生就不可救药的犯罪人组成。因而天生犯罪人在功能上就被等同于巫婆、吸血鬼或者那些将灵魂出卖给魔鬼的人。普通的刑罚对这些人根本没用。巫婆必须被烧死,吸血鬼的心口处必须被楔进一根木桩,真正冥顽不化的恶徒也必须被施以绞刑、大卸八块。19世纪后期,人们不再相信恶魔附身,但是人们仍相信有

---

① 参见 Rennie, *The Search for Criminal Man*, pp. 86-87;参见 Johannes Lange, *Crime as Destiny: A Study of Criminal Twins* (London: Allen and Unwin, 1931),这项基于对同胞胎研究的德国调查声称,遗传因素"的确在罪犯的形成过程中起极其重要的作用",见该书第 173 页;也参见 Marc Haller, *Eugenics* (Rutgers, N. J.: Rutgers University Press, 1963); Charles E. Rosenberg, "The Bitter Fruit: Heredity, Disease and Social Thought in Nineteenth-Century America," in *Perspectives in American History*, eds. Donald Fleming and Bernard Bailyn, Charles Warren Center for Studies in American History, vol. 8 (Cambridge, Mass.: Harvard University press, 1974), p. 189。

② 裘克斯为文学作品中杜撰的美国纽约的一个家族名,该家族疾病连绵,长期贫困,有犯罪史;卡利卡克家族是美国新泽西州一个几代人患病、犯罪和贫困的家族,也系杜撰。——译者注

冥顽不化的恶徒。犯罪的基因理论实际上使得严厉地处置某类罪犯和越轨行为者变得正当。基因理论避开了环境决定论和教化改造论，前者暗示社会可能出了某些问题，后者则似乎并不能奏效。最恶劣的罪犯是这样诞生的：他们生来就带着"该隐"（Cain）①的印记，他们担当着一种身份——是那些有缺陷的或者人格不太健全的人们的兄弟姐妹。基因理论在19世纪后期一度盛行，期间年长的社会精英们惊慌失措。旧秩序似乎显得步履蹒跚，人们担心善良淳朴的风尚会被异质的乌七八糟的坏东西所吞没。天生犯罪人学说导致了诸如绝育断种法（sterilization laws）②之类的法律暴行，从理论上讲，它们助长了种族主义理论和其他黑暗和险恶的反动理论。

对基因理论的滥用也是该理论后来落得如此声名狼藉的一个原因。其理论进路似乎既是种族主义的，也是伪科学的。但是该理论从来没有完全消亡。例如20世纪60年代就有过一阵热衷于生物学与犯罪关联的风波，异常染色体理论曾有限地流行过。③生理学理论争论激烈，但是普通大众在一定程度上可能相信它们。还有认为犯罪是基于贫民窟、破裂的家庭和理想的破灭的纯环境论（经济、社会、心理的）解释。怀有"软心肠"（bleeding hearts）的左翼人士往往持这种观点，但是他们并不受大众欢迎。环境决定论有一个严重缺陷：它们与选择和自我负责的文化不相一致。把罪犯看成木桶里面的烂苹果的观点更有说服力些，罪犯

---

① 亚当与夏娃之长子，杀其弟亚伯，见《旧约·创世记》。——译者注
② 美国一些州的制定法中曾规定可对某些特定的犯罪施行惩罚性的绝育手术。另一些州允许对某些精神病患者施行此种手术，以剥夺其生育权。参见薛波主编：《元照英美法词典》，北京：法律出版社，2003，第1293—1294页。——译者注
③ Rennie, *The Search for Criminal Man*, chap. 31.

就好比一个缺乏良好道德品行的人，它忽视了有效的和合法的选择，而选择了沿着一条弯路走下去。实际上，许多人都倾向于认为罪犯既非生来如此，也非为他们所不能控制的情势所迫而去犯罪。就像那些体面的公民即守法的大多数人一样，犯重罪的生活也是由他们自己悉心设计的，所有的人都是选择的共和国中的公民。

刑事司法，包括无受害人犯罪的法律，在上个世纪左右经历了多次回转。最近几年，在无受害人犯罪方面也有明显的回转趋势。社会进入了一个非刑事化阶段，然而这并没有紧随着自我控制的时代而立刻到来。在19世纪晚期和20世纪早期，人们研究控制不道德行为的兴趣在整个西方世界都高涨了起来，这一运动取得了一些显著的法律成果。在美国，清教徒主义似乎死灰复燃——仿佛强硬、冷酷的17世纪地方长官又像维多利亚时代晚期那样重新降生。他们的反动（counter-revolution）至少一直持续到20世纪30年代。

这种迹象在1870年后曾短暂地出现过。① 在美国，所谓的《康斯托克法》（Comstock law）将邮寄淫秽物品的行为也认定为犯罪，该法还将任何有关避孕的信息视为淫秽的。大概与此同时，许多州将堕胎视为一项犯罪。在1870至1910年间，许多州司法辖区都强化了反对同性恋行为、吸毒和青少年性行为的法律。这个最后的高尚目标通过提升同意的年龄来实现。从法律上讲，与低于同意年龄的女孩进行的任何性交行为都被认定为强奸，而强奸是会导致严厉惩罚的。普通法上同意的起始年龄为10岁，这

---

① 一般而言，可参看 Lawrence M. Friedman, "History, Social Policy and Criminal Justice," in *Social History and Social Policy*, ed. David J. Rothman and Stanton Wheeler（New York: Academic Press, 1981）, pp. 203, 223-231。

个荒唐的年龄低得有些令人震惊，但是到 1918 年，加利福尼亚州将这种年龄改至 18 岁，这当然又高得有些离谱。但无论如何，这不是美国独有的现象，英格兰和许多欧陆国家都提高了各自法律上同意的年龄。①

在美国，"一战"前夕通过的《曼恩法》（Mann Act）规定，出于卖淫、"酒色"或"其他不道德目的"而跨州运送妇女构成一项联邦犯罪。这一时期，一个强大的社会运动被发动起来以驱除城市中的"红灯区"和商业中的道德败坏行为。② 道德运动首屈一指的胜利是全国禁酒令，这项"高尚的实验"始于"一战"之后，而且只延续了 10 年的时间。禁酒令在 20 世纪 30 年代后期被废除。正直的力量开始了漫长而疲惫的撤退。更为好战和人数众多的恶徒们似乎已经摧垮了反动的营垒。但也并非完全如此：山上依然是立誓与撒旦斗争到底的游击部队和散兵游勇。

即使那些相反的趋向也常带着法律文化变迁的印记，而法律文化变迁正构成了本书的主题。新清教徒主义者从来没有跟老教徒们一样过。举例来说，《曼恩法》被民间和官方称为"白人奴役法"（White Slavery law）。③ 这个名字反映了一个重要的景象或者说幻象：恶毒的男人拐骗和诱奸年轻女子；他们通过迷药、胁迫或出卖使这些女子去以卖淫和淫乱为生。这种淫靡生活腐蚀了

---

① 参见 Martin Killias, *Jugend und Sexualstrafrecht*,（Bern：P. Haupt, 1979），尤其是第 114—117 页。

② Thomas C. Mackey, *Red Lights Out: A Legal History of Prostitution, Disorderly House and Vice District, 1870-1917* (New York：Garland, 1987); Mark Thomas Connelly, *The Response to Prostitution in the Progressive Era* (Chapel Hill：University of North Carolina Press, 1980).

③ Act of June 25, 1910, 36 Stat. 825（该法令第 8 节指出，它应该作为"白人奴隶贸易法"而被知道和提及）。

女人的健康和灵魂，她们因而注定犯罪，在尘世受尽折磨，英年早逝。

无疑，夸张的修辞背后也有一些真相，对于女人的性压迫和性交易在社会中十分普遍。但是《曼恩法》对同样普遍的男性的支配地位并不关注。这部法令在话语和理念上摇摆于观念的两极。它反映了性本质上是危险的这样一个流行观点，重提了传统道德的主题，高度强调自我控制。动物性的欲望必须被压制。进而言之，一个失去德行的女人是生活上"堕落的"，她过上一种令人尊敬的生活和走向正常婚姻市场的唯一途径被堵死了。但该法的文本和理念也以其全部权威和说服力，反映出了正在涌现的社会对选择和同意这些概念的界定。为了说明这部法律的正当性，女人必须被刻画为毫无选择余地的受害人。一位步入风尘的女子，即使真的拥有了情人，也必定是出于被迫，无法想象一位体面的女人会选择这种生活方式。当然，这种观点被关于女性被动性的教条所强化，这种被动性的观点认为女人通常都会"避免性的感受、欲望和需要"。① 女人与男人不同，对她们而言，涉足性活动是决定性的和不可逆转的一步。像贞洁一样，荣誉与美德一旦失去就永远地失去了。正是"奴役"这个词为那些这部法有意包括的某些事件和境况予以了决定性的归类。性奴役无疑存在，但这个词暗示着某些更宽泛、更富有隐喻性的含义。对一个女人而言，性的生活会导致完全失去自我，卖身为奴；这是一种任何人都不应该被允许做的、不可逆转的选择。

---

① Susan Edwards, *Female Sexuality and the Law*（Oxford：Robertson, 1981），p. 23.

五、民主、道德和刑法典

反向的转变是19世纪民主革命以另一种方式带来的有点自相矛盾的结果。我们所认为的传统道德通常被划归为中产阶级的道德。道德准则和赋予它官方地位的法典，在中产阶级范围内从它的发源地向上层和下层传播。贵族阶级有他们自己的准则——荣誉准则。上层社会相信他们固有一种优越性，他们有金钱和地位可供为所欲为，而且在任何事情中，他们都觉得自己不受正式法律的约束。谁敢抱怨一个酗酒的公爵或者伯爵家的女主人？社会等级机构的另一头也是大量的规则例外者，法律从来就没有达致底层民众，或者甚至有意如此。底层民众是粗俗的、肮脏的和罪恶深重的，他们是"动物"。没有人期望这些人会做出令人尊敬的道德举止。在1700或1800年间，如果有人认为应该在成群结队出没于伦敦贫民窟的人中强制实施禁酒或节制性欲，那将是可笑的。

政治民主随着其力量的增长首先赋予中产阶级以权力，然后是工人阶级。中产阶级的政治力量为其道德纲要的施行奠定了基础。这意味着对双重或三重道德标准的摒弃。它模糊了有关道德的法律的阶级界限，而且在一定程度上使法律实施复杂化。法律一如既往地表达了统治阶层的利益和意志，但是现在这个阶层已经包括了受人尊敬的中产阶级。体面和自我控制的理念成了实际的法律，这解释了诸如为什么同意的年龄会升高之类的问题。19世纪后期的反动潮流因而就好比一种远方的雷声，是一种对自我控制的共和国在政治上涌现的迟延回应。中产阶级的道德家们看到了这样一个机会：制定、实施他们的行为规范，并在整个社会各个阶层的范围加以推行。当然，他们认为这种法律是永久的和普遍的，将其推广到全社会将促进改革、理性和进步。

刑法典的普遍性与 20 世纪日益增长的流动性之间也有联系。美国是一个移民国家，人们不停地迁移，从东到西，从农场到城镇，从城镇到城市，从南方到北方，或者相反。在欧洲也是如此，老城市在规模上开始膨胀，新城市如蘑菇一般涌现。人们舍弃了他们的城镇和农场，奔向港口、商业都会以及工业区。20 世纪的流动性甚至变得更加强劲。每个工业国家（日本除外）都收留了为数众多的移民，而且在任何国家（包括日本），本国人都在不停的移动过程中变换着工作和居住的地方。

然而，一个流动的现代社会在错综复杂的情势下以一种奇特的方式统一了起来。一个多元的社会并不必然有一部多元的法典。它的分界线并不是过去那种固定身份的差异。法律上不再设立行会、阶级、等级、传统社会那样的自治市村镇和宗教社区，民族主义（nationalism）试图消除文化多样性和民族多元主义。这个民族大熔炉是美国政治信条的核心形象。① 在欧洲，19 世纪是个民族主义的时代。民族多元主义意味着不统一，并由此引发冲突，其结果或者是民族独立（如捷克斯洛伐克和芬兰人的创立），或者是民族同化。流动性打破了旧的少数民族聚居地，它既创造了而且也消减了多元主义。流动性导致了法律大规模的统一性。这并不矛盾。在民主的共和国中，法律的核心是个人而非群体。

---

① 参见 Wenner Sollors, *Beyond Ethnicity, Consent and Descent in American Culture* (New York: Oxford University Press, 1986)，特别是第 3 章。

个人是现代流动性的单位。在选择的共和国内来回迁徙的是个人而不是民族或部落。因此,法律倾向于针对一般性、普遍性,即在同一司法辖区内对每个人适用单一的一般性法律,这一点就不足为奇了。由此,19世纪抑制种族性和多样性的趋势还在以某种形式延续。

今天,在大多数欧洲国家,中央政府和主流的话语及文化群体依然坚持民族同化。国内的人口流动、公立教育和国家电视网络剥夺了方言的发言权。他们继续缩减和消蚀国内的少数民族控制的文化范围——威尔士人(Welsh)、低地日耳曼人(low Germans)、弗里斯兰(Frisians)、文德人(Wends)、巴斯克人(Basques)、布列塔尼人(Bretons)、盖尔人(Gaels)。所有这些民族都面临着巨大的要投入民族大熔炉并成为全国大杂烩的一部分的压力。确切地说,这种情形已经出现了,但只是在一定程度上如此,而且还有大量的例外。例外是一些大型的、紧密团结的群体,像加拿大的法裔或者比利时的佛拉芒人(Flemish)。当一个群体成为一个活跃的"少数民族"而且主张它的权利的时候,反抗的时刻就到来了。但是这些权利同时既是群体权利也是个人权利。近年来个人主义已经得势,因而种族特性又有一定的回潮(见本书第10章)。在19世纪,浪漫的民族多元主义还没有全面流行,主流社会鼓励社会流动,谴责文化多元主义。新移民和少数民族的道德规范和刑事准则都特别不受欢迎。例如,美国就曾野蛮地压制摩门教的一夫多妻制。正如最高法院判决的那样,他们认为这只适合于"亚洲的"或"非洲的"民族,[①] 对来自伊斯兰国家的移民来说,一夫多妻制过去和现在都完全是非法的。

---

① Reynolds v. U. S. 145 (1878).

一些小的少数民族已经消失了，其他的像讲低地德语和布列塔尼语的人，大概也都在走向灭绝。但是一些古老的少数民族今天已经以选择继承(亦即自由归属)的方式进行了自我重组。事实上，现代的情形就是如此。当然，没有人被要求沉湎于民族特性，例如为自己在俄亥俄州克利夫兰中部的爱尔兰或瑞典传统而骄傲，或者为对祖国表示敬意而加入某些团体，或者教孩子们学习古老的语言，但是许多人自愿选择这么做。为此，没有人应被强迫成为一个好战的巴斯克国家的巴斯克人，或者成为威尔士的民族主义者，[①] 现在这也是一个自愿选择的事情。

六、宽容的社会

最近法律上关于无受害人犯罪的改革针对的是那些为传统道德辩护的最后防线，那些道德在19世纪后期和20世纪早期曾占据突出地位。最近法律的变化消除了道德上抵制革命的一切"成果"。私通和通奸在许多国家的刑法典上都消失了，美国许多州也是如此。例如，加利福尼亚1976年的一项法律就把"成年人之间自愿的私人性行为"合法化了，而且还将诸如"成年人同居、鸡奸和口交"之类的"无受害人犯罪行为"从刑法文本上删除了。[②] 通奸(它被争议说确实有受害人)在美国少数的几个州

[①] 当然，在威尔士或巴斯克人社区同化可能会有很大的压力，但是总会有人选择离开这些地区去大城市而且融入大型社会。

[②] Andrew J. Cesare, "Updating California's Sex Code: The Consenting Adult Law," *Criminal Justice Journal*, 1 (1976), 65. 加利福尼亚州在其法律中采纳了模范刑法典的起草人的建议，"将所有没有涉及暴力、猥亵未成年或聚众淫乱的性行为都从刑法中排除出去"，参见第66页。

仍是犯罪，而且一些州继续认为同性恋行为是犯罪。① 但是大致在上一代人中，整体趋势已经强烈而清楚地向着宽容的方向迈进了。

"性越轨者"绝未受到社会的同等对待。他们仍遭受着严重的歧视，而且改革的计划也遇到了顽固而毫不妥协的抵抗。但是整体而言，性方面的宽容度已经远远超出了一个19世纪的道德家在他最狂乱的梦魇中所能想象到的情形。对这种行为方式和道德的放松有时被称为"性革命"。这一革命从各种弱势群体的广阔的运动以及随之而来的各种"解放"运动浪潮获取了力量，这种群体包括各种体形、各种类型以及各种肤色的被压迫者和行为越轨者。这一巨大的社会发展可能也并非自然而然。维多利亚式的调和折中已经与20世纪的观念和行为不合拍了。走向自由的性革命和一般趋势反映了表现型个人主义的影响，以及对选择的尊崇。它们也是社会平行组合（horizontal groupings）的表现，并且取决于这种平行组合的从容发展（这在上一章中有论及），因此，它们也是现代大众传媒的产物。

关于性的规定不断延续的历史就是一种持续而复杂的历史。传统的道德家已经输掉了很多次斗争，但是他们还没有扯起白旗，也不打算这么做。这并不是一场注定失败的行动。在美国，君主论者已经灭绝，在法国或意大利也大致如此，但是宗教原教

---

① 马萨诸塞州在"马萨诸塞州诉斯托威尔案"（Commonwealth v. Stowell, 389 Mass. 171, 449 N. E. 2d 357 [1983]）中支持了一项将通奸认定为犯罪的法律；最高法院在"鲍威尔斯诉哈德维案"（Bowers v. Hardwick, 106 S. Ct. 2841 [1986]）中支持了佐治亚州的反鸡奸条例；直到1974年，得克萨斯州仍认定"丈夫在他人与自己的妻子通奸的场合下所为之杀人，为合法"；佐治亚州直到1977年也还有类似的法律规定。参见Jeremy D. Weinstein, "Adultery, Law and the State," *Hastings Law Journal*, 38 (1986), 195, 230-236。

旨主义者却依然存在。此外,(几乎)没有人赞成将赌博、卖淫、吸毒和滥交行为全部非犯罪化。强调同意暗示了宽容的一种限度:"同意"不是,而且从来也不曾是一个清晰的、简单的概念。一个人的同意是另一个人的强制。例如,想想看诸如此类的运动:强化有关强奸的法律并严厉其执行措施的运动;在法律的天平上偏向强奸的受害人而非被指控的那个男人;宣布性骚扰非法;取消起诉婚内强奸的法律限制。[①] 这些努力从女性作家的作品中获取了一些力量,她们指出了在一个男人主导的社会中,性的同意可能真正意味着什么。在西方世界,围绕着性的问题仍有相当多的规定和争议。正如有关性骚扰的法律表明的那样,这些运动并非都只朝着一个方向的。性的控制及其限度在公共争论的事项中一直是难以对付的问题;对当今充满活力的文化而言,它仍是个问题。

将性行为非犯罪化的现代运动,远远不只是对19世纪的假正经的重现的一种回应。它在个人选择的文化中占有重要地位。它也并不只是一种针对道德家咄咄逼人的进攻的防御战术,这些道德家要清除罪孽和邪恶,而这一运动的首要目的在于获取一种对等的正当性。即使在官方道德统治的巅峰时期,刑事司法也没严重威胁到多数的无受害人的"罪犯"。很少有人因为赌博或者吸毒而被捕。禁酒令的确使美国监狱人满为患,但它总的来说是一个代价昂贵的失败。千百万人仍然饮酒,而且当局无能为力、漠不关心,甚至和违法者串通一气。针对青少年性行为的法律也从没有能够更多地遏制实际的行为,更不要说《曼恩法》本身了。

[①] 参见 Susan Estrich, *Real Rape* (Cambridge, Mass.: Harvard University Press, 1987); Ronald J. Berger, Patricia Searles, and W. Lawrence Neuman, "The Dimensions of Rape Reform Legislation," *Law & Society Review*, 22 (1988), 329。

针对同性恋行为的法律导致了一系列令人讨厌的敲诈和羞辱，偶尔还引发大规模的清剿和镇压，其中总会有一些起诉，并引发大量不必要的痛苦与耻辱。但是这些法律从没有被尝试着（甚至没有可能）系统实施过，因为如此多的行为都是私人性的，极其个人化，而且通常非常隐蔽而不易被发现。

当代的"越轨行为者"不同于维多利亚时代的前辈，他们拒绝接受因个人自由选择而做出的行为被贴上"越轨行为"的标签。他们认为《圣经》中的传统道德不具有拘束力——也拒绝承认基于那种道德的指导行为的典章（包括法律典章）具有拘束力。他们并不是反对所有的行为准则，而是主张人们遵循的任何准则都必须出于其自由选择，且该准则本身也必须尊重选择的自由。任何自由选择的准则，只要不妨害其他人，就与其他准则具备同等的正当性。

这就是使我们的时代区别于以往时代的东西。隐秘的行为实际上不是什么新鲜事，同性恋或私通并不是在宽容的社会里一夜之间涌现出来的。导致人们走向非传统的或"不道德"的性行为的那些心理和社会推动力，事实上可能不比过去更普遍。在整个人口中可能总会有一定比例的"性少数派"。历史研究并不佐证这样的观点：大批的婚外性行为是 20 世纪的首创。[①] 事实上，可以说，那个以官方压制、假正经和过分的自我控制为标志的 19 世纪才是历史上真正反常的时期。

但是，维多利亚时代刚刚过去，如此激烈和迅速地摒弃原有的评价体系似乎是令人惊诧的。不注意到（表现型的）选择的

[①] Daniel Scott Smith and Michael Hindus, "Premarital Pregnancy in America, 1640-1971: An Overview and an Interpretation," *Journal of Interdisciplinary History*, 5 (1975), 537.

理念已经上升到社会主导地位,就很难解释这种急剧的变化。人们有选择他们生活方式的权利,亦即按他们的性偏好来表达和作为的权利。但是"性偏好"并不是某种拐弯抹角的委婉说法。词语的选择意义深远,这个词组意味着性行为的形式是可选择的事情。一个人不会"偏好"他本不愿意做但不得不做的事情。

性取向事实上可能不只是或主要是一种选择的事情。但是,选择在性行为中肯定起着最重要的作用——正如争论宽容度的双方都同意的那样。传教士们,包括那些对性行为越轨者咆哮如雷的现代福音派(modern evangelists),都一直假定这些行为中有选择的因素,否则谴责鸡奸、通奸和私通为弥天大罪就没有理由。上帝不会让那些不能控制自己的人永世下地狱。没人会严厉谴责麻风病人、矮个子和红头发的人。心理学家和精神病专家认为将同性恋界定为一种疾病或者发育缺陷是一种进步。疾病当然不是一项选择,受抑制的发育也不是选择的结果。

同性恋运动坚定地反对《圣经》所谓的地狱之火的威胁,而疾病的标签也是不可接受的。精神病学家和一些神职人员已经放弃了先前的主张。[①] 这为把性行为的形式当作一种选择的事情开通了道路。公开过一种同性恋生活,居住在一个同性恋社区,加入同性恋团体,当然都是选择范围内的事情。那么,人们所选择的以及所"偏好"的就是一种生活方式,而压抑则受到反对。一个人不应与欲望和倾向做斗争,不应该压抑那些代表了她的内

---

① 参见 John D'Emilio and Estelle Freedman, *Intimate Matters: A History of Sexuality in America* (New York: Harper and Row, 1988), p. 324。

在需要(需要实现的真实自我)的行为方式。① 压抑是错误的：首先因为这是没用的和残酷的，其次是因为它阻碍了成长，妨碍了个性，并限制了合理选择的范围。

这些情感当然并不局限于"性少数派"，甚至恰恰相反，这种情感在性多数派的成员中更强烈。它们反映了共同的潜在动机：反对激进的自我控制的观念，而这个观念在19世纪的个人主义中处在中心位置。人们具有或应当具有权利"进行不同形式的性表现"，这是他们亲密关系和个人生活的整体的核心部分。法律将不合常规的性行为犯罪化，妨碍了"负责任的性满足"，"冷酷无情地"干预了"个人意愿"。② 20世纪80年代的人们并没有使自己公然沉溺于无尽的纵情放荡之中。自我控制仍然存续了下来——事实上还很强健：表现形式有锻炼、瑜伽、节食，以及诸如自由选择的禁欲主义的养生之道(包括一些宗教性的)。但是，这些都被看作实现特定个人目标的方式，而不是一种自上层或外部强加的行为规范。他们追求个性解放，而不是湮没在一些传统领导人的意志之中。

对增长惊人的同居(cohabitation)现象也应该说两句。这个温和的拉丁语派生词已经取代了"私通"一词，后一种表述似乎早已变得古怪而陈腐。同居，无论它代表了别的什么，都是一种

---

① 当然性压抑的反面并不是淫乱，当淫乱导致了其他问题和危险时尤其如此。例如，在20世纪80年代，在"性压抑"否定他们自己的性欲的价值和本性意义上，男同性恋者当然会反对它，但是艾滋病这个恐怖的问题又使得他们很多人反复思考：究竟什么样的性生活才是他们应该过的。同样，许多已婚人士(主要是男人)一度发现"开放式婚姻"或者"群交"很吸引人，但是后来发现对他们而言，至少这种行为导致了婚姻不幸福和离婚。反对性压抑并不同于淫乱。

② David A. J. Richards, *Toleration and the Constitution* (New York: Oxford University Press, 1986), pp. 270, 280.

对传统道德决定性的拒斥。它也是一种对性压抑的摒弃——性压抑当然是这样一种观念：年轻人应该等到他们关系"确定下来"（settled）的时候才能结婚，而且要等到结婚才能进行性行为，至少是与一个固定的伴侣才能如此。另外，一个良家女子结婚时必须是处女，在婚姻以外不应有任何性生活。对很多人而言，同居是一种试婚；而对另一些人而言，则是对婚姻的拒斥。在这两种情形中都可以断言，这种关系是选择的产物，而且都是对以下观念的否定：婚姻应是永久和排他的，是决定命运的和不可改变的步骤。在美国和其他西方国家，同居现象都惊人的广泛和普遍。社会和法律强加的恶名已不复存在了。[1]

在20世纪，最明显地将同居合法化的可能是这一事实：自由选择和表现型个人主义已在我们的文化中占据了很高的地位。同居是一种生活方式，它给了人们在性、感情和财产方面所需要的东西，而不必过多地排除其他机会或者选择。现在，人们将性压抑而不是纵情表现界定为神经有毛病。19世纪的官方标准则恰恰相反：纵欲过度被认为对健康是有害的。但在今天，很少有人会相信有类似纵欲过度之类的事情。性，如同睡觉一样，被认为是一个自然的而且是自我限定的过程。自我的充分发展，人类全部潜能的发挥，不仅是令人神往的，而且接近了人的本质。

一个用这样强有力的一系列观点来界定个人主义的社会，将倾向于废除那些禁止和排除各种形式的"性偏好"的规范和法律。正如我们所见，传统主义者在某些领域内的抵制取得了成功，但是有关同居本身的论战已经基本结束了。同居已是完全合

---

[1] 参见 Rainer Frank, "The Status of Cohabitation in the Legal System of West Germany and Other West European Countries," *American Journal of Comparative Law*, 33 (1985), 185。

法的了，甚至在特定的情形下还可能带来财产权。这就是在1976年加利福尼亚州一项判决，即"马文诉马文案"（Marvin v. Marvin）所传达的信息。① 米歇尔·马文与一个影星李·马文住在一起，甚至随了他的姓氏，在关系结束的时候，女方对他的一些财产主张权利。她依据的是一个共有财产的（据她自己声称的）承诺。李·马文对此予以反对，他宣称这种安排（如果有的话）是不道德的，也不能付诸实施。审判法院驳回了起诉，但是加利福尼亚州最高法院不同意这种做法，又将案件发回重审，以使米歇尔·马文有机会证明事实。法官非常坦率地谈到了道德规范的变化以及同居的高频率。在英国，按1975年的继承法，一位同居的爱侣如果确实依赖对方扶养，就可主张从已故同居者的财产中获得扶养费的权利。②

七、从越轨行为到少数派的地位

正如"性偏好"这一词语是意味深长的一样，"性少数派"这个短语也是如此。这个词语将男同性恋和女同性恋的地位变得有些类似于种族和宗教少数派。在现代社会，少数派并不被认为在权利和尊严上劣于多数派。在美国，在向家庭领域灌输这种理念方面，民权运动发挥了尤为重要的作用。正如我们注意到的那样，这一运动在反对隔离和种族歧视方面已赢得了一些重要的法律上的胜利。其他类型的歧视，诸如基于性别、种族、宗教和年

---

① 18 Cal. 3d 660, 134 Cal. R. 815 (1976).
② Inheritance Act, Ch. 63, §1(1)(e). 份额将是"在所有情形中合理的"那份；参见§1(2)(b)。

龄的各种歧视后来都受到了越来越多的法律打击。事件的展开过程是展现新多元主义的力量和含义的强有力而集中的经验。

到20世纪70年代，其他群体——被压迫者、行为越轨者或主流社会以外的人——已经走上了灯火辉煌的舞台，提出主张，与人争辩。每个群体都在有关自己的事项中据理力争，都试图在本群体与那些已经斗争获胜或至少赢得承认的群体之间寻找相似的原因和期望目标。当然，每个少数派的情势不同，提出的要求也有些不同，例如，男同性恋和女同性恋、残疾人、古怪的教派、犯人以及种族群体。每个群体在理念和政治意愿事项上都远未整齐划一，在一些群体内部，各派别提出了不同甚至相互矛盾的诉求。例如，一些女权主义者主要强调女性的特征；她们声称，正是这种特征使得女性在基本方面（女人的特殊声音）与男性区别开来。另一些女权主义者则以明确或者含蓄的方式否认任何这类根本的区别，坚持与男人平等。他们将角色和地位上的不平等归咎为社会贴标签和男性主导。性少数派在以下两个方面之间游移不定：一个方面是强调决定基本取向的先天内驱力；另一个方面是在不同形式的性行为之间表达其自由选择的权利。这种权利意味着要顺从他们的欲望和他们本身的需要，而不是把它们视为不光彩和罪恶从而压制它们。

使所有的团体联合起来的是他们对污名化、越轨行为标签、该隐的印记、罪孽的归类以及非法婚姻无效的抵制。这是所有的"解放"运动的核心。反常者是对他们以前身份的共同称谓，当然，尽管作为黑人的"反常"和作为同性恋和罪犯的"反常"在意义上有很大区别。生为黑人本身并不构成违法，但是它是一种永远的劣等和耻辱的身份，而最糟糕之处在于肤色是看得见的。

从20世纪50年代开始，反对越轨行为者标签的斗争就已经强有力地展开了，而且也带来了非常混乱的后果。很明显，传统规范和权威并不会坐以待毙，成见是顽固且普遍的。每次攻击都激起了反击。在传统道德的卫道士看来，妇女运动和性宽容摧毁了家庭生活，侵蚀了道德价值。他们在我们的前面看到了一个无神论的、腐化的和毁灭的黑夜。同性恋者权利条例因令人沮丧的票数而没有通过。但是"少数派"已经在一个相对较短的时期内取得了很多成果。选择的观念以及表现型个人主义的目标和思想比相反的观念更强健。即使在西方传统观念最深的原教旨主义者中，等级制和身份的话语也已经不受欢迎。他们用现代话语，即关于平等、自由和平等选择的话语，来表述旧的规范。在法律上和政治上，社会不再被描绘成一个由道德和经济精英占据顶峰的传统金字塔了。在道德和生活方式上，现在的社会类似一个高原和平顶山，最顶层是所有人的会客厅。

舆论反对将"越轨的"或"低劣的"这样的标签贴在个人或群体身上。这类标签应该贴给那些给别人造成了伤害的"真正的"罪犯。其他任何人关于生活方式的主张都应该被认为是有效的。没有特殊的权利和特殊的对待，也没有特权阶层。例外表面上看似存在而实则不然："平权行动"（affirmative action）是一种克服不利地位的障碍的措施。这与特权是不同的，特权基于出身、血统、自然优势、较高的道德地位或占主导地位多数派的成员身份等。除了对一小撮激进分子以外，那些富裕且教养良好的人们大量的真正特权却容易被忽视，这些事情已经变得细微难见了。在社会科学的边缘，很少的一些极端决定论者为了寻求慰藉而聚集在一起，但是时代的大众精神对各种形式和姿态的决定论并不友好。中产阶层(政治上和人口统计学上最大的一个群体)的普通成员似乎确信,男人(和女人)们能够而且应该创造他们自身的条件。也许他们知道这并非真正可能,但这是社会应追求的目标。最重要的是,法律不应在多元平等的道路上设置任何藩篱。

如果我们将多元平等推至逻辑极限,它就意味着没有少数派。没有文化和道德霸权,因而也就没有名声显赫和地位高贵的多数派或主导阶层。每个人都是一个独特的个人,而且自己选择自己的归属。类似种族之类的"自然"形成的群体都有同等的尊严。只要符合法律和价值的最低标准,任何人都不应该因为是一个自然群体或者(对此而言)自愿群体的成员而被置于不利的地位。

这种态度已经延展到包括身体残疾的人,他们现在成了另一个少数派。他们并没有选择变得失明、失聪或者坐在轮椅上,他们并没有选择他们的身份,因此他们必须被当作一个"自然"形成的群体来对待。在公开话语或者公共政策中,不应有任何词语暗示他们低人一等。诸如"有缺陷的"或"智力迟钝的"之类的词都是禁忌,事实上,出于礼貌和得体,我们应该用中性的甚至积极的词语来谈论他们,例如"不同的"或者"特殊的"等词语。

因而,一方面,身体残疾的人"就像其他任何人一样";另一方面,他们有权合法地主张受到优待,因为他们有一些并非由于选择而来的特殊需要。所以他们就好比名人,既区别于其他人,但在实质上又和大家一样;或者如同其他少数派那样,也是"特殊的",但实质上与其他人一样,基于同样的正当性和价值主张权利。就在最近,法律和政策显著地扩展了残疾人的权利。然而,人们绝没有因为残疾人的不幸而指责他们,像对待少数派和妇女们一样,人们只是期望他们听从命运的安排。

在现今的美国,大量的法律试图通过在公共建筑设立坡道、建造特殊的公交车和补偿性教育等措施,使残疾人与其他人一样享有同等的地位。① 这些条款并不被界定为高层施舍下来的福利或慈善事业,他们采取了权利的形式。它的目的在于使生活机会平等化,给予残疾人和其他人一样的进行选择的机会。借助客机的升降梯子,坐轮椅的人可与有着两条强壮的腿的人一样乘坐飞机。在1975年,美国国会宣布了一项国家政策:"残疾人享有与其他人一样的使用大众交通工具的权利。"② 一些时评人士发出了怨声,抱怨为使轮椅能够登车而改装公交车的费用大得惊人;在一些情形下,为残疾人雇佣出租车或汽车司机可能会更便宜些。但这不是关键所在:坐在轮椅上的人想要与其他人一样,享有乘坐公交车、进入楼房或者拥有一份工作的选择权。在赛马中,让步赛意味着均等机会,这并不是对不能跑的马或不愿骑的骑师施以仁慈。这是一种人们所熟悉的政策信息:残疾人是平等的人,仅仅在那个无选择的方面(残疾本身)与我们不同,他们像其他个人一样享有同等的选择权,他们所需要和必须拥有的只是一点点助力,来使他们和其他人站在同一起跑线上。

----

① 参见 Robert A. Katzmann, *Institutional Disability: The Sage of Transportation Policy for the Disabled* (Washington, D. C.: Brookings Institution, 1986), p. 2。
② 88 Stat. 2282 (Jan. 4, 1975).

第9章 选择生活方式的社会

随着选择和自我获得了至高无上的重要性，诸如种族与性别这样一些出生伊始就已固定且永恒不变的特征，要么重要性降低了，要么其社会意义发生了改变。部分而言，这种变化取决于社会成员在多大程度认为这些特性是"与生物学有关的"或是不可避免的。正如我们所看到的，有些状态，如种族，被人们看作与生俱来、永恒不变的；其他的状态也有强烈的不可改变的因素。尽管如此，这些特性的社会意义或社会后果已经发生了戏剧性的变化（参见第5章）。在现代社会中，一些被认为永恒不变的特性已经或几乎全部丧失了它们的社会重要性——例如，出生顺序就是如此。西方法律在很久以前就废除了嫡长子继承制。法律以这样的方式对家庭事务方面的习惯与风俗做出了回应。嫡长子继承制只在封建制的或是诸如英国这样由贵族与土地贵族所统治的社会情境下才能存在。在一个中产阶级主导社会秩序的地方，情况就大不一样了。

一、性别与社会

当然，性别问题很复杂。没有人能消除男女之间身体上的巨大差别，也没有人想这么做。然而，在许多情境下，现代法律对性别并不区别对待，虽然以前在这些情形下性别差异可能具有至高无上的重要性。实质上，反对性别歧视的法律，是在试图缓和性别中的生理方面所带来的后果。[①] 法律尽其所能，将这些问题转换为选择问题或者生活方式问题。这样，解剖学上的定数（destiny）就被转化为一系列具体的、可自由挑选的选择权。只有女人可以怀孕、生儿育女，但女人应该可以自由决定是否扮演这一生理学上的角色。理想状态是，生育孩子的种种后果——在家里，在工作岗位，或是在私人生活中——应该被这样处理，以尽可能地使这些后果不受性别影响。（很显然，这方面还有很长很长的路要走。）

因此关键的特征是生活方式，即选择的行为方式。一个女人没有选择要成为一个女人，男人也没有选择要成为男人；但是，每一个人都应该可以决定从基本前提所推导出的结论：对一个女人来说，就是决定是否成为一名妻子或母亲，是做主厨或裁缝还是去读商学院，是成为一名家庭主妇还是去竞选公职，是成为一名护士还是在煤矿劳动，或是这些以外的选择。在西方国家，官方的政策废除了那种建立在性别差异上的对选择的限制。许多西方国家已经为此目的设计了法律的结构。同样的工作应该获得同样的报酬；妇女必须可以平等获得就业机会；教育与就业中的歧视构成违法。

妇女运动反映了许多意识形态；它是众多进化之树中的一个分支。但归根到底，它植根于个人主义的社会秩序。纽约大学"女性法律工作者指导委员会"（Law Women Steering Committee）

---

① 关于"不可改变性"和性别歧视，参见第 5 章的有关论述。

的一名成员在写给《纽约时报》的信中,很好地表达了这种观点。女权主义,她写道,不仅仅是"民权运动的一个分支"。"终极目标"是"自决权"(self-determination);"民权与法律平等"仅仅是"取得这一终极目标的许多先决条件之一"。女权主义运动"肇始于这样一种意识:妇女在过去一直被禁止去理解并实现她们真正的个体自我"。女权主义者致力于建设"这样一个社会,在那里妇女可以实现她们真正的个人特性"。[1]

当然,不是人人都能接受这一点,即便是在女权主义运动内部也是如此。同样,也并不是每个人都能接受女权主义。平等是官方的政策;但是正式法律的明确或隐含的规则,与由男男女女组成的真实世界之间的差距,毫无疑问还是巨大的。现在绝大多数妇女从事工作;她们在劳动力市场和男性竞争;她们承担着苛刻和严格的工作,但一天结束时她们中成千上万的人仍面临着这样的境地:她们的男人仍希望妻子煮饭、打扫、照顾小孩以及满足主人的各种需要。为数众多的妇女面临着男人从未遭遇也从未想到的困境。

19世纪妇女的地位与今日妇女的地位有很大的不同。至少从19世纪初开始,就有了妇女运动。这一运动的潜在前提与目标也在与时俱进。妇女在形式上取得了择业自由、经济平等以及选举权和被选举权,但她们还要经历很长一段时间才可以去真正行使这些权利;绝大多数妇女甚至无法去尝试行使自己的这些权利。举个小小的例子:在20世纪初,大多数的西方国家(瑞士除外)允许妇女担任政治公职。但极少有妇女去实践这一权利;当选的人就更少了。男人拒绝投票给妇女,是出现这种境况的很大

---

[1] Laura Ann Silverstein, *New York Times*, November 24, 1987, p. 22, col. 5.

一部分原因，但并不是全部原因。许多妇女的心态仍沉浸在旧日的文化中。妇女从事法律职业的历史也意义重大。在美国，到 1880 年，妇女已经赢得了成为律师的权利。但同样直到晚近，打破传统角色并行使这一权利的妇女都是极少数。新妇女运动已经取得了奇迹，因为它探究更深入、行动更积极；它已不再满足于形式上的权利。它的力量无疑部分地来自当代的个人主义思潮，也就是选择的共和国。不仅仅是妇女要求获得更多，更多的男性也看到了这些请求的正义性：她们也是这个共和国的公民。

二、选择的共和国中的宗教

性别在某些方面是极端的例子，因为其生理学的基础是不容否认的。换个不那么极端但同样有分析价值的例子的话，可以看看当代社会中宗教归属（religious affiliation）的性质。过去，宗教传统是确定生活定位的一个至关重要的因素。绝大多数社会中的绝大多数宗教都宣称，只有一种真正的信仰——当然，就是他们所宣扬的那个。所有其他信仰都是野蛮的、异端的，是魔鬼的捏造。只有皈依真正的信仰才是唯一正确和恰当的选择；如果邪恶、顽固或无知的人们拒绝接受它，那么他们应当受到制裁。驱除异教徒或是将他们在火刑柱上烧死是一种神圣的责任。黎巴嫩、北爱尔兰以及霍梅尼统治下的伊朗都在冷酷地提醒我们：宗教斗争与偏执在 20 世纪 80 年代仍可以存在并愈演愈烈，即使在那些宣称自己已属先进发达的国家中也是如此。

除了仅仅作为一种形式之外（例如，在英国），西方国家基本上已经抛弃了国教——政教合———的观念。在美国，最高法院将宪法第一修正案解释为禁止建立国教;无论如何,在美国建立国教的想法到现在都是难以想象的。在美国,宗教宽容的传统根深蒂固。联邦与各州宪法保证宗教信仰自由、政教分离。各级法院不遗余力地执行着这些政教分离的规定。它们废除了一切哪怕是模糊地暗示了国家参与宗教或一种宗教优于另一种宗教的法律。这样做的目标是要在公共和官方生活中,以严格的中立和普遍的尊敬,平等对待所有的宗派。市政厅草坪上的耶稣降生布景、公共建筑上的圣诞节标志、议会里的祝祷、学校中的默祷——这些被认为是困难的、模糊的事情,而高等法院探究、关注这些事情,并且为此产生意见分裂。① 隐藏在这种分歧背后的是这样一种观念:所有的宗教都是合法的;任何一种宗教都不能被忽略、嘲笑和贬低。每一个人都应有兜售其宗教信仰的机会。国家必须保持中立;宗教是个人的选择,是私人而非公共事务。

从历史上看,这代表了西方社会的一个巨大政策转变。西方的宗教宽容在经历普遍顽固偏执的年代后,取得了合法性。宽容取代了既定的、排他的、强大的教会体制。当时,对少数派宗教的迫害普遍存在。许多最初到达美国的殖民者都是逃避英国宗教迫害的难民;他们来到伟大的新大陆,建立了他们自己偏爱的信仰王国。从前,英国法以无数的方式歧视异教。直到19世纪,天主教徒、犹太教徒和非国教派的人在议会中都没有代表。根据英国法,一个人如果嘲笑真正的信仰,就犯了亵渎上帝之罪。但嘲笑非国教派的人或异教徒就从来不是犯罪。在美国,直到19世纪还有些州规定,渎神(blasphemy)是犯罪行为,但是这保护

---

① 参见,例如,Lynch v. Donnelly, 465 U. S. 668 (1984);在该案中,圣诞节游行由罗得岛州的波塔基特市市政当局举办。

的不是基督教的哪个教派，而是整个基督教本身。今天，渎神条款已经从法典中销声匿迹了。① 在英国，它也是一种被逐渐废弃的罪行。在1979年的一个案例中，尊贵的上议院认为，对一个男同性恋基督徒的描写太过头了，是令人难以忍受的。② 但这是数十年中的第一个起诉案件；这样的案件不可能再发生了。渎神条款预设了一个简单的合法性标准，它与宗教宽容或是宗教多元主义并非不能共存。它们直到19世纪都相处甚好。然而，在选择的共和国中它已无立身之处。

在现代社会中，政教分离比简单的对多样性的宽容以及单纯的多元价值中立有着更深远的意义。宗教越来越多地与出身或传统不相关联。在西方社会中，宗教的民族性在一些较小的或少数宗教中——犹太教、佛教、伊斯兰教——仍然存在（参见第5章）。但对于越来越多的人来说，宗教已经与传统和血统分离开来，成为一项个人选择的事务。现代宗教拥有托马斯·卢克曼（Thomas Luckmann）所说的"消费者取向"（consumer orientation）这样一种特性。它是"私人事务"（private affair）；个人是作为购买者来接触宗教的，他"可以从各种'终极'意义的集合中选择他认为合适的那个"。③

在过去，人们转变或改换宗教并不多见；实际上，是否存在

---

① 美国法律中有关渎神的规定，参见 Lawrence M. Friedman, *Total Justice* (New York: Russell Sage Foundation, 1985), pp. 113–115; Robert C. Post, "Cultural Heterogeneity and Law: Pornography, Blasphemy and the First Amendment," *California Law Review*, 76 (1988), 297。

② R. v. Lemon [1979], A. C. 517.

③ Thomas Luckmann, *The Invisible Religion* (New York: Macmillan, 1967), p. 99. "自治的"消费者"从可以选择的分类中选择……某一宗教主题，并将其纳入因此并不稳定的关于'终极'意义的个人体系之中。因此，个人的宗教信仰不再是某种'官方'模板的拷贝或翻版"，参见第102页。

个人改换宗教信仰的情况,这是有点值得怀疑的。(大规模的改换宗教[有时候是在刀剑的威逼之下]则是另外一回事。)然而,在选择的共和国中,宗教比以前更为变幻不定;西方人在宗教上是移动的,就像他们在职业上、社会上和地理上也是移动的一样。确实,在实践中,从一种信仰转换为另一种信仰,比跨越划分阶级与阶层的无形之线更为容易。混合婚姻——各种宗教之间的通婚——已经大为普遍。随之而来的是,宗教越来越是一种个人的信仰,是个人做出的某种选择。它是一种"归属",一种自愿做出的选择——我们这个时代的人加入宗教,也随意脱离宗教或者接受新的宗教。当然,大多数人只是继续保持着他们与生俱来的宗教信仰。但即使是这些人也注意到他们有选择之路;他们也意识到了宗教的变动性以及按照他们的意愿改换宗教的机会。

"旧时代"的宗教并没有丧失其魔力。实际上,它已在某种程度上重现,这一点在美国尤为显著。有一种宗教复活已经发生——好比现代版的"大觉醒运动"。① 总体上,美国人是信奉宗教的——与其他西方国家的人相比来说更是如此,这是根据有关去教堂的人数的统计数据来衡量的。② 原教旨主义在美国比在其他地方更有势力;严肃的"神创论"运动("creationist" move-

---

① "大觉醒运动"是1740年左右席卷北美殖民地的一场宗教复兴运动。参见 Alan Heimert, *Religion and the American Mind: From the Great Awakening to the Revolution* (Cambridge, Mass.: Harvard University Press, 1966)。

② 托马逊的研究报告表明,1971年,瑞典人口中只有4%或5%的人去教堂;而在同时期的英国,每周去教堂的人口比例是15%。参见 Richard F. Tomasson, "Religion Is Irrelevant in Sweden", in *Religion in Radical Transition*, ed. Jeffrey K. Hadden (New York: Aldine, 1971), pp. 111, 112。但在1975年,在所有的美国人中,有40%的人经常去教堂;94%的人信仰上帝,并且75%的人相信有来生。参见 John Wilson, *Religion in American Society: The Effective Presence* (Englewood Cliffs, N.J.: Prentice-Hall, 1978), pp. 397, 399。

ment)在比利时或瑞典是不可想象的。但是非常规的教派绝不会局限于美国。你可以在柏林或伦敦的街头看到人们身着藏红色长袍，剃着光头，就像在旧金山一样。

初看上去，好像原教旨主义在美国的复活在选择的共和国中明显不合时宜。旧时代的宗教不是"亲选择的"（pro-choice）。它的价值与张扬的个人主义并不一致。但从根本上说，美国人的宗教虔诚并不与大众文化不相容。美国的宗教复活在很大程度上，是向着令人激动的、强调神授的超凡能力的、情绪化的那些派别倾斜的。这些宗教强调的是鲜明的个人选择。一名"重生的"（born-again）基督教徒抛弃了她陈旧的、正宗的宗教；她自由选择了一种不同的宗教，或者说相对其父母的宗教信仰而言更加激进和个人化的宗教。这种个人因素在那些追寻东方的神秘主义、亚洲或非洲的宗教，或追随这个派或那个派的宗教导师的那些人群当中，更为明显。对超自然现象的追逐、对形而上的强烈渴望，这些现象的广泛流行，就足以引起传统宗教的忧虑了。为了迎接其所面对的竞争，它们强调自己对强烈的、个人的精神体验的关怀。

美国正在经历一场宗教骚动。似乎存在相当多的改换宗教信仰的现象——尽管这种改换不像更换妻子或丈夫那么频繁，但也着实为数不少。毫无疑问，这种宗教的变动性，部分是宗教多元主义的逻辑结果。美国是一个宗教繁多的国度；总体上，这些宗教遍布全国。在有的地方，浸礼宗、路德宗、天主教构成宗教信仰的主体，但在任何一个地方它们都没有完全占据统治地位。即使是盐湖城的摩门教也必须和大量非摩门教的少数派宗教相竞争。基督教徒在美国人口中占压倒性多数，但在"市场"上有无数的各种规模、品牌和包装的基督教派可供选择。

多元主义本身既不鼓励，也不反对改变宗教信仰和宗教融合。在美国和西方其他地方所发生的情况，不仅仅是对目前宗教共存的一种反映。在许多国家，不论是过去还是现在，各个宗教群体都是比邻而居的。但它们又都是相隔的，因为它们都居住在密闭的、与外界隔绝的社区里。在其他地方，它们虽然比邻而居，但却有着深仇大恨——例如，在黎巴嫩或北爱尔兰就是如此。不同的宗教共处于奥斯曼帝国这一单一国家中，每一种宗教都有其自己的律令；在某种程度上这就是今日以色列的真实写照。极少有大胆的人敢穿越宗教的分界线。美国与欧洲的多元主义并不一样，它包含着许多因素：宗教的共存、地理上的流动性、大众媒体，以及（这点非常重要）对个人选择的尊崇。现代的多元主义提供了许多宗教的模式，所有的这些模式都被视为有效。问题不再是哪种宗教是正确的或官方的，而是哪种宗教对于你而言有意义。当然，宽容并不是无限的；舆论对派系和邪教保持着提防。不过，值得注意的是，它们之所以被人们提防，是由于其被界定为某种形式的成瘾（addiction）。人们怀疑这些异常教派在进行洗脑活动、剥夺人们的（真实）意志并将他们变为机器人。

在选择的共和国中，大众媒体将有关各种信仰的信息带入家庭中；这一过程削弱了那种强调正宗地位的宗教文化的力量。在宗教中，如同在其他生活领域中一样，平行信息和平行权威与垂直权威相竞争。而且，人员的流动为持不同信仰者逃离封闭社区打开了大门。即使是在最与世隔绝地区的宗教教派也感受到了压力。同时，就像过去一样，新的教派在不断形成。但即使是更激进的、乌托邦式的宗教派系也是建立在自愿同意和自由皈依之上的。美国乌托邦式社区的历史，如卡罗尔·威斯布劳德（Carol Weisbrod）所言，"在很大程度上是由自愿主义原则所引导的"。①不断有一些人加入，又不断有一些人离开。

因此，一般而言，在美国与西方生活中，社会因素倾向于瓦解强调正统宗教或者民族宗教的力量。高比例的通婚——婚姻毫无疑问完全是以选择为中心的——进一步打破了宗教之间的藩篱和门户。现在很难再坚持这样的观点，即只有你的信仰才可以让人获得救赎，而你的内兄、两个侄女和亲友们则由于不接受你的信仰而遭到永恒的诅咒。但如果你的宗教信仰不是获得救赎的唯一路径的话，那么它是什么？这要么意味着你的宗教信仰根本不能提供什么救赎，要么意味着你的宗教信仰不过是一种私人的、基于习俗的获得救赎的个人路径，这种路径因人而异。

在美国，个人拯救的理念允许多元主义、宽容和虔诚的宗教信仰同处共存，而不带来什么情感上的冲突，这就是美国的确切情形。一般来说，现代文化促成了宗教选择；它激励那种基于个人选择的、符合个人需要的宗教生活形式；它贬抑自上而下施加的、从父母那里承继的或是根据传统或习惯而盲目追随的宗教。而且，关于宗教和国家关系的法律，即宪法第一修正案涉及的那些争论不休的案件，尽管棘手且充满不一致，却基本上是按照大众法律文化所规定的轮廓发展的。

发生于宗教信仰上的情况，正发生在个人生活的许多其他方

---

① Carol Weisbrod, *The Boundaries of Utopia* (New York: Pantheon Books, 1980), p. 209. 威斯布劳德接着认为，自愿主义原则也有其局限性，"也许他可以选择自己的宗教，但不能替他的子女选择宗教信仰"。并且，这一契约并非不可撤销：它不能"剥夺个人重新加入更大社区的权利"。

面。生活中的各个方面和活动,比如个人习惯、穿衣吃饭的方式、职业,甚至性取向,都已转化成为由个人做出选择的事务。举个例子,我们可以考虑一下被称为"饮食革命"的例子。在过去,中国人吃中菜,意大利人吃意大利菜;即使是英国人也只能吃他们自己独有的食物。现代公民就不会感到这样的障碍;她并不会仅仅因为自己不是俄罗斯人或泰国人,就不去烹制或吃泰国菜或俄罗斯菜。人们可以吃他们喜欢吃的食物;有这么多的民族美食可以选择。不错,有些民族的文化比其他民族的文化具有更顽强的生命力。美国年轻的自由职业者绝对什么都吃,但是他们在意大利的同行总体上仍旧是吃意大利面食和其他意大利美食。但总体来说,烹调已经进入了巨大的选择市场。只要自己喜欢,一个法国人也可以吃素食,信佛教,玩纸牌,收集非洲艺术品。放弃旧有归属(ascription)的现象,远远超出宗教的范畴。在生活的各个方面,就像理论所推演的,每个人都做出了(或是可以做出)一种强烈的、个性化的个人选择。我们生活在一个重生的时代。

三、生活过程

近些年来,学者们开始探究人类生活过程的社会历史。每一社会对生活过程的界定都不相同。[①] 当然,所有人都同意:它在生物学上已经预设好了;人类出生时柔弱无助、没有牙齿、在地

---

① 参见,例如, W. Andrew Achenbaum, *Old Age in the New Land: The American Experience since 1790* (Baltimore: The Johns Hopkins University Press, 1978); Tamara K. Hareven, "Historical Changes in the Timing of Family Transitions: Their Impact on Generational Relations," in *Aging: Stability and Change in the Family*, ed. Robert W. Fogel et al. (New York: Academic Press, 1981), p. 143。

上爬着，本能地又咬又踢，然后慢慢长大，蹒跚学步、咿呀学语，逐渐长大，进入青春期，发育成熟，进入壮年，又慢慢衰老、头发灰白、牙齿掉光、疾病缠身，直至死亡。生物学为这一切设定了边界，赋予了严格的律令；不论是5岁的男孩，还是80岁的老妇，都无法生儿育女；没有一种关于婚姻、性或是家庭的风俗或习惯，可以改变这一残酷的事实。但在广阔的生物学界限内，社会秩序决定着一切。它给生活的各阶段和时期赋予了不同的意义，规定了不同的行为。它给这些阶段规定了不同的名称，贴上了不同的标签，衡量并确定它们的社会意义，指派女人和男人在不同年龄时段应扮演的角色，就如同它为他们设定不同的性别角色一样。

这一领域的研究已经表明，在总体上，对生活各时期和阶段的传统划分，是社会的发明，它因文化的不同而各异。例如，关于孩童时期和青春期的理念，并不是神授或是天赐的，甚至也不是由生理情况所规定的。这些理念中有一些是相对晚近的"发现"。① 在总体上，关于成年生活各阶段的观念，与关于孩童或老年的观念相比，更为模糊。今天，我们正在一个"重新界定"的一般过程中。社会变化的急流正在影响着生活过程的概念，模糊着各个阶段之间的界限，并在其可能的程度上尽量取消各个阶段的划分；这样的后果是，成年阶段被模糊了。选择的共和国重新安排了年龄与角色之间的关系。我们生活在一个矛盾的时代：一方面，我们对生活的各阶段表示出更大的关切与敏感，对老年及其意义表示出更大的关注；另一方面，又存在彻底取消成年

---

① 例如，关于孩童时期的论述，可参见菲利普·埃里斯(Philippe Ariès)的名著《几个世纪的童年》(*Centuries of Childhood: A Social History of Family Life* [New York: Knopf, 1962])，其中有一章题为"发现童年"。根据该书的论述，关于(核心)家庭的确切概念实际上是较晚近时的一个创新，参见第363页。

(包括老年)各阶段划分的趋势。

在一种重要的意义上,正如种族、性别和宗教一样,年龄在法律上与社会上已经变成了一种不具相关性的因素了。首先,医学技术极大地消除了固定(生物学意义上的)和相对年龄(社会学与文化学意义上的)之间的区分。它已经部分地克服了随年龄增长而产生的一些退化现象;无论如何,人们活得更长。这对于我们这里要说到的如下这一点无疑是具有某种影响的:现在广为传播并还在继续传播的观念是,年龄不应干预选择;一个人的(社会)年龄应尽可能是那个人想要的那样,既不多也不少。当然,年龄具有一种不可避免的方面,但在法律和社会上,这种不可避免的方面应尽可能地被中和。

没有人可以选择自己是 30 岁或是 40 岁,还是 90 岁;但人们可以选择行为的方式、习惯与风格,而这些往往是和人的生理年龄相脱离的。人们随便地谈论着现代社会中的"青年文化"。从某种意义上来说,这种文化是在美化青年——青年的风格、青年的音乐、青年的习惯。但从基本层面上来说,"青年文化"这一术语是具有误导性的。青年人并不拥有政治的、经济的或是社会的权力。"青年文化"一词承认了青年人中同年龄群体的权力;部分而言,这是在向大众媒体以及社会名人致敬,这些名人大多数年轻又美丽,但从根本上说,这一短语和根本并不年轻的人们所做出的行为选择有关。它意味着年长的人们从传统的关于年龄的陈腔滥调中解放出来了;只要他们喜欢,他们就可以崇拜年轻人,像年轻人一样行为;他们可以(并确实在)接受年轻人的生活方式和生活习惯。因此,所谓的"青年文化"其实是非年轻人的文化,这些非年轻人决定摆脱他们的成年窠臼,并将过去认为仅适用于儿童和青年的行为模式吸收进来。

认为作为生命中一个独特阶段的老年阶段正在消亡，显然是夸大其词了。在整个西方世界，寿命预期都在增长。人们活得更长。相当一部分人活到很老。对年龄和老年学的科学兴趣也在迅速增长。老年人更是一个强大的利益群体。但有意思的是，对老年人和衰老过程的强调，反而只是证明了年龄的不相关性。老年人不必再表现得老气横秋；他们不必再蜷缩到门廊里或是摇椅上这些他们渐渐衰老和变得无足轻重的地方。他们可以加入灰豹乐队，并且四处游说、大声宣泄。他们可以决定不再穿着得老里老气，行为老气横秋；他们可以自由地"啪"的一声打破生活过程的界域，发展新的兴趣爱好，按年轻人的方式行为。在这个意义上，成年生活的各个阶段已经不复存在了，或者说它们已经被融合入生活中一个简单的、包罗万象的阶段，这一生命阶段既不是年轻人的，也不是老年人的，而是一种纯而又简的生活。

生活过程界域所发生的这种瓦解，是一重要的社会变化；自然地，它在法律上产生了影响。在每个西方国家，一大批利益与权利流向中年人与更年长者。这些利益与权利并非突如其来；最初，他们与正在消失的生活过程关联甚少或没有关联。相反，以使工人有可能既有面包又有尊严地退休为设计初衷的养老金，有可能使年轻人与老年人之间的分界线更为清晰：年轻人工作；年长者退休。年轻人当然能从退休金法律规定中受益：当年长的劳动者从劳动力市场中退出的时候，工作状况也在此范围内得到了改善，而且养老金制度意味着年轻的工人不必再像过去那样承受赡养其年老父母的重担。

对有些年长者来说，养老金是一种浮士德式的交易：他们以工作职位换得养老金；为了在老年时获得保障，他们放弃了有意义的工作。对成千上万的老年人来说，这个交易是值得的；他们要么从事艰苦的、卑贱的、没有报酬的工作，要么由于缺乏健康或体力而在劳动力市场上毫无竞争力。养老金使得更多的老年人可以过独立的生活——这是某些人拼命所追求的目标。"独立的"一词很有意思，甚至在这种语境下是不寻常的。领取养老金的人，不管怎么说，是附属于国家的。但养老金是用信件寄达的没有感情的支票。这比向纠缠不清的、令人沮丧的亲属进行乞讨更可取。养老金，与其他许多福利与管理性制度一样，看起来并不是老年人具有依赖性的特征，相反倒是一种老年人独立的标志。而且，人们将养老金界定为（社会）保险；他们已"赚取"了养老金；而且，由于养老金是以金钱的方式支付给老年人的，领取养老金的人就可以按照他们希望的方式来自由消费这笔钱。

更加晚近的时候，政府扩大了老年人的权利与利益。新规定在某种程度上表明，老年人有组织的院外集团是多么强大，而且它在为自身利益而斗争方面是多么成功。反对年龄歧视的法律是这一波立法浪潮中最有意思的例子之一。这些法律几乎只在北美大陆（美国和加拿大）才有，在其他地方则没有。

准确地说，美国反对年龄歧视的法律肇始于 1967 年美国国会通过的《就业年龄歧视法》（Age Discrimination in Employment Act, ADEA）。[①] 这一法令主要是为了中年人的利益；它适用于 40 岁以上 65 岁以下的工人。雇佣者被禁止在雇佣、解雇以及工

---

① 对这一法律分支的讨论，参见 Lawrence M. Friedman, *Your Time Will Come: The Law of Age Discrimination and Mandatory Retirement* (New York: Russell Sage Foundation, 1984)。有些州在《就业年龄歧视法》颁布之前就有一些禁止就业中年龄歧视的规定；例如，纽约州早在 1958 年就有类似规定了。

作环境上歧视这一年龄团体的成员。在这之前，许多公司拒绝雇佣超过 40 岁的人。根据《就业年龄歧视法》，甚至在广告中称招聘"年轻人"或"年轻的工人"也构成违法。稍后对《就业年龄歧视法》的修改，将适用的年龄上限提高到 70 岁。1986 年，该法的年龄上限已经取消，只是在一些特定职业上还存在。这实际上废除了强制退休制度——这一新情况是包括加利福尼亚州在内的许多州都早已预料到的。自从 1986 年开始，任何一家公司，不论其规模大小，都无法确立这样一条规则：解雇到达一定年龄的工人——65 岁、70 岁，甚至是 90 岁。每一个人都必须被当作独一无二的个体来对待。

这些法律背后是什么东西呢？在这一故事中，老年人的院外活动集团当然是因素之一。但 1967 年最初的法律并不有利于 65 岁以上的老年人。毫无疑问，民权运动是一股主要影响力量。1964 年，伟大的《民权法》①消除了就业中对种族、性别、宗教和出生国（national origin）的歧视；把年龄因素列入这个清单中似乎是合乎逻辑的，而这实际上在此后的第三年就发生了。但是如果将这么重要的发展解释成一种几乎是在不经意间溜入法律中的有吸引力的类推做法，那就大错特错了。隐藏在法律背后的是关于"老年"这一社会概念的变化。新概念可以通过这一短语来巧妙地把握：流动的生活过程。就像伯尼斯·纽加滕（Bernice Neugarten）指出的那样，社会不再肯定应当"把标点符号加在生命线中的什么地方"。② 或者，根

---

① 42 U.S.C. sec. 2000 e-2(a).
② Bérnice L. Neugarten and Dail A. Neugarten, "Changing Meaning of Age in the Aging Society," in *Our Aging Society*, ed. Alan Pifer and Lydia Bronte (New York: Norton, 1986), pp. 33, 36. "各个年龄段的成年人都在经历生活过程中传统节奏和事件安排的激变。"

本就不需要任何标点符号？曾几何时，西方社会，就像绝大多数社会一样，严格限定着年龄阶段。那时的生活过程是一条单向的传送带，一种装配线程序，它始于出生，并且从一阶段向另一阶段按一单一的方向移动。每一阶段都绝对不可逆转。这一过程确定不移，一去不复返。

无疑，生命的事实使得某些过程不可逆转——一个小孩就是小孩，一个大人就是大人。死亡是不可逆转的终极因素。但生命这一装配线上的其他东西很少能说是完全由生物学定律所确定并且不变的。那种被认为适合于生命中每一年龄段和每一阶段的行为，是由社会确定的。绝大多数人对他们自己针对适龄行为的态度与情感并无意识；他们只是认为这是理所当然的。如果一个小孩发脾气，这是正常的行为；如果一个成年人也这样做的话，那就有可能是错的。一个少年离家出走是离经叛道的；但人们认为，一个26岁的青年就应该走出家门。

流动的生活过程是对传统的关于适龄行为的观念的一种反叛。它最激进的形式，是否认整个成年阶段中存在什么年龄角色。当然，这样的乌托邦没有真正实现。人们实际上仍关注成年生活的不同阶段和过程；有大量的文学和科学作品反映中年危机、金色年华、更年期或是各种变化，还有其他与此有关的文化制品。尽管如此，区别儿童和成年人的界限是唯一清楚的划分。可以说，在从18岁到死亡的时间流逝过程中，流动性已经成为一个含蓄但却有效的概念。实际上，关于中年危机与更年期的文献正是以这种概念为先决条件的。毕竟，当我们变老时，一些真正的变化确实会发生；这些文献的中心点是，怎样抑制、中和、缓解、调适或利用这些变化。人的身体变得虚弱，然后走向衰老；年老的父母故去；小孩长大；工作条件逐渐成熟并保持稳定。每一个发展的转型期"都涉及终结和开始：现存生活内容的终结和新生活内容的开始"。为了应对这一过程，"一个人必须重新评估并调整现存的生活内容"①。

前述从一本关于成年人发展的名作中引述的话中，并没有人们应当并且必须停留在古老的、历史悠久的年龄角色中的暗示；它也不暗示人们应该沿着岁月年轮的传送带平静前行。相反，书中的用语预示着该书的潜在前提是流动的生活过程，以及伴随着选择的冲突、疑问、紧张和痛苦。正是选择才造就了人们有的那种时间流逝和人生转折之感。否则，所有这些都将由自然和社会来准确地固定。但是流动的生活过程以及年龄的不相关性，意味着只要一个人愿意或力所能及，并且是出于生命中任何阶段或时期自我发展的需要，那么，在40岁时离婚、50岁时开始新职业生涯、60岁开始学法语、70岁时骑摩托车，或是在80岁时骑自行车，就都不再是异想天开或稀奇古怪的事情。实际上，书中对中年危机以及其他生活中任何阶段危机所开出的处方，不外乎是开始一个崭新的历程，重新审视习以为常的前提，重新考虑自己的个人生活；这些治疗之道在过去通常是受到谴责的，因为它们被认为与生活中特定的年龄或状态不适配或不合适。关于"时间流逝"的著作承认选择的现实：危机是预料之中的，但我们可以对它们做点什么。除非自己愿意，没有人可以被别人要求默默地步入黄昏或是黑夜。

流动的生活过程显然与关于选择权和选择的主导观念息息相

---

① Daniel J. Levinson et al., *The Seasons of a Man's Life* (New York: Knopf, 1978), pp. 194, 195.

关。时光的流逝不应当关闭大门,排斥机会;年龄也不应当像种族、性别或宗教那样,阻止人们塑造或重塑自我。这是法律文化的基本假定——选择的自由——的推论以及对正义的普遍期待。那么,那种对不可逆转性的反对以及对"第二次机会"的认可在这里——亦即在生活过程的王国中——起作用也就不足为怪了。同时,这一社会变化浪潮也强有力地加强了家庭生活的发展。例如,至少它是导致中年夫妻中离婚潮的爆发或盛行的部分原因。为什么要坚守老旧的、死亡的婚姻?为什么不重新开始?错误可以改正,绝不太晚。

重新开始是文化中一种根深蒂固的需求。有句老话是这么说的:"今天是你余生的第一天。"在这类文化氛围中,老年的含义被戏剧性地重新界定了。最近讨论老年人性生活的文章和书籍(如何培养性欲,怎样保持新鲜感和性能力等),就是这一点的例证。而过去这个主题几乎是个禁忌。性只对年轻的生育者有意义。老年人有的只是记忆,仅此而已。现在,以前被看作不恰当的行为已经获得了积极的鼓励。如果精力充沛而心向往之,为什么不一试宝刀呢?

通常,人们改造法律安排以反映新的社会定义。例如,我们已经提到了美国和加拿大的禁止年龄歧视的法律,这也引发了数量惊人的诉讼和行政活动。40岁以上的人们有权选择从事新工作或是留在旧岗位,有权选择重新开始或是按部就班。这些法律在实质上也要求,每个人都应被当作一个个体来对待。人们关于年龄组的刻板印象,正如关于种族和性的刻板印象一样,侵犯了最基本的权利:在选择的共和国中每个人都应被当作独特的公民来对待的权利。

我不认为，年龄歧视的法律与流动的生活过程之间存在直接的或因果的联系。"概念"并不能产生法律，产生法律的是社会压力。流动性的文化对老年人院外活动集团所希望从事的事项产生了影响，因此可能会对法律产生间接的影响。此外，目前为止，这一法律领域仅仅局限于北美。① 在欧洲，人们几乎难以发现禁止年龄歧视的法律。禁止强制退休的规则闻所未闻。实际上，欧洲的趋势沿着一个明显相反的方向发展，即越来越早退休。在一些国家——例如，在荷兰——这一趋势得到了各类公共和私人计划的鼓励。② 从20世纪70年代起，失业问题就在损害着欧洲的福利国家制度，因此，任何试图增加就业人数的政策在目前都是不可思议的。提早退休在美国也很流行；处于经济困难的公司经常通过向中年雇员支付一笔离职金的方式来让他们离开，从而削减它们的劳动力人数。但提早退休并不是基于法律规定；正如我们所见，法律禁止绝大多数雇主强迫工人非自愿退休。

然而矛盾的是，从社会意义上而言，不论是提前退休还是推迟退休都一样。一个50岁或55岁退休的男人或女人不必蜷缩在摇椅里、坐在门廊下。提前退休使得人们可以有机会尝试其他事务——一个不同的职业、新的爱好或活动、一种新的工作。因此，提前退休本身就是流动的生活过程的一个反映；提前退休出现在现代福利国家之中，在这些国家，工会对劳动力市场有很大

---

① 加拿大《人权法》(Human Rights Act)也禁止年龄歧视；更一般的情况介绍，参见 *Maclean's*, March 1, 1982, p.50。各省的法令也禁止年龄歧视；并且根据有关机构年度报告的研判，这些法令在省级层面上仍适用。

② 关于荷兰及一些欧洲国家提前退休的情况，参见 Bernard Casey and Gert Bruche, *Work or Retirement?* (Aldershot, England: Gower, 1983), chap. 6。

的控制力，它们能够帮助年轻的工会成员获得关键的工作岗位，即使在对这些年轻工人的劳动的需求降低了的情况下也是如此。一句话，提前退休本身提供了一个重新开始的机会。退休不再是一个半决赛行为，不再是通往死亡之路上的一个顿号。相反，它可以是一个开始，是生命中一个重大的成长阶段。摇椅只是众多选择中的一种。因此，由于有生活收入的支撑和保障，提前退休是社会安全网的一种时间形式（a temporal form），是尝试新生活方式的一个机会和挑战。

四、家庭法与家庭生活

西方世界的家庭生活同社会秩序的其他方面一样，变得越来越不稳定。一个变化就是高离婚率，尽管对此仍有争议。离婚在所有的西方社会中都司空见惯（至少在那些允许这样做的国家中是如此）。通常，它被看作社会解体的一个标志。离婚在美国尤为普遍。至少一个世纪以来，离婚率已经在牧师、道德领袖和受人尊敬的公民中间引起了普遍的怀疑、恐惧和惊慌。

什么原因导致了令人吃惊的离婚现象？为什么有这么大的从法律上退出婚姻的需求？威廉·奥尼尔（William O'Neill）描绘了世纪之交的婚姻状况，指出了婚姻的社会意义的变化。在传统婚姻中，丈夫和妻子有清晰的、固定的角色。在婚姻中且只有在婚姻中，性才是正当的，甚至是值得赞美的；婚姻也是一个稳定家庭的框架；它意味着家庭和子女。不管喜欢与否，丈夫掌控着家庭，他提供食品和金钱；妻子是他的一个仆人、一个女管家、一位性伴侣和一种社会支持。到 19 世纪末，传统的婚姻遇到了麻烦。男女双方都不满意；他们期望从婚姻中比以前得到更多。他们希望婚姻承载更重的分量。丈夫和妻子应该在深度和广度上满足彼此的需要。婚姻开始承担新任务；它正在成为自我实现的一种方式。它是一种自由选择的安排、一种合伙。每一合伙人都必须满足和丰富对方的生活。如果婚姻不能提供这些，每一合伙人都拥有解除婚姻并重新尝试的道德权利。①

在许多古老的社会中，婚姻习俗和法律以父权制家庭或扩充的家庭形式为前提。家庭为其子女安排婚姻——这在部分第三世界国家中仍经常发生。在现代西方社会中，包办婚姻被认为是无情的、野蛮的和原始的。不是自由选择的婚姻伴侣是不可思议的。过去，婚姻是一种身份、一种圣礼；到 19 世纪初，它已演变为一种法律上和社会意义上的契约。但是，直到相当晚近，它都还远远没有达到完全意义上的契约的形式，因为在大多数情况下，它是不可改变和不可解除的，它是一条死胡同或单行道。在美国，独立战争之前离婚极其稀少。到 19 世纪初，大多数州允许通过司法程序来离婚，但当时离婚在任何地方都不常见。在英国，实际上，直到 1857 年，根本就没有离婚这一说。② 在其他许多国家，特别是在天主教会势力强大的国家，离婚也是不允许的，如今爱尔兰仍旧如此，而阿根廷和意大利也只是直到最近才

---

① William L. O'Neill, *Divorce in the Progressive Era* (New Haven: Yale University Press, 1967).

② 1857 年前，只有取得英国议会颁布的法令才有可能离婚，这就有效地排除了离婚的可能，除了上层社会的一些成员以外。参见 Allen Horstman, *Victorian Divorce* (New York: St. Martin's Press, 1985)。关于离婚在美国的历史演变，参见 Lawrence M. Friedman, "Rights of Passage: Divorce Law in Historical Perspective," *Oregon Law Review*, 63 (1984), 649; Nelson Blake, *The Road to Reno: A History of Divorce in the United States* (New York: Macmillan, 1962)。

改变了做法。

在西方基督教中,婚姻的圣洁与永恒是一种强大的传统和信条。在19世纪,婚姻部分地丧失了这种特质;到19世纪末,它不再是不可解除的和不可改变的。它越来越成为一种完全意义上的契约——换言之,它成了一种选择权、一种协议、一种公民可加以选择的事务。如同生活中其他选择和选择权一样,它开始受到那种反对婚姻不可改变观念的影响。婚姻如果不能解除,将成为一个陷阱、一种奴役、一种负担;这样的婚姻妨碍个人的成长和发展;它将抑制自我伸展。

这些看法是我们耳熟能详的;它们曾是不断发展的法律文化的一部分;而且,随着人员的流动,这些看法得到了强化,这至少使得男人在身体上更容易从婚姻中摆脱出来。法律也随着变化的文化进行了修正,尽管这种修正总是遭到激烈的反对。离婚的需求在无情地增长,并在侵蚀着正式的法律。但正式的法律强硬而有抵抗力,因为法律改革所遭受的反对是强硬的和有抵抗力的。婚姻有特殊的道德和宗教地位,离婚本身被认为是不道德的,至少也是通向不道德的洞开之门。实际上,直到19世纪中叶,通过常规法院来离婚是可能的,但只有所谓无辜的受害者——通奸、遗弃、酗酒的受害者,或有法律规定的其他"理由"时——才有权提起这样的离婚诉讼请求。一些州曾大大放松其法律规定,但这些规定后来面对严厉的批评都退缩了。大约从1870年开始,协议离婚已经成为美国法肮脏的小秘密之一。正式的法律没有确认这类离婚,但它实际上已成为生活中活法的一部分。小讲坛上的传教士、立法者和法学家对此大加责骂,但伴侣双方却确有需求,法官也睁一只眼闭一只眼。这类非法协议支配着离婚法庭,并且显示出巨大的生存能力,尽管丑闻不断、屡遭披露。

在经历了大约一个世纪的半非法状态后,合意离婚的观念突然以惊人的力量从封闭中爆发出来。1970 年,加利福尼亚制定了美国的首部"无过错"离婚法。① 今天,每个州都有类似规定,许多其他国家也进行了类似的改革。在德国,根据 1976 年的《婚姻改革法》,离婚只能基于"婚姻破裂"(Zerrüttung)而得到允许,尽管法律仍要求一段时间的分居。② 即使是意大利也不顾梵蒂冈教廷的强烈反对而通过了离婚法。因此,离婚在西方不再被认为是一种特权——只有无辜一方才可以动用这种权利来对抗自己那邪恶的或有罪的另一半。它已经成为一种绝对的权利,任何已婚的人只要愿意,都可以自由行使这种权利。

具体的细节因国家不同而各异。但除了少数几个天主教势力的堡垒之外,基本的发展历程是一样的。婚姻的任何一方都有权利终止婚姻,而不必宣称或证明正式的离婚"理由";到底是无辜还是有过错,这已经不重要了,至少对婚姻本身来说是如此(但这一点仍和子女监护权以及财产分割有关)。保持婚姻存续状态是个人选择的事情;它不能由任何人来强迫;因此,婚姻早不再是一种身份,不再是一种永恒的状态。

简言之,法律文化的革命彻底重塑了婚姻与离婚的法律。家

---

① 加利福尼亚《民法典》第 4056 条规定,存在"不可调和的分歧",并且该分歧"已经导致婚姻有不可修补的破裂"时,可以"解除"婚姻。在实践中,这意味着允许合意离婚。

② 《婚姻改革法》第 1565 条规定:如果夫妻双方分居未超过 1 年,那么只有在一方提出申请时并经过严格的审查才予以批准离婚。分居 1 年以上的(根据第 1566 条的规定),可以合意离婚;超过 3 年的,决定性地推定婚姻破裂(这样就不需要双方的同意了)。

庭法已经开始反映,也必须反映选择的共和国的基本原理以及表现型个人主义与日俱增的影响。家庭的总体概念已经经历了一种从身份到契约的变化。家庭的组成开始于一纸婚姻契约;这是一份持续的协议,它预设了协议可永久地更新,它是一种永久的调适的过程。当协议失败时,可以做出的选择就是无过错离婚。在家庭生活中,是否生育孩子的决定——由于生育技术之故——已不再仅仅取决于上帝之手。它是整个婚姻协议的一部分。夫妻自由决定是否要生育孩子;这如同其他的选择一样,就像决定购买一台新冰箱、决定是否改变工作或决定前往加纳利群岛的旅行。成千上万的夫妇,特别是在联邦德国,认为海岛之旅比生育一个孩子更有吸引力。

因此,在大多数当代家庭中,如果父母不想要孩子,孩子就不会降生。是否要生育孩子也不是个显而易见或容易的选择。孩子是个奇迹,是惊奇与欢乐的源泉,但他们也意味着一种巨大的责任。孩子的出生是不可逆转的,而婚姻不是这样的,同居也不是这样的,工作选择更不是这样的。并不是每个人都能够处理这样的情形——它排除了这么多的选择,并且这样强烈地妨碍个人自由。当然,没有子嗣也有其烦恼,当这不是个人自由选择所带来的结果时,尤其如此。这时候它就成为一种障碍,并且许多夫妇绝望地寻求各种方式来克服生理上的障碍——包括代孕以及人工授精——或尝试收养孩子,来通过契约的方式代替生理上的生育。

收养在普通法上是闻所未闻的;除了让上帝带来孩子降生的祝福之外,在普通法上没有什么其他替代品。现代的收养法可以追溯到19世纪。美国第一部重要的收养法是马萨诸塞州在1851

年通过的。① 在20世纪80年代，没有子嗣的父母想要找到可以收养的婴儿已经很困难了。主要来源即非婚生子女正在枯竭，这部分是由于有许多的单身母亲，甚至还有十几岁的少女，选择独自抚养她们的孩子。当然，这种情形有很多的原因，但原因之一毫无疑问是家庭概念发生了变化。那种唯一具有合法性和应当受到尊重的单一的、全能的家庭模式或形象，已经分裂为上千种可能的形式。单身母亲——未婚母亲——不再承担那么沉重的不光彩形象了。因此，在某种意义上，单身母亲现在是一种选择的状态，或者说可以成为一种选择的状态；它的社会后果不再是那么不可逆转的。大多数未婚妈妈并不是选择成为未婚妈妈的，但是社会文化并没有像19世纪文化那样孤立和压制她们，而且福利系统给予了她们某种形式的安全保障。对一些处于社会高层的妇女来说，单身母亲身份实际上是她们做出的选择；有些伴侣也选择了不结婚而生育孩子，而一些单身父母以及同性恋父母偶尔也成功地收养了孩子。

根据标准的收养法律，收养的孩子与婚生子女的地位相同。他们只能继承其养父母的财产。在法律上，它就好像孩子的生父母从来就不存在一样。但最近，事情发生了令人吃惊的变化：养子女对这些标准命题进行了质疑。美国许多州改变了它们的法律，以使养子女可以（至少在某些条件下）发现他们的亲生父母。在英国，被收养的子女有权获得他们的原始出生记录。② 密封的

---

① 参见 Jamil Zainaldin, "The Emergence of a Modern American Family Law: Child Custody, Adoption and the Courts, 1796-1851," *Northwestern Law Review*, 73 (1979), 1038。

② 关于英国法的有关情况，参见 1976 年《收养法》（Adoption Act）第 36 章第 5 部分第 51 节的规定。有趣的是，在旧制度（保密和密封记录）和新制度 （转下页）

记录被重新打开。这意味着,被收养的子女有权在两位母亲(有时是父亲)之间进行选择。这部分地反映了人们赋予选择权与选择的极高价值。它也反映了这样的理念:一个人有选择——或抛弃——其民族的或生物学性质的权利。做出拒绝决定的大门对"自然生养的"子女来说,从来都是开放的;现在,做出接受决定的大门也向那些在出生时被抛弃的孩子开放了。

五、隐私

在当今世界,隐私的概念在社会中发挥重要的作用。在美国,如同在其他一些国家一样,它也是一个重要的法律概念。最高法院在一系列著名的案件中——这些案件主要与婚姻和性有关——认为联邦宪法中包含了隐私权,这是一个重要的、有争议的发展。

"隐私"一词有着丰富的言外之意,意味着各式各样的法律含义,有些含义在表面上是冲突的。在美国法中,萨缪尔·沃伦(Samuel Warren)和路易斯·布兰代斯(Louis Brandeis)在1890年

(接上页)(公开获取事实)中,"隐私"一直是争点,"当亲生父母放弃父母责任时,保密性保护了他们的隐私"。Diano Dinverno, "The Michigan Adoption Code's Response to the Sealed Record Controversy," *University of Detroit Law Review*, 62 (1985), 295. 在一个拥有私生子意味着巨大丑闻的时代,悄悄地收养是避免不可逆转伤害的一种方式;这是一种埋葬过去的方式。但舆论氛围已经改变,这不再是一个强有力的论点,被收养的孩子现在"试图确定,获知自己的身份是一种基本的隐私权……封存记录的法规被说成是侵犯了了解及祖先的个人隐私信息的基本权利,以及做出牵涉其他基本权利之决定的能力"。Ibid., p. 311. 法院并没有照单全收地接受这个特别的论点;但立法机构已做出回应,在某种程度上放松了密封。

发表于《哈佛法律评论》的一篇著名论文[1]中正式提出了"隐私"的权利。沃伦和布兰代斯强调了"独处权",保持个人生活私密的权利。他们那种行文有着些许学究的意味。黄色小报、各种流言蜚语,以及那个新发明的危险玩意——袖珍照相机,威胁着人们,打扰了正派人在他们家里和生活中所期待的保持和谐与沉默的权利。这些人需要法律的保护以应对突然闯入的陌生人。

个人隐私的概念绝不陈旧过时,情况恰恰相反。它和家的神圣性、将家视为"城堡"——家应该是封闭、不受侵犯、私密的——的观念有关。这种观念对现代的、个人主义的个人自由权来说至关重要。它假定每个个人都需要避难所,每个人都需要"空间"。每个儿童的隐私都需要得到保护以顺利成长;如果可能的话,儿童应当有自己的房间。中产阶级的父母认为这是必需的。成年人也需要庇护所。不消说,这些需求和需要对公共的和传统的社会来说,是完全陌生的;在这些社会中,隐私在实际上是不可能的。在这些社会中,也没有关于隐私的特别价值;显然,隐私是现代社会的需求。[2] 确切地说,隐私在今天被高度珍视;人们相信国家或者任何大机构都无权窥探个人事务;个人生活应该是神圣的。在西德,对隐私的过度敏感使得联邦的人口调查计划变得复杂不堪。与美国不同,那里的人口调查缺乏悠久的

---

[1] Samuel D. Warren and Louis D. Brandeis, "The Right to Privacy," *Harvard Law Review*, 4(1890), 193. 关于该概念在美国人生活与美国法中细致入微的历史,参见 Richard F. Hixson, *Privacy in a Public Society* (New York: Oxford University Press, 1987); 还可参见 Ruth Gavison, "Privacy and the Limits of Law," *Yale Law Journal*, 89 (1980), 421。

[2] 菲利普·埃里斯写道:"直到17世纪末,没有人处于孤立状态。社会生活的密度使得孤立实际上不可能……日常关系从未让一个人独处。"正是在18世纪,"家庭开始与社会拉开距离,将社会推出稳步扩展的私人生活区域外"。Ariès, *Centuries of Childhood*, p. 398.

宪法传统，因此引发了强烈的反对风暴(1987年)。① 那里的人们在过去和现在都对国家的调查问卷存有深深的怀疑。

但是，当代法律上的隐私远远超出了对个人空间的基本需求；它超越了保持某人私生活秘密的权利。实际上，在某种重要意义上，为获得这种形式的隐私进行的斗争已经失败了。现代技术决定了这种形式的隐私必将消失。只要愿意，政府就可以在任何地方一字不漏地听到一个针头掉地所发出的声音——不仅可以听到苏联大使馆内的声音，同样也可以听到普通公民家中发出的声音。它可以从空中进行侦察，可以通过电话线进行窃听，也可以透过墙帷进行窥视。就前述提及的德国进行的人口普查所提出的一个观点是，政府已经拥有其声称所需要的所有数据，这些数据都储存在了国家计算机银行中。可能这是对的。真正的保密是做不到的；随着时间的流逝，情况将更是如此。关于我们生活的情况，我们是谁，买了什么东西，我们有多少违规停车罚单，我们的工作履历、婚姻状况以及教育背景的信息，都可以被收集到并以电子方式储存起来，与全世界其他国家和机构快速共享，而这一切几乎可以在瞬间发生。在缅因州泄露的秘密，可以迅速传到加州的高山上，或是传到东京。沃伦和布兰代斯最担心的事情已经成为活生生的现实。

名人更容易受到攻击。法律和习俗都没有赋予公众人物的隐私权以更高价值；不论怎样，这些人已经转化为"名人"。声名意味着熟悉，而非陌生。获得关于总统内衣，关于摇滚歌星喜欢

---

① *New York Times*, May 10, 1987, p. 3, col. 2. 关于其背后更深层次的原因，参见 Erhard Denninger, "Das Recht auf informationelle Selbstbestimmung und innere Sicherheit," *Kritische Justiz*, 18 (1985), 215; Verena F. Rottmann, "Volkszählung 1987—wieder Verfassungswidrig?" *Kritische Justiz*, 20 (1987), 77。

吃什么、穿什么，关于里根的国务卿乔治·舒尔茨（George Shultz）屁股上的文身是什么图案（一只老虎）的"新闻"报道，不会遇到任何障碍。[1] 沃伦和布兰代斯想要为这些公众人物提供屏障，想将除了直接与政策制定有关的事实之外的所有这类"消息"都排除在窥探的视野之外。他们认为隐私权应该从字面上解释：个人生活中应有一个平静的、不受打扰的领域；人们应当有免受无聊的流言蜚语和不受欢迎的侵入打扰的自由。从今日情况看，相比于大众媒体，"老大哥"（Big Brother）[2]的耳目对作为凡人的公民个人构成了更大的威胁。

自然，窥探和探听可以被抵制，并确实受到了抵制；公民权的鼓吹者和普通公民都认识到这个问题及相关危险。关于如何控制、限制和压制对隐私的威胁，有许多讨论；人们也一直在寻求以各种方式来抗衡政府与大机构的权力，政府和这些大机构收集关于个人生活的信息，收集关于公民个人习惯、借贷、购物与消费、政治立场、家庭纠纷以及诸如此类的各种数据。但从根本上说，这场斗争并不是一场关于收集信息本身的斗争，而是一场关于如何防止信息的使用对某人构成损害的斗争。计算机时代的人们认为一切都是可以被记录的，或至少已经屈从于这种无奈的事实局面了。实质上，隐私意味着不干涉，这或多或少与选择的共和国有着同等的边界。它是一种在私人行为中行使而同时不会导致不利后果的选择权。此处的"私人的"意味着"个人的"；它绝不必然意味着秘密。

这也就是为什么人们主张或希望拥有可以称之为被遗忘权

---

[1] 关于此类报道的明证，参见 New York Times, March 11, 1987, p. B6, col. 4。

[2] 英国作家乔治·奥威尔的政治预言小说《一九八四》中的人物。——译者注

(evanescence)的权利——让记忆死亡的权利。游行队伍中的抗议者打着形形色色的旗号,他们欢迎电视的公开报道。但警察的注意,以及他们的探头和记录本,绝对是不受欢迎的。游行示威行为可能是开放的、公开的,甚至是喧闹的;但游行者并不想被正式记录在案。他们不希望自己最后被记录在卷宗或文件中;他们主张遗忘的权利,他们希望自己有明天不会由于自己昨天的作为而受到打扰的权利。他们主张自己有表达自我的权利,甚至是收回自己最初观点的权利;他们主张自己有对抗国家集体记忆的权利。他们主张他们应当有我们以前称之为"失败者的正义"的权利,哪怕是在他们失败之前。这不是任何传统意义上隐私的含义。然而,在它独特的现代意义上,它就是隐私。

这种形式的隐私揭示了我们已经提到的在劳动法和房主与房客法之间同样存在的明显失衡。这些个人的权利明显不同于公司、政府机构以及其他大机构的权利。民权团体致力于削减政府的"隐私权"。在美国,《信息自由法》(The Freedom of Information Act)尽管有各种问题和缺陷,但正式规定公民有权揭露国家的秘密阴谋。① 英国和欧洲大陆的法律目前仍落后于美国的规定;英国《官方秘密法》(The Official Secrets Act)较之美国类似的法律要严厉得多。② 但即使在英国,变化的迹象或至少是变化的需求也显而易见。在每个地方,人们都想要了解在这些可怕的记忆银行中存储的是什么:他们的信用卡状况,他们的个人文件。因此,隐私与其说是保持秘密的权利,不如说是按照一个人喜欢

---

① 参见 The Freedom of Information Act, 5 U. S. C. sec. 552。
② 参见 The Official Secrets Act of 1911, 1 and 2 Geo. 5, c. 28;关于法国法的情况,参见 Pierre Péan, *Secret d'état: La France du secret, les secrets de la France* (Paris: Fayard, 1986)。

的方式进行生活的权利,即从事"私人的"行为而不受干涉。在过去,"不关你的事"意味着"你没有权利知道",而现在它却意味着"你可以知道,我不能阻止你;但你不能干涉我"。

同时,在美国,"隐私权"最开始是作为私法(侵权法)的一个分支——一个小枝丫——出现的,现在已经进入了高贵的宪法殿堂。最主要的案件是 1965 年判决的"格里斯沃尔德诉康涅狄格州案"(Griswold v. Connecticut)。① 这一案件对康州一条陈旧落后的制定法提出了挑战,该法规定"为防止受孕而使用任何药物、医疗物品或器械"的行为是犯罪。康州在禁止这类设备上处于孤立地位,大部分其他州都允许销售和使用相关设备。即使是康州也不是真的有意控制节育。但是一条死亡中的法律,好比一条僵而不死的蛇,有时也能突然跳起来,不经意间咬人一口。即使退一步说,这一法律也使得人们很难开办节育诊所。在任何意义上,"格里斯沃尔德案"都是一个试验性的案件,最高法院废除了这部法律。

法官明确地将这部法律视为愚蠢和过时的。这无疑是他们判决背后最基本的动因。他们隐约觉得处理这个问题在寻找宪法原则作为根据方面面临困境;而如果不能在宪法文本中找到特定的词语或句子来支持这一判决的话,就会很难作出这一判决。道格拉斯(Douglas)大法官撰写了多数意见。他援引了《权利法案》的精神;他指出,《权利法案》的文本包含了"边缘区域"(penumbras)和"辐射地带"(emanations);而这些则意味着存在某些"隐私领域"。他也谈及"夫妻床笫生活的神圣领域"以及"围

---

① Griswold v. Connecticut, 381 U. S. 479 (1965). 参见 Thomas C. Grey, "Eros, Civilization and the Burger Court," *Law and Contemporary Problems*, 43 (1980), 83。

绕婚姻关系的隐私概念"。戈德堡大法官(Goldberg)赞同这种判决结果,但在论证理由上表达了不同的意见,他提到了"婚姻隐私权",把这种权利描述为"基本的和基础的"权利;他引用了宪法第九修正案(很少使用)来证明这一权利的存在,对该条进行了延伸性的解释。然而,稍后的一些案件不仅确认而且加强了这一新创制的宪法权利;这些案件把隐私权的保护从婚姻的"神圣领域"大大地扩展到了其他领域。① 最声名狼藉的案件是1973年的"罗伊诉韦德案"(Roe v. Wade)②,该案从判决宣布之日起就被争论吞没了。在该案中,法院推翻了所有限制妇女在怀孕最初几个月堕胎的法律。该案多数意见判决引述了"格里斯沃尔德案",强调"个人隐私权",并说宪法中暗含了对这一权利的"保障",这种保障覆盖了"隐私的某些领域或区域"。

"罗伊诉韦德案"引发了关于堕胎的一系列棘手的、相互冲突的案件:各州和联邦政府可以在多大程度上控制堕胎,是否允许政府反对堕胎,政府是否可以拒绝为穷人支付堕胎费用,政府是否可以要求年轻孕妇在堕胎前征求父母意见,等等。③ 判决很少意见一致过;它们引发了无尽的争论;法学家和普通人都对基础性的原则进行了思考。最高法院的一些法官从来就不接受"罗伊诉韦德案"的原则。很自然地,他们怀疑堕胎与隐私权之间有

---

① 在爱森斯塔德诉贝尔德案(Eisenstadt v. Baird, 405 US. 438 [1972])案中,法院推翻了一项法律,该法律规定,除医生或药剂师外,任何人分发避孕药具都构成犯罪;而且避孕药具的分发只适用于已婚人士。如果隐私权有"任何意义"的话,布伦南大法官说,"它是个人权利,不管是已婚还是单身,都能免于政府无端侵入根本影响个人的事务,如决定是否生育或养育孩子"。

② Roe v. Wade, 410 U. S. 113 (1973).

③ 参见,例如, Planned Parenthood v. Danforth, 428 U. S. 52 (1976),这是关于征求父母同意的案件;另见 Bellotti v. Baird, 443 U. S. 622 (1979); Maher v. Roe, 432 U. S. 464 (1977),这是关于补助金的案件。

什么关系，并怀疑宪法与隐私权之间存在什么关联。他们认为，法院关于隐私权的判决与保持独处权或保持个人秘密权基本没有什么共同点。这些关于隐私权的判决实际上是关于婚姻、性行为以及生育的案件；这些判决所涉及的常常都不是秘密的行为。

换言之，这些判决中的问题取决于做出选择的权利——关于性行为与生活方式的选择——这些选择是个人地、个体地做出的，不涉及强迫，并且在法律上或事实上都不会带来什么不良后果。"罗伊诉韦德案"涉及的并不是秘密堕胎；恰恰相反，它涉及的是在医院或诊所中公开地、光明正大地进行的合法堕胎。同样，同性恋解放运动并不是为了争取过秘密生活，而是为了争取那种成为公开和合法的同性恋者的权利，争取那种过男同性恋或女同性恋生活的权利。同居权不是享有秘密的权利，而是合法、公开、有尊严地维系这种关系的权利。这些都不过是在私人事务中要求自由选择，并希望这种选择不受到迫害和指控的妨碍，同时，也是最重要的是，人们不会因此种选择而蒙受正式或非正式的羞辱。

这一需求当然反映了自由的（内在）含义的变迁，这一变迁发生在过去大约一个世纪的法律和社会的进程中，但最显著的变化还是发生在过去 20 年。除了市场和选举中的选择外，当代人还强调对私人的、生活方式选择的保护。"隐私"一词已经与自由的这个维度相连，不论这种相连是多么牵强。生活的这些区域之所以是"私人的"，并不是因为它们是而且一定是秘密的，而是因为这些领域完全是个人的，是建立在个人的愿望、目标、希望以及需求之上的，是为了导向个人的实现。这些领域不仅关涉私密的个人生活，而且也关涉那种日常的单调生活领域。因此，

"隐私"意味着在公共场合公然行事的权利：穿着异性服装在主街道上炫耀，在街角的药店购买避孕用品和"不健康"的书刊，信仰少数派宗教而不因此丧失权力或声望，尝试"另类的"的生活方式，等等。更直接地说，它包括了不受歧视地选择工作、爱好、消费物品、朋友以及服饰的时尚与款式，包括不因为某人在其私生活中的行为而遭受歧视。因而，隐私并不是专指有权不受陌生的眼睛注视；它不仅仅是关上通向浴室的门的权利；它意味着保护个人的生活选择，使之不受公共控制和社会羞辱。

值得重申的是，我们讨论的是趋势、一般走向和位于边缘的转变，而不是每个人都同意的意见和行动。有相当一部分的人极力反对和抵制我们所提到的趋势，有时反对的力量相当强大。关于堕胎的判决自宣布之日起就争论不休，并且迄今为止争论并没有减少哪怕一点点。在本书写作之时(1989年)，这个判决是否会长期有效都是有疑问的。最高法院只有占微弱多数的法官支持"罗伊诉韦德案"；里根总统在他八年的总统生涯中对这一判决始终充满敌意，如果他有机会任命法官的话，就可能把该判决给推翻。而布什总统可能能够做到这一点。在西德，其社会力量与文化趋势大概与美国不同，宪法法院1975年宣布了一项判决，几乎与"罗伊诉韦德案"完全相反，尽管这项判决可能也是对法律做出了一种勉强的解释。法院认为《基本法》保护的是胎儿的权利，而不是母亲的权利。[①] 西班牙宪法法院面临类似的问题

---

① 39 B. Verf. G. E. 1 (Feb. 25, 1975). 该案件的英文版本由琼斯(Robert E. Jones)和戈比(John D. Gorby)共同翻译，收录于 *John Marshall Journal of Practice and Procedure*, 9 (1976), 605；还可参见 Pierre Kayser, *La Protection de la vie privée* (Paris: Economica, 1984), pp. 26-28.

时，不过是说了些无关痛痒的话。① 一些欧洲国家允许在妊娠的最初几个月里自由堕胎；其他的国家（例如，瑞士）的法律规定在理论上很严格，但在实践操作中很宽松。爱尔兰和比利时几乎根本就不允许堕胎。② 加拿大最高法院在1988年1月采取了主张人工流产为合法的立场。③

因此关于隐私的案例并不是美国宪法政治的怪癖或游戏。它们反映了一场深刻的、流行于整个西方的运动，在运动中争执双方都诉诸法律。在美国，关于堕胎争论的各种言辞和辩论反映了（其也必定反映了）法律文化的主要主题。"主张人工流产为合法"的一方从一般的女权主义原则出发来争辩，主张妇女有权支配她们自己的身体。它拒绝认为单纯的怀孕事实，特别是意料外的怀孕，在法律上是不可改变的；它在医学上自然是很容易改变的。"生命权"运动则诉诸传统的和宗教的价值，但这一运动的主要观点，不论是法律上还是道德上，都是建立在这样一种假定之上的：胎儿是一个人，一个处在法律保护下的活生生的人。这是德国法院判决的基础。《基本法》中保证"每个人"都享有"生命权"。换言之，另一个人的主张限制了母亲的选择范围；胎儿是一个潜在的个人，它的利益必须如同其他所有人那样得到保护。在子宫中的小生命，就像小孩和无行为能力者一样，无力保护自身，故而必须由其他人来加以保护。简单来说，它不是一

---

① Walter Perron, "Das Grundsatzurteil des Spanischen Verfassungsgerichts vom 11. 4. 1985 zur strafrechtlichen Regelung des Schwangerschaftsabbruch," *Zeitschrift für die gesamte Strafrechtswissenchaft*, 98: 1(1986), 187.

② 关于这一点，参见 Mary Ann Glendon, *Abortion and Divorce in Western Law* (Cambridge, Mass.: Harvard University Press, 1987), pp. 13-24, 145-154。

③ Morgentaler v. R., 1 S. C. R. P. （判决于1988年1月24日作出）.

个对堕胎表示同意的成年人,它必须有存活的权利。

六、知情同意

近年来,"知情同意"(informed consent)的概念在有关医疗事故的法律中已经居于中心的地位。当然,未经授权侵犯某人的身体是被禁止的,这毫无新意;除非在可怕的紧急情况下,医生未经患者允许,不得对其施行手术。人们认为医生必须告知病人,解释(从医学上来说)应该做什么以及为什么要这样做,并取得病人的同意。但直到晚近,同意也仍旧未成为医患法律中的一个主要问题。通常来说,在普通法国家,医疗责任事故无足轻重地附属于过失侵权法。在20世纪之前很少有此类案件被报道;起诉医生的案件相对来说也少得可怜。①

据说,"知情同意"一词首先出现在1957年美国的一起医疗责任事故案件中。② 从此,这一概念在法学以及医学伦理著作中被广泛讨论。这一概念在欧洲也得到了"顺利发展",在德国尤其如此。③ 这一语词表达了一个重要的理念:病人必须最终控制

---

① 参见 Lawrence M. Friedman, "Civil Wrongs: Personal Injury Law in the Late 19th Century," *American Bar Association Research Journal* (1987), 351。

② Joel F. Handler, *The Conditions of Discretion: Autonomy, Community, Bureaucracy* (New York: Russel Sage Foundation, 1986), p. 273. 关于一般性的介绍,参见 Ruth R. Faden and Tom L. Beauchamp, *A History and Theory of Informed Consent* (New York: Oxford University Press, 1986),特别是其第4章的有关内容。

③ Josephine Shaw, "Informed Consent: a German Lesson," *International and Comparative Law Quarterly*, 35 (1986), 864; 关于英国的情况,参见 Margaret Brazier, "Patient Autonomy and Consent to Treatment: The Role of the Law?" *Legal Studies*, 7 (1987), 169.

所有的重要选择。医生有义务告知任何事项：风险、替代方案、利益等。他必须毫无隐瞒，毫无遮掩。

言远易于行。有些专家径直断言："医疗上的知情同意在很大程度上是失败的。"在实践中，"医患关系的特点"注定会挫败"知情同意"这一观念。① 医疗信息通常都很专业，门外汉很难理解。医生不一定特别擅长把它解释清楚，有些病人可能更喜欢让自己处于被动和无助的位置；他们想把自己置于医生之手，并让医生做出棘手的决定。

尽管如此，这个概念的存在本身也（可以说）是有分析价值的。在"纳坦森诉克兰案"（Natanson v. Kline）——美国的一个开创性案例——中，病人纳坦森女士接受了钴放射疗法并在治疗中被灼伤。她主张说，医生从未告知其风险。她赢得了诉讼：法庭认为，法律"是以彻底的自我决定为前提的……每一个人都是自己身体的主人"。一名医生不能"以自己的判断代替患者的判断"。②

这样，"知情同意"就与意思自治和个人选择联系在一起；它们与同意本身一道，是现代社会中最受偏爱的使事务具有合法性的因素。对知情同意这一概念的强调来源于那种得到普遍的同意和选择的文化，并与这种文化混合在一起了。知情同意也能与其他的趋势和运动联系起来。马丁·夏皮罗（Martin Shapiro）就提到了一个"知识分子对技术官僚统治的反抗运动"。这样的反抗很可能是真实的，也绝不仅限于"知识分子"。它存在于每一团体和社会阶层，虽然这种反抗可能是相当小心谨慎、零

---

① Handler, *The Conditions of Discretion*, pp. 277-278.
② Natanson v. Kline, 186 Kan. 393, 350 P. 2d 1093, 1104 (1960).

散和有选择性的。夏皮罗确定了这种反抗的某些"关键前提"。其中之一就是"应由技术的外行消费者而不是技术人员来最终决定技术适用的方式和场合"。① 这当然抓住了"知情同意"的实质。

选择和同意在生活中的任何地方都是具有相关性的。它们无疑和职业生涯以及工作过程相关，但它们在个人生活事务方面特别突出——这里所涉及的问题大致来说就是，当我们的主要职业不是养家糊口的主要来源，而是塑造一种有活力的自我的方式时，我们应如何对待我们自己。当问题涉及对身体和情感的控制时，选择与同意特别重要——例如，医疗保健就是如此——在这方面，我们是在以一种基本的、物理的方式塑造我们自己的身体。健美运动的流行，对慢跑、节食等的痴迷，不仅仅是自恋；它是我们能够并确实控制和塑造自己的身体以及灵魂的表现。保持控制力的迫切需要比医生的权威更为强大，相对于患者的权威来说，医生的这种权威已经发生了某种程度的下降。这种权威下降是发生在科学和医学具有巨大声望的情况之下的，并且甚至也适用于那些并不试图"对抗"技术统治的人们——这些人可能是对医生盲目信任的。医生知晓情况，但患者做出决定。

实际上，"患者"不再是一种身份，即仅仅在与权威（即医生）的关系中才富有意义；个人依旧是个人，即使其是患者时亦不例外；他必须对每一个医疗行为准确地、独立地表示同意。患者的意思自治也是"去机构化运动"（deinstitutionalization move-

---

① Martin Shapiro, "Judicial Activism," in *The Third Century: America as a Post-Industrial Society*, ed. Seymour Martin Lipset (Stanford, Calif.: Hoover Institution Press, 1979), pp. 109–125.

ment)的意识形态的基础之一,这一运动使许多精神病院空空如也,也使得在"违背人们意志"的情况下很难把人们送交医院和收容所。因而,像隐私一样,"知情同意"也是选择文化的产物,这种文化已经渗透到整个法律制度中,并影响了整个权威结构。

第 10 章　尾论：一个评价的尝试

本书讨论的内容绝大部分集中在描述与解释的层面。我论证现代西方的法律与权威的性质，并指出了这些当代概念的来源。读者会判断，我所提出的理由是否能够论证这样一个观点，即西方走向了选择的共和国。对于那些持肯定态度的人（包括我自己）来说，还存有另一个问题，即我们是否喜欢这种事态？这些发展对于社会来说是有益的还是有害的呢？

一、收益与成本

以人格主义为基础的社会业已经历了本书所描述的法律和权威的变化，当然，这种变化既有巨大的收益，也带来了严重的问题，例如给社会增加了巨大的费用负担。它是一种无益的潮流；但最有益的潮流也不无某种负面效应。要描述和评价它的利弊后果，需要撰写与本书篇幅相等的另一部书。这里只宜列举一二个例子。在上一章的末尾，我提及了去机构化运动，这场运动动摇了有关民事责任的法律，并导致了精神病院人数的锐减。数以千计的人被从精神病院放出来，送回社区。不管其他原因是什么，我们都可认为这场运动是选择的共和国文化的主要部分。除非绝对必要，违背人们的意志强迫他们住进医院便是"家长制"的做法，上述运动则是对这种家长制做法的拒斥。但不幸的是，这场运动也可以被解释为多种因素混合的结果和道德模糊的例证。在原则上，大多数人都会同意，除非人们真正陷入了无可救药的境地，并且处于危险的状态，否则将人们锁起来是野蛮的行径。在历史上那些可怕的日子里，才有大量这类令人恐惧的邪恶做法。但是，主张简单地依赖精神病院的观点现在已经明显被放弃了，这部分是通过诉讼的压力实现的。这种依赖原则对于自己和他人都是危险的。任何人未经理智地选择或同意，在没有犯罪的情况下，都不应被关入公共或私人的机构中。①

这种新的进路给予我们的巨大冲击在于，它正确得过于显然。相反观点就如同主张地球是扁平的和太阳围绕地球转动的观点一样，既偏颇失据又令人费解。旧的体制因其缺陷而灭亡。真实的丑闻、恐怖的故事和严重侵犯权利的事件不断发生。关于使患者得到"治疗"的幻想也已破灭。公共精神医疗保障制度已经彻底瘫痪，资金缺乏；它看上去冷酷无情，残忍野蛮。② 医院成了疯人院，患者成了囚犯，未经正当程序而被锁起来。自由主义者指责这种体制侵犯人权。保守主义者抨击公共医院的费用高昂，他们也深深怀疑精神病学与精神病医生，称他们为骗子、宿命论者和传统价值的敌人。双方都诉诸选择和同意的概念，都一致认为把人送到精神病院应仅仅被当作最后的手段，并且只有在

---

① 见 Roger Peters et al., "The Effects of Statutory Change on the Civil Commitment of the Mentally Ill," *Law and Human Behavior*, 11 (1987), 73。

② 对精神病人待遇的指责也包括法律诉讼，这些诉讼要求改革精神病人的居所条件。其中最著名的案件是 Wyatt v. Stickney, 344 F. Supp. 373 (M. D. Ala. 1972)；在本案中，法院认为在民事上受到侵害的精神病人也享有宪法上的权利，不得简单地将他们像物品一样关在仓库里。

因此,大幅度的改革和高度的宽容引发了清空疯人院的运动。其成效是十分显著的。美国的患者人数在1964年为50万人。到1980年降至14万人,其余绝大部分被释放。① 但现今很少有人对这种结果感到高兴。在理论上,获释的患者应被移至重返社会的训练场所,进入温暖的家庭或住进某些救助性机构。但是,相关安排没有得到具体落实。相反,来自精神病院的难民却壮大了无家可归者的队伍:大城市街道上充斥着邋遢的女人;一些背着包裹、衣衫褴褛的男人龟缩在取暖炉旁,或四肢伸展地睡在公园的凳子上或火车站里;满脸胡须的男人推着商场的购物车在街道上漫游,自言自语。对于社会来说,这些人的生活是一种耻辱,而这个社会竟不懂得如何对待他们。在一种真正意义上,他们是选择的共和国中的不幸后果。但他们也是它的公民,并且他们也无可置疑地享有它的价值,这种状况已经在本书开篇的故事中得到了清晰展现。一位名叫乔伊斯·布朗的女人是无家可归者之一,她同纽约市长的命令公然对抗,甚至由此成了名人。她宣称,这项命令干预了她住在纽约第二大街靠近热气通风口的人行道上的"权利"。② 由此看来,无家可归者是受害者,但他们中的一些人也是现代法律文化的消费者。

法律文化的长期发展趋势已经助长了权利意识即维权意识。这创造了新的局面、一系列新的事件以及新的趋向与运动。它们

---

① Peters et al., "Civil Commitment of the Mentally Ill," p. 75.
② 关于法院案件,参见 Matter of Boggs, 522 N. Y. Supp. 2d 407(1987);在"博格斯诉纽约州健康与医院公司案"(Boggs v. N. Y. C. Health & Hosp. Corp., 523 N. Y. Supp. 2d 407 [1987])中被推翻("Billie Boggs"是乔伊斯·布朗所用的名字)。

中的一些成本很高（以美元来衡量），并且带来了社会问题。问题之一是所谓的责任危机。[①] 据称，人身伤害赔偿额已经剧增，以致达到了危害社会的程度。陪审团的裁决准许巨额赔偿，其数额之高使得某些观察者、某些商人以及某些保险公司深感震惊。一辆城市公交车冲上人行道，一种药品产生了意想不到的副作用，一位医生手术失败，一位律师因无能而败诉——所有这些事件都可能比以前更容易触及诉讼，有时涉及一些新的法律领域，而过去这类行为曾经不受法律指控。由此，这导致了数以百万计的美元易手，保险费用暴涨，商业的激励机制（可能）受到了妨碍。诉讼使得整个石棉工业停滞不前。我们也听说，有关预防性医疗的机构和妇科医生纷纷关门，城市放弃了运动场，滑雪胜地也陷入了停业困境，所有这些都是因为责任危机。

简言之，现在出现了一种紧张的气氛，并出现了责难与批评，它们所针对的都是无所不在的法律后果，而这些法律后果基于人们对正义的一般期望，源于选择和同意的理想，以及对追究法律责任的历史障碍的消除。[②] 在报刊杂志、法律期刊以及电视上，我们越来越多地读到和听到一些说法，即人们过于依赖律师、诉讼过多、权利诉求近于疯狂以及社会由此陷入病态。这类批评绝不限于美国，[③] 但在那里可能表现得最为激烈，美国似乎是迄今为止最糟的典型。

---

① 关于对这种"危机"的评论，参见 Robert L. Rabin, "Some Reflections on the Process of Tort Reform," *San Diego Law Review*, 25 (1988), 13; 与此不同的观点，参见 Richard L. Abel, "The Real Tort Crisis—Too Few Claims," *Ohio State Law Journal*, 48 (1987), 433。

② Lawrence M. Friedman, *Total Justice* (New York: Russell Sage Foundation, 1985), chap. 2.

③ 参见本书第 2 章。

这些问题无疑真实存在。现代法律文化确实在后果上利弊共存，诉讼——甚至民权诉讼——也经常被滥用，成为一种机械性的工具。当法庭对受伤者、受害者、受压迫者、弱势群体以及一般意义上的处于劣势者敞开大门时，主张新型权利的某些人就不可避免地会受到指责。某些原告注定会受到误解，被认为脾气暴躁，试图敲诈勒索，是妄想狂、精神分裂症患者，是偏执狂，患有惹是生非的强迫症。在旧金山的联邦地区法院（根据《旧金山纪事报》），法官针对纠缠诉讼的人列出了"黑名单"，拒绝受理他们纠缠不放和毫无根据的诉讼，以便免受其烦扰。这个名单中的一个典型是一位狱中服刑者，他"曾经因为自己正餐后的甜食是香蕉而不是水果鸡尾酒而提起诉讼"。①

过分（如果算作过分）纠缠诉讼无疑不可取，并应受到抑制。但其中某些说法可能只是报纸的夸张，其余则仅是法律文化变革过程中不可避免的副作用。在表现型个人主义的时代，表现型司法制度是一种自然的产物；它是一种奢侈品，珍贵但成本高昂。某些人认为，在财力紧张和国际商业竞争激烈的时期，社会是无法支撑这种奢华的，必须针对这种责任体制采取一些措施，必须对诉讼予以削减、净化和约束。正义是一种商品，如同其他商品一样，不能毫无限制地有求必应，而应有一定的限度。我们是否已经趋于正义的极限呢？一些人做出了肯定的回答。

这些批评产生了影响，例如，许多美国的州已经通过法律进行有关的改革，或限制针对医生、市政当局和制造商的诉讼。其他各界也采取不同形式的措施控制产品质量，或采用不同风格的补偿机制，从而避免大量诉讼。为了避免诉讼成灾，欧洲国家试

---

① *San Francisco Examiner*, August 9, 1987, p. 2, col. 2; p. 9, col. 4.

图采取更具强制性的调控措施，并试图对受害者提供更综合性的补偿，不过，侵权的补偿却不那么慷慨。美国的侵权制度是高度个人主义的，同时也更分散而不集中。一种侵权制度以某种方式管理商业，但负责实施这种法律的"管理者"却因地而异，不断变换，如同千首之神，能够随意变成一只老鼠、一只天鹅或一头大象。

因此，有人公开指责美国的制度混乱而无效，认为这种制度产生了令人烦恼的、有害的后果。这种批评有其道理，但批评者完全着眼于问题与成本。在冗长而枯燥的叙述中，他们忽略了诉讼与责任的收益。这些收益无疑是微妙的，不易换算成美元，但它们确实是真实存在的。[1] 首先，如同人们所界定的那样，它是社会正义本身之收益。如果关于民事权利的诉讼在任何方面有助于形成一个更公正的社会，我们为何要为这种收益贴上价格的标签呢？具有权利意识的社会成员如果在社会中有某种救济渠道，不会感到被社会抛弃或压迫，他们就更少可能不满、采取极端行动甚或起义反抗。无论是否运用我们的成本-收益模型来分析，这些救济渠道都是有益的。与此同时，选择的共和国并不会使所有的人都感到幸福，也不会毫无例外地使每个人都受到公正的对待。与此相反，它以某种方式对其受害人尤其残酷。怀有不满的公民的阵营里充满了真实的挫折感，也充满了期望与成就之间的反差。但现代法律文化的批评者更关注的是它"过分"的一面而不是"不足"的一面，他们倾向于忽略这些"不足"。

这些批评者通常也缺乏历史发展的关联意识。他们一味地指

---

[1] Marc Galanter, "The Day After the Litigation Explosion," *Maryland Law Review*, 46 (1986), 3, 28-37.

责这种文化而竟不尝试认真去理解它。过分的个人主义、对正义的一般期望、权利主张意识、福利国家以及无所不在的法律——这些现象是互相关联的。它们是长期发展的产物，不是反常状况，也不是人为的失误或系统中的偶然失调，更不是法律人谋划的产物。无论负面效应怎样，它们毕竟已经深嵌于公众的意识之中。它们在具体的社会运动中产生，反映了具体的历史趋势。人们无法挥手将其消除，而哀怨与责难更无济于事。

核心概念，即新型法律文化的中心，是一种态度，这种态度赋予了个人选择的观念以至上地位。我已经指出，无论选择至上的观念多么粗糙、不成形以及内在地不协调一致，这个概念都构成了现代社会中的主旋律；法律中和权威体制的诸多转变都可围绕这个主旋律来加以评说。对于芸芸众生来说，人类当代的神圣信条是人应成为自由的行动者。每个人都享有选择生与死、如何生与如何死的权利，享有选择旅行路线的权利，享有选择思想与表达的权利，享有选择工作、思考以及宗教信仰的权利，享有选择着装、饮食以及性伙伴的权利，以及享有选择家庭模式的权利，等等。所有这些都应开放，任由个人选择，这就如同街角的超市任由人们选择不同品牌的汤料和肥皂一样。

实际上，在20世纪80年代，西方中产阶级的成员确实倾向于以这种家常性的隐喻来思考自己。他们想要像顾客在无边无际的百货商店中购物那样度过一生：推着巨大的购物车，在琳琅满目的货架上随心所欲地选取商品。如上所见，这种隐喻甚至也适用于诸如性别、宗教以及生活方式等至关重要的个人事务，实际上，这在这些领域表现得尤其明显。这种"超市"可表现一种性别"商店"，一个宗教"购物中心"，一个时尚商场，以及一种职业生涯的集市。同时，有人还会补充说，它也会表现为一种人民的法院。

根据经典法律理论，"权利"概念总是与"义务"概念保持平衡，一个人的权利是另一个人的义务，因此，在理论上，创设权利总意味着创设一种新的义务。① 但在实际的法律制度中，"权利"与"义务"的分配是不对称的，现代法的趋向是将更多的义务施加给政府和大型组织机构，而权利的享受者主要是个人。对于某些观察者来说，这种不对称不仅不合逻辑，而且绝对是有害的或不道德的。法律责任的扩展（例如在侵权领域）和社会保障规划的产生，无论有什么优点，毕竟导致了道德的松弛——一种心灵自律的弱化、责任的逃避和个人责任的流失。"权利"是扩张了，但个人的"义务"却收缩了。表现型个人主义转变成了自私与自恋。每个人都寻求唯我独尊，没有人甘居他人之下。一位美国的公民给报界写了一封情绪激愤的信，怒斥诉讼。在他看来，诉讼癖已经把美国转变成为这样一个地方："在那里，一个人绝不会对自己的行为负责……发生的每件错事都归咎于别人。如果陪审团把你的案件逐出法庭，就像常常会发生的那样，你就起诉他们，或起诉你的律师或负责该案的法官。"②

当然，这些哀怨的诉说中有真实的成分。选择与责任并不在逻辑和法律上保持平衡，如同权利与义务在法律理论中的情形一样；它们在社会上即现实世界中也不平衡。对于个人来说，选择

---

① 关于这个经典原理，参见 Wesley N. Hohfeld, "Some Fundamental Legal Conceptions as Applied in Judicial Reasoning," *Yale Law Journal*, 23 (1913), 16; 也参见 Julius Stone, *Legal System and Lawyer's Reasonings* (Stanford, Calif.: Stanford University Press, 1964), pp. 137-161。

② *San Francisco Chronicle*, December 22, 1986, p. 50, col. 5.

事项越多并不导致责任越多,但对大型实体机构而言则有这种正相关后果。侵权领域责任的扩张必定反映出现代法律文化,尤其是个人主义、选择及其至上性以及对正义的一般期望。但当有害的事情发生在我们身上而这种事情并不是出于我们的选择,因而我们不应承担其后果时,必须有某些外部的机构或组织出来"负责";简言之,正义要求某些补偿、某种调整和某些法律救助。

在普通的语言中,"负责"一词有两种相当不同的含义。[①]它同时涉及原因和结果。如果我做了某事引发了事故,那么,我就要对该事故"负责"。我是导致它发生的动因。但"负责"也指某人无论是否自己引发了该事故,都负有的对事故受害者无条件给予赔偿的义务。例如,孩子在瓷器店打破了一个花瓶,其父母就要"负责"。福利国家的现代法律倾向保障第二类责任,在因果关系的意义上,它忽略或并不看重第一类责任。

逃避责任是人类共有的弱点(至少是现代人的弱点)。当事情出错,我们倾向于"责怪他人"。但这种责怪之所以具有重要的社会作用,恰是因为这可以使人们摆脱和逃避在第二种意义上承担后果的责任。这种责怪并不否认(任何一种意义上的)责任理念,仅仅否认自己对某些特殊的问题承担责任。这常常是因为,某些恶果并非源于自由选择的行为。当然,当某人在某街道上因冰而跌倒时,是他自己决定行走在那条街道上的,但是,他并没有选择跌倒,折断一条腿肯定不是他自己的想法,他认为自己不应对此"负责"。既然如此,其他某些人或机构就必须对此负责,至少得间接地负责。"责任"是无缝隙的整体,覆盖所有

[①] 关于各种"责任"的法律意识,参见 Richard Lempert and Joseph Sanders, *An Invitation to Law and Social Science* (New York: Longman, 1986), pp. 20-22。

领域。这就是我所说的正义的一般期望的核心：现代社会把正义界定为期望的实现，这些期望也包括弥补灾害损失，在这些灾害中人们没有选择这种损失或没有过错。

当然，潜伏在这些期望背后的思想模式是不一致的、不连贯的和不合理的。但不合理的思想对于社会现实而言，与合理的、系统的思想以及许多常情常理同样重要。大众文化不是精致的哲学体系。它依照自身的逻辑结合在一起，但连接它的原因链条并不符合专业的标准。不过，它的模式与规律却在社会中的每种制度中都留下了印记。

二、左翼还是右翼？男性还是女性？

在本书中，我试图避免卷入规范性或政治性的争论。我的一般目的是描述社会现象，而不是分析它们。当然，纯粹的中立是不可能的。此外，一个学者的世界观，即他借以观察的思想和文化架构，限制着他的认知，而完全摆脱先前的观念和既定的模式是不可能的。但寻求客观真实性仍是我们所追求的目标，虽然我们深感力有未逮。清扫房屋者无法清除每一粒灰尘和每个污点，如此说来，"洁净"与"肮脏"是相对的而不是绝对的词语，但会有任何人认为这些词语是毫无意义的吗？

我真诚地尝试冷静、客观地观察法律文化。当然我未能完全做到这一点。批评者认为我早期某些关于法律文化的著作是我的偏见的产物。这种批评不是来自我所预想的右翼，而是来自我（可能天真地）未曾料到的左翼。例如，一位批评者称我"陶醉于现实"①。他感到我欣赏现状，欣赏西方的福利国家及其所作所为，即它们的自由、宽容以及财富。他以为这是很有害的，因为这忽略了西方国家表象背后的丑恶现象，如种族主义、性别主义、底层的无望、城市的解体、家庭生活的崩溃以及丧失思考的消费主义等。在他看来，我把人们对正义、公民自由和个人自治的期望与人们的实际成就相混淆，并且掩盖了某些完全误入歧途的事态。

这些归咎于我的罪过并非出自我的本意，也许我并没有犯下这些罪过。但我知道，同样的批评对本书可能也一样适用。我的辩护很简单。除了其他事务，本书一些章节论述法律文化问题。本书中的某些论述涉及公众对待法律与权威的想法，以及如何回应它们，这些论述在整体上是推测性的。这是一部关于意识与它的行为结果的著作。意识可能是虚假的，它是否事实上是这样并不重要，我将这一点留给读者去判断。在所有国家中，期望与成就之间都有一种令人沮丧的差距，至于这种差距有多大，人们尚有争论。本书涉及期望以及它们的起源、表现和所采取的法律形式，很少关注实际的成就或结果。忽略这些不是因为它们不重要，而是因为它们不属于本书讨论的范围。

我坦率承认，自己的评价偏向于较为积极的立场。我承认我喜欢许多成就，包括法律的成就。像大多数中产阶级一样，我喜欢开放的社会和选择的共和国。我必须承认，那里存在许多问题、矛盾和失败。与那些共时性地观察社会的学者相比，历史地或比较地观察社会的学者可能倾向于更冷静、更宽容和较少激

---

① 参见 Mark C. Rahdert, "Of Impressionists and Rorschach Blots," *Columbia Law Review*, 86 (1986), 1283, 1286(对《完全正义》[*Total Justice*]的书评)。

进。前者看到的是社会的全然失败,他们立足当下,以可怕的冷峻眼光观察社会。历史学家或从事比较研究的学者也看到了负面的东西,但他们有意或无意地以某些过去或现在更糟糕的社会作为参照标准,来衡量自己的时代,他们由此可能避免过于容忍或过分欣赏自己所处的时代或地域。此外,本书试图解释现代法律与现代权威制度。"解释"一词给人的印象常常很像求得原谅,有时可能既像求得原谅又像辩解。事实上,我偏爱现在(包括它的所有缺陷)胜于过去;因为我们生活在现在,它是我们仅仅拥有的世界。

我拥有一个潜在的前见,这引导我认为,就整体而言,是现实世界型塑了观念,而不是相反。我并不相信脱离肉体的观念。现代社会大部分是现实事件的结果,其中显著的是技术与发明事件。相关的具体情境型塑了现代的观念。世界不只是些言辞、符号和"文本解释"。例如,流动意识或选择本身不完全是虚幻的。人们可能坐在洞穴中观看影子,但影像与实物不同,不过,影像毕竟不是完全想象的产物,它们有序地反映了投射该影像的物体实在。对影像的解释不应完全脱离实物或被解释的文本。解释的模式应被限定在一定范围内,而这种范围无疑不应是随机的,也不应是自我封闭和自给自足的,它们是社会的产物。不论怎样,这些预设至少是本书的论证基础。

关于性别问题我要多说几句。性别的讨论如同葡萄干分布在蛋糕上一样分布在本书中;这类问题并不经常处于中心位置。本书的核心主题是法律文化以及它与现代个人主义的关系。男人支配了我们所探讨的过去和现在的所有社会,他们仍继续处于支配地位。法律文化因性别而存有差异吗?回答几乎是肯定的。哪些人的法律文化是表现型个人主义呢？它是一种由男人而不是女人所支配的文化吗？回答可能是肯定的。出于各种原因，关于权利、自治和隐私的文化可能更是男人的而不是女人的文化。卡罗尔·吉利根(Carol Gilligan)已经批评了关于性格形成与道德发展的著作。她指出，这些著作反映了男性的立场、观点和价值，强调的是"权利与不干预的道德性"，倡导的是"分立、自治、个性化以及自然权利"。她认为，这些作品如果更关注女人，就会注意到一种不同的"声音"，一种强调"责任的道德"以及"友谊在人类生活过程中所具有的持续重要性"的声音。①

吉利根的观点已经被广泛讨论，这种观点对于本书的主题具有丰富的含义。法律文化确实伴随着人格的地位而变；② 人格、性格结构以及文化无疑又因性别而变，它很可能按照吉利根所指出的方式变化。但我觉得，男人与女人的法律文化已经沿着并列的轨道行进，尽管它们可能始于不同的起点。换言之，现今的女人虽然在她们的发声特征上相当不同于男人的深沉声音，但与过去相比，也许更倾向于表现型个人主义，表现出更强烈的权利意识，并更关注自治与选择。

实际上，在表现出不同的变种并对选择的共和国加以指责

---

① 参见 Carol Gilligan, *In a Different Voice: Psychological Theory and Women's Development* (Cambridge, Mass.: Harvard University Press, 1982), pp. 22-23。格兰顿将这种观点用于不同的目的，她认为"罗伊诉韦德案"的多数裁决意见是"男性气质的"，因为"这种意见强调个人妇女的独立、权利和自决"；而西德的一项废除容许堕胎法律的判决"则强调对他人的责任、社会的凝聚以及个人权利，这似乎更多地反映了吉利根和其他人所确认的女性价值"。Mary Ann Glendon, *Abortion and Divorce in Western Law* (Cambridge, Mass.: Harvard University Press), 1987, p. 51。新女权主义者可能关注这些词语中所反映出的问题。

② 关于此点，参见 Neil Vidmar and Regina A. Schuller, "Individual Differences and the Pursuit of Legal Rights: A Preliminary Inquiry," *Law and Human Behavior*, 11 (1987), 299。

时，女权主义的这种形态和行为本身就从反面证明了选择的共和国的存在，并展示了其内在的忠诚，这恰好像原教旨主义一样，当其指责现代社会及其产品时，它自身也无可逃脱地是这种社会的产物。在草根阶层，女权主义的核心反映在以下两种立场上：强烈拒绝接受在社会中的附属地位；坚持女人选择自己道路的权利，无论所选择的道路看起来是否像男人的道路。如果女人选择女人独特的声音、角色和感受力，那么，社会就必须赋予该声音、角色和感受力以同等的价值、同等的合法性和同等的空间。没有什么比这种主张与选择的共和国的主题更合拍了。

三、关于理论与方法的说明

本书开篇是关于一般理论的概括性陈述。我提出的预设是，法律制度不是自治的，而是会反映社会规范或占支配地位的社会观念。除了其他方面之外，这意味着一般法律文化创制法律，至少在某种终极的意义上是如此。几乎在本书的每一页，我都指出或认为，社会的构造（configuration）——包括人们对法律的需求与期望——解释了法律的构造。

人们很容易误解这种预设，以为我主张现代法律的渊源是某些被称作"舆论"的东西。我虽然可以为这种主张做辩护，但这样做不值得，因为"舆论"这个短语十分容易被扭曲和误解。人们不能从偶尔的民意测验的数据中推出关于公民权利或堕胎的法律模式。调查者会逐渐发现，外行人的价值、期望和意见与

"法律"规定之间存有"差异"①。

这些差异也困扰着本书所提出的一些观点。举例言之,刑事司法中充满了第二次机会:许多制度(缓刑是其中之一)可以使被告免于第一种惩罚;多数国家不再适用死刑,法院似乎强烈不赞成这种做法。"公众"对第二次机会的存在并未感到十分喜爱。民意调查显示,绝大多数人赞成死刑,人们似乎要求对犯罪采取更严厉的政策:把这些邪恶的人统统关起来,然后扔掉钥匙。

这种差异是否会使人对本书的一般命题产生怀疑?后者涉及的首先是法律的性质,其次是(推定的)大众文化与由此产生的法律安排之间的差异。在我看来,这种怀疑没有必要。本书提出的是关于运动和趋势的观点,这种运动和趋势是朝向某种方向的流动和变动,即向某个方向移动;当这种移动趋向极限时,运动或趋势突然显现出来。我已经反复指出,每一个例子都有其反例,每一种趋向也有其相反的趋向,但这并不能否定一般论点。与一个世纪以前相比,由于法律文化的流动,作为控制体制的死刑已经变得松弛了。事情很可能是这样。

还有一个方法上的问题,即如何才能探索并发现法律文化。调查研究的方法是不可依赖的,对于法律文化而言,创制活法的力量十分微妙,因而难以发现。民意测验所能反映的不是真实的意见,而只是表达出来的意见罢了。它们会遗漏权力因素、社会结构因素,也不能反映出观点的强烈程度。在大多数民意调查

---

① 例如,参见 Julius Cohen, Reginald A. Robson, and Alan P. Bates, *Parental Authority: The Community and the Law* (Rutgers, N. J.: Rutgers University Press, 1958); Herbert McClosky and Alida Brill, *Dimensions of Tolerance: What Americans Believe about Civil Liberties* (New York: Russell Sage Foundation, 1983); William M. O'Barr and John M. Conley, "Lay Expectations of the Civil Justice System," *Law & Society Review*, 22 (1988), 137。

中，半心半意的肯定回答通常也被算作十足肯定的回答；在分量上，一位实力雄厚的银行家的肯定回答被等同于一位享受福利待遇的母亲的肯定回答。① 此外，简单询问的问题不是（也不能）充分情境化的。如果你让人们在问卷上填空选项，大多数人会坚持死刑，但这并不一定揭示他们在制度上将会如何对待死刑，即并不揭示陪审员、检察官和法官以及其他人在具体的案件中将会如何作为。如果我们知晓有关社会规范的一切情况，包括它们的含义和强度，并知晓社会结构，我们就能够在理论上预见法律的模式，但不幸的是，我们所知甚少。因此，我只能诉诸估计、解释和推断。

四、广阔的世界

我论证的中心一直是美国的经验和文化，但论证的逻辑也延伸到整个西方世界。每个国家有其特殊的观念、特定的文化和独特的社会结构。人们易于见木而不见林，因为林中有太多各式各样的大树、藤萝、草丛、附生植物以及灌木。但我以为，在殊异性的丛林之外，也还有贯穿整个西方世界的一般线路和趋向。在可能的场合，我已经列举了其他西方国家作为例子。我自己知识有限，眼界狭隘，而这妨碍了我充分利用欧洲的丰富经验。

我有意回避了第三世界和社会主义阵营的经验。当然，它们也是一些重要的社会，并且变得越来越重要。但如果增加这类内

---

① 关于此，参见 Lawrence M. Friedman, *The Legal System: A Social Science Perspective* (New York: Russell Sage Foundation, 1975), pp. 162-165。

容,复杂性就会增加,并可能影响我的论证。社会主义国家涉及特殊的材料问题,而发展中国家有其社会、文化和历史的特殊性,从而使得探讨它们需要特殊的技能和智识,而发达国家的学者很少了解这些。当然,这些国家也不能超越全球化的趋势,但它们需要敏锐、细心和全方位地独立对待有关问题。

在法律、法律文化和权威制度上,西方以及一般意义上的发达国家展现了诸多跨文化的差异。如果我们选取一个特定的比较点就会发现,在人身伤害案件中,不同国家提起诉讼的可能性是不同的:美国大于澳大利亚人[①],澳大利亚人大于英国人,而英国人大于日本人。这在多大程度上是纯文化的因素所致呢?又在多大程度上可归因于鼓励或抑制诉讼的法律结构和规则呢?实际上,这很难说清楚。在日本,有关制度对提起侵权诉讼设置了障碍;英国法不允许律师收取胜诉酬金,这种规则会抑制诉讼。但文化和结构毕竟互相关联并彼此交叠,结构是文化长期演进过程中存留下来的架构性遗产。

此外,文化差异倾向于自我强化。法律文化并非来自真空,它是社会化与社会习得的产物。社会中的人们把自己的制度视为理所当然,每当他们从根本上思考这些制度时,往往认为它们是自然而然和不可避免的。行为和态度是由人们生活于其中的情境型塑的,而这种情境是人们基于选择的需要而认受的。当然,强大的影响力也可把人们拉向相反的方向,例如电视就具有惊人的能量,它能够拆解文化,使人们遗忘自己的种族特性。但结构和差异却起到相反的作用。在期望意识层面,这与选择的共和国的

[①] 关于澳大利亚的情况,参见 Jeffrey Fitzgerald, "Grievance, Disputes and Outcomes: A Comparison of Australia and the United States," *Law in Context*, 1 (1983), 15。

存在并无龃龉。人们知晓他们已经选择或能够选择的范围,但不知晓选择的限度,因为这种限度是由文化和结构性的前提所强加的,而人们对这种前提却处于无意识状态,或者把它们视为理所当然。

包括法律文化在内的文化总是镶嵌于各种微观情境组合成的马赛克中;这些微观情境影响法律行为,如同它们影响其他事务一样。研究国家或共同体的差异就是研究这种微观情境以及它们对行为与态度的影响。例如,赫伯特·克里特泽(Herbert Kritzer)在论及美国与英国法律文化的明显差异时,曾提出一个极其有趣的观点。为什么美国人比英国人更倾向于提起诉讼?他指出,在英国的福利制度下,那些享受国民医疗服务待遇的人们"甚少为医疗直接付费,甚至根本就不付费"。在美国,大多数人参加了健康保险计划,但在那种计划下,"报销不是自动的,人们必须提出请求"。结果,"请求"已经成为"美国人日常生活的一部分",而这种习惯导致了"对抗性的情境"。①

不过,个人主义的观念隐含着大量的主张。现代的个人主义作为一种目标基点,已将其潜能发挥到了极致。成功固然很重要,但即便成功本身也明显属于个人判断的问题,无法被客观地察觉、感知和衡量。成功就是满足个人的目标。如果你不能赢得竞赛,你至少能够追求发挥"个人的最佳"状态。我们看到,近年来,非团队性的体育和竞赛活动惊人地增加,"获胜"几乎并不重要。数以千计的各种年龄、性别和段位的人们参加波士顿的马拉松长跑。他们大多数人并不是寻求胜出,对于这些人来

---

① Herbert Kritzer, "Political Culture and the 'Propensity to Sue,'" 这是在法院纵向研究的理论与方法研讨会(Conference on Theory and Methods of Longitudinal Court Studies)上提交的论文, Buffalo, New York, August 23-27, 1987.

说,只要到达终点线就意味着胜利和成功。

无论如何,我们能够界定自己所希冀的成功。我们能够选择个人的道路,例如,我们能够选择成为修士、修女或其他逃避现实社会的人,选择成为流浪汉或高中教师。正是这一点使得现代的个人区别于19世纪的前辈。19世纪的"成功"标志是单向度的而不是多向度的,那时的成功是依据一般的规范来加以衡量和规定的,而不是由个人来选择的。相比之下,正是在现代社会中,人们才能独树一帜、标新立异。结果,现代社会关于成功之类的标准是十分模糊的。一方面,社会秩序是高度竞争性的;另一方面,在允许人们设计和形成自己的目标方面,以及在允许私人界定成功的标准方面,这个社会比以往的大多数社会更自由。实际上,现代社会中也不存在关于失败的统一标准。

本书讨论的主题在一些重要的方面因文化而异。权利诉求意识和主张当然也是如此。它们因法律结构、民族传统的差异以及技术的发达程度而异,这其中包含文化、经济和政治的因素。正如克里特泽的论文所示,探讨这些差异是一种具有重大价值的学术任务。科恩-塔努吉(Cohen-Tanugi)富有挑战性的著作便是这类探索的一个很好的范例。他的著作涉及法国法律文化与美国法律文化之间的比较,前者的法律文化的特色是高度集权、国家主义和对法官深深的不信任;后者法律文化的特色是明显分权、有利于市场和个人企业,以及法官造法。[①] 与此相似,玛丽·安·

[①] Laurent Cohen-Tanugi, *Le Droit sans l'état: Sur la démocratie en France et en Amérique* (Paris: Presses Universitaires de France, 1985);也参见 Robert A. Kagan, "What Makes Uncle Sammy Sue?" *Law & Society Review*, 21 (1988), 717, 其中涉及了这方面美国与英国风格的差异问题;也参见 Keith Hawkins, "Law in Secular Society," in *European Yearbook in the Sociology of Law* (1988), 263.

格兰顿(Mary Ann Glendon)最近出版了一部著作,该书论述了西方法律中有关堕胎和离婚的问题。她发现,在西方法律中,美国法律在这些问题上表现出"极端"和"独特"的特性。①

无可否认的是,民族文化如果不是源于民族性便是由社会事实所型塑的。来自欧洲的访客总是感到美国文化十分不同;他们说美国的例外可以追溯到这个共和国刚建立之时乃至更早的时候。② 不过,欧洲各国之间也存有重大差异,如英国与欧陆之间,属于日耳曼文化与属于罗马文化的国家之间,以及北欧国家与南欧国家之间,等等。日本例外主义是一个神话传说。无论如何,发达国家之间的相似性是多面的、持续的和显著的。③ 本书主要关注的是超越特殊性和地方性的相似性与趋同性。我所尝试探索的是在权威与法律方面所表现出来的某些主要趋向。

我的观点(或者说暗示)是,西方社会虽然从不同的港口出发并以不同的速度行进,但它们都是驶向同一大方向的船。那些可以适用于个人的解释,也可以用于解释社会;趋向是相同的,但基点是不同的。例如,诉讼或权利诉求就是一种极端的行为方式。大多数人即便确实受到了冒犯,也不会聘请律师并诉讼到底。大多数人都尽力避免麻烦、纠纷和诉讼。在本书中,我试图探索人们对法律和权威的态度。与其他法律文化相比,西方法律

---

① Glendon, *Abortion and Divorce*, p. 112.
② 参见 Alex Inkeles, "Continuity and Change in the American National Character," in *The Third Century: America as a Post-Industrial Society*, ed. Seymour Martin Lipset (Stanford, Calif.: Hoover Institution Press, 1979), p. 389。
③ 虽然格兰顿认为美国与欧洲的堕胎和离婚法存在根本差异,但她仍然注意到,这些法律领域自20世纪60年代以来,"在西方国家"经历了"深刻和急剧的变化","变化的方向在所有地方都是大体相同的:离婚与堕胎在法律上变得越来越容易了"。Glendon, *Abortion and Divorce*, p. 112.

文化具有高度表现型个人主义的导向，公民对其权益较为敏感。但是，这种意识并不自动转化成为诸如诉讼这样强烈的行为。在做出关于这类事务的决定时，还有许多其他因素牵涉其中：诸如文化的、结构的和经济的因素等。诉讼是行为者整体行为中的一种特殊行为。可以推定，在某些特定的情境下，趋向这个特殊行为点的美国人要比比利时人或日本人多一些。也可以推定，美国法律文化更支持人们提起诉讼，其法律结构也是如此。不过，用隐喻的方式言之，西方社会似乎是在并行的滚梯上运行，滚梯由同一动力传动，虽然各自启动的楼层不同，但都会升到顶层或降至底层。

并非社会中的每个人都具备上文所描述的行为和态度。它们是一般趋向，并非指所有人都一定这样作为。现代的个人主义并没有排斥其他形式的个人主义，但现代的形式确实广泛分布在美国的社会中，而可能并不十分广泛分布于其他西方社会中。这些问题很难在调查研究中讲清楚，那种研究无论如何都是不可靠的。

此外，特殊的人格以及这种人格分布方面的微小差异，会对社会产生重要的影响，即便具有这种特性的人极少也是如此。人们哺育儿童的方式(或可能是看电视年龄的儿童的成长方式)会导致更复杂的负面效应，甚至决定一些刑事犯罪的特性。但十分明显的是，大多数人避免这些后果：他们不实施谋杀、抢劫和强奸。暴力犯罪是基于极端的态度而产生的极端行为。这些态度在社会中可能是反常的，但正如我本书中前文指出的，这类极端的态度和行为如果从1%增加到2%，犯罪率就是翻了一倍。对此，社会确实应充分给予重视。一小撮恐怖主义者可导致秩序危机，三匹害群之马可引发社会骚乱,虽然99.9%的人痛恨恐怖并反对使用恐怖手段。

与此相似的是,一个社会中即便大多数公民都温顺、消极并听凭命运的摆布,这个社会也可能是权利意识导向的。如果我们使(微小)的诉求率成倍地增加,结果就是该社会的权利诉求会看上去非常强势。当然,这也适用于诉讼,它是主张权利的一种形式。我们需要从态度和行为这两个方面进行广泛和细致的研究。舍此无法知晓国民中的某种性格偏好与行为取向的分布情况,也不可能通过各个社会的比较,基于过去的情况或对未来的推断来确定一般趋向。

虽然我的论述主要限于西方世界,但我心中并没有遗忘全球的趋向。这种趋向确实存在。其主题之一就是全球主义(globalism)本身,即普遍深入、日渐增长的世界文化。每个国家与其他国家直接或间接发生联系;现今存在单一的世界经济体系;当一个国家打喷嚏,别国便会患感冒;不再有任何独立的王国或禁城。① 传统的社会和本土文化正在发生世界性的急剧变化,其中许多传统社会和本土文化看上去正处在解体过程中。史前文化正在迅速消失,似乎感到洪水来临、大难当头的人类学家已经退往城市的高地,以便继续他们的工作。地方的、本土的和部落的文化走向衰微常常是西方的影响所致,但西方何以有这样大的影响力呢?这仅仅是由于金钱和强权的力量吗?还是由于帝国主义或其他什么原因呢?抑或是由于技术的操纵吗?为什么西方文化(如牛仔裤和摇滚乐之类)具有如此巨大的魔力呢?

---

① 阿尔巴尼亚和朝鲜今天可能是与其他国家保持隔绝的孤立国家,但即使是这两个国家,也比一个世纪以前的尼泊尔或者晚近仍然存在的绝大多数部落社会更多地受到世界经济与社会发展趋向的影响。

不过，人们首先会问：现代西方文化是怎样的呢？我们所谓的西方是一种从冰岛到以色列诸多民族和人口的混杂集合体。西方每个民族自有其历史，各自源于某种过去的传统。罗马、巴黎、伦敦或柏林街道上的人群匆忙地搜索着自己本土的经验。对于传统来说，西方文化无异于死囚的牢房。当然，某些离奇古怪的传统的残枝败叶在各地仍然保留了下来，如荷兰的木鞋、苏格兰的方格呢短裙、几首古怪的老歌古诗，以及传统的节假日等。这些提醒了我们，使我们想起了已然消逝的部落文化，旧世界被我们称之为现代化的过程无情地摧毁了。

这些化石文化遭遇了什么问题？是什么把它们扼杀了？社会科学（尤其是人类学）的某些观点强调文化的巩固和维持。这也警示我们：传统规范具有至关重要的作用。脱离特定的文化及这些"动物"所属的群体，就无法衡量和理解人类这种动物及其行为。与许多人的观点相反，人们很少是原子化、个人化的，也很少理性地、孤立地处理事务。学者强调持久性，即文化的、传统的、非理性的、符号的以及世代传递的意义网络的连续性。这些主张中含有某种说服力和真理性。文化的某些因素（语言是其中之一）是顽强的、自治的，并抵制变化。文化的另外一些因素似乎也能够存续下来，适应现代化并与现代化相容，如同生命力顽强的植物能够在人行道上生长一样。阿利克斯·英克莱斯评论说，"工业和西方化……使得日本商人脱掉了他们的和服并换上了西方的商人服装，但并没有使他们摆脱艺妓院"。[①] 其他传统文化的因素也作为一种被选择的选项，一种有关人格的独立因素

---

① Alex Inkeles, *Exploring Individual Modernity* (New York: Columbia University Press, 1983), p. 321.

而保存下来了,如我们所见——日本人仍然吃寿司,实际上,他们已经把这种食品推广到了世界的其他地方,但汉堡包在东京也颇为流行。

这是问题的一面,仍有另一面。文化的某些要素如同蝴蝶的翅膀,脆弱而易变。正如英克莱斯和史密斯所指出的那样,"现代化"是扫清路障的强大力量。[①] 许多固有的文化如同阳光下的雪花那样消融了。可口可乐、比萨饼、T恤衫、晶体管收音机、流行音乐以及警匪电视剧等似乎比传统的习惯、食品和服饰显得更有影响力和有诱惑力。人们一接触到这些新鲜事物,传统事物就解体了。

当然,谁也没有独特的诀窍能够解开现代化之谜,或解释西方文化何以有如此强大的影响力。从一种意义上讲,我们更多是被眼见的现象所迷惑。颠覆传统文化的力量不是"西方"而是现代化本身,现代化首先"侵入"了西方,然后"征服"了西方。这种力量最近已经将它的"帝国"扩展到人类居住的整体世界。技术的需求和其他社会变化的因素最终致使现代的瑞典人和丹麦人超越了原始的北欧部落。今天,变化的过程发生在全球的范围内,这种变化无疑迅速而无情。这可能是因为技术工具十分强有力:技术如同旋风横扫一切,交通和通信手段联通了整个世界,并且在很短的时间内就可实现这种联通。

在摧毁文化多样性并创建一种世界体系方面,大众传媒发挥了特别强大的影响力量。通过收音机和电视机,信息可直达千家万户。媒体无情地弱化并摧毁了地方的和传统的文化。它们瓦解

[①] Alex Inkeles and David H. Smith, *Becoming Modern: Individual Change in Six Developing Countries* (Cambridge, Mass.: Harvard University Press, 1974).

了既定的权威，因为这种权威的维持需要隔离公众，制造神秘气氛，并依赖首属群体的力量。电视、收音机、电影对于本土文化造成了严重破坏，它们像囊虫、天花以及欧洲人践踏传统社会的其他"疾病"一样毁坏传统社会。

传统社会是地方性社会。权力所及只限于很小的有限范围。地方的和传统的文化是面对面的文化。它们依赖首属群体。那遥不可见的则是敌人——或者上帝。收音机、电视和电影培育或造就了平行群体，这些群体在空间上彼此远离，未曾面对面地接触，但却具有相似的利益和要求。没有媒体，这种群体无法自我组织，至少不易组织起来。在前现代，这些群体基本上不存在。文化与思想本来就传播缓慢，或者通过征服而得到传播，或者根本就没有得到传播。

在政治上，当社会平行地重塑自身时，中央政府获得了权力，地方政府以及以地方为中心的权力丧失了。平行群体并不必定采取选举形式，也不必定对合约社团和临近地方施加压力，它们在地域和社会组织上处于分散状态，在政治上无统一的核心，只在大都市设有信息辐射中心。平行群体的"总统"或"总理"是自然形成的领导，毫不奇怪，平行的和强调地位平等的文化与第三世界国家的独裁体制水火不容，在那里，一党居于中心地位进行统治。在这些国家，部落文化仍然具有很大的影响力，但它正受到通婚、政治集权、西方文化以及城市化的侵蚀。个人生活的平行组织经过长期发展，可能成为弱化地方权威和地方文化的最强大的力量。电视节目使用国家统一的语言并广泛传播；方言和某些独特的语言已经退化为并不重要的边远话语。媒体竭尽全力毁坏部落文化，使之变得无足轻重；相反，它们宣称一种新的霸权，即一种新型权威、文化和法律体系已经诞生，这就是选择的王国（如果不是共和国）。

当然，这些王国并非统一的整体，也不必定追求自己的中心目标。在第三世界，文化多元与种族的多样性得到了强有力的维持。李普塞特（Lipset）已经指出了社会学家是如何没有预见到种族、宗教和民族冲突的复活的。有人认为，在现代化水平的影响下以及随着单一世界文化的传播，这些冲突业已消失。有人认为，社会变化的巨大动力会无情地将少数民族同化进"一体化的巨大整体"之中。[1] 但事实与此相反，遍布整个世界的却是爆炸、谋杀、恐怖和以某种信仰、民族、部落或团体名义所发动的战争。

对这些令人沮丧的事实，我们无法简单地进行解释。两伊战争、北爱尔兰冲突、加沙地带的起义，以及布隆迪或斯里兰卡的部落屠杀，全都有特殊的原因。大量这类冲突的根源在时间上可追溯到几个世纪之前，其中某些冲突源于古代的仇怨，这种仇怨世代增加。但为什么现代化没能缓解这些不幸呢？

毫无疑问，在某些地方现代化确实起到了这种作用。瑞士就是和平多元的模式和资产阶级进步的典范，而过去那里的人们曾经互为仇敌，不惜拼得你死我活。但更一般而言，现代文化并不意味着一种世界和平的统治。"部落文化"将重新组合，但并不会消失。在选择的王国或共和国，个人认同的显著差异并不会（或不必）消除。恰恰相反，选择和表现型个人主义虽然倾向于毁坏部落习俗，但部落的认同仍会保留下来。（这里我是在广义

---

[1] Seymour Martin Lipset, "Predicting the Future of Post-Industrial Society: Can We Do It?" in *The Third Century*, pp. 2, 9–11.

上使用"部落"一词，用来界定种族认同；在这个意义上，法国、美国以及博茨瓦纳都有"部落"存在。）生活在我们这个流动的世界的任何人，可以轻而易举地通过有意识的选择来放弃大部分乃至全部的部落认同，[1] 但也能选择尊崇或重新确认这种认同。他可以把认同的对象提升到更高的程度，恰如他坚信再生的宗教而不信奉传统的或固有的宗教一样。前一种宗教是一种被选择的宗教，信仰者更愿意为此献身于火焚。伊斯兰原教旨主义者的认同、巴勒斯坦的民族认同或好战的美国黑人的认同，是一种真正意义上的依靠现代性而成为可能的激情，尽管民族主义者和原教旨主义者抵制现代性或抑制它的影响。

包括表现型个人主义在内的现代主义是各种自由运动自然生存的土壤。它是保护被压迫种族和民族的救星，使他们解脱了锁链；它也是滋生暴力和狂热运动的邪巫。现代个人主义的核心是拒绝消极地接受命运的安排，所谓接受命运的安排是指对既定生活处境的软弱的默认。现代个人主义滋育了多元主义，同时把它引向了极端，这种极端的个人主义可能毁坏多元社会赖以存在的伦理基础。即便其作用处在最佳的时候，现代个人主义也需要一种协调的平衡。然而，这种平衡是不易获得且不易维持的。

---

[1] 当然，某些"部落认同"更易于衰落；种族认同尤其难以弱化，因为它是可视的。但对于种族上的少数群体，其认同弱化也是可能的，如在文化上融入中产阶级，在言行举止和着装上成为"合格"的白人。

附录　关键词的社会意义

本附录简要解释四个关键词的社会意义，它们是法律、权威、人格与文化。

一、法律

人类历史上每个社会或社群都有等级、结构和权威。这似乎是人类社团、社群和社会所固有的现象，无论小到核心家庭还是大到诸如美国这样的政治集合体，都是如此。每个社会、社群或社团都必须通过某种方式管理自己，做出决策，并存有可用"领导"和"权威"之类的词语来描述的某些组织（无论多么模糊不清）。当然，管理的模式因不同社会而迥异，"政府"之手或轻或重，有时在某些小型团体和简单社会中，管理的色彩如此之淡，以至于"政府"似乎根本就不存在。

是否每个人类社会都有"法律"存在呢？这个问题已经引发了法律学者们的某些争论。对此问题的回答往往取决于如何定义"法律"一词。十分明显，像奥地利和法国那样的大型复杂社会具有政治体的一些方面，这种方面通常被称作"法律"或"法律制度"。在普通小型家庭中则不能发现这些特征，除非是在一种隐喻的意义上使用"法律"一词（如"妈妈的话就是法律"）。

人们可能会主张说，在简单的社会中没有"法律"，如过去和现存的狩猎和采集社会以及各类游牧部落等等就是这样。一些社会没有法院、法官、警察、律师，也缺少任何明显的制定与实施规则的机制。但是，E. 亚当森·霍贝尔（E. Adamson Hoebel）曾经指出，在爱斯基摩人以及其他没有国家的社会中，无论如何都有"法律"存在。[①] 他的意思是说，这类社会存在规范或规则以及实施这些规范或规则的方法。

定义法律基本有两种进路。一种进路是强调规则制定和规则适用，这是突出功能方面，即任何已知团体（至少在理论上）都存在的现象。在这种意义上，在每一个部落或社团乃至小型家庭内部都有"法律"存在。例如在这种家庭内部，父亲和母亲子女执行"规则"并施行这些规则。

他的这种研究进路在性质上无可厚非。这种进路对于某些研究目标来说是富有成效的，例如在研究团体的行为方面就是这样。但出于其他目的，区分公域（"国家"或"政府"）与私域是

[①] E. Adamson Hoebel, *The Law of Primitive Man*, *A Study in Comparative Legal Dynamics* (Cambridge, Mass.: Harvard University Press, 1954), p. 28. 在另一部著作中也可发现他关于普遍有效、跨文化的法律定义，这都是值得关注的界定法律的尝试，参见 Leopold Pospisil, *Anthropology of Law: A Comparative Theory* (New York: Harper and Row, 1971).

例如霍贝尔谈到，爱斯基摩人如何处理威胁共同体安全的杀人者问题。某些富有"公共精神"的人形成了采取行动的想法，然后他同"共同体"中的其他"成年男人"进行协商。如果他们同意将杀人者处死，富有"公共精神"的人就把他杀掉。死者的亲属无权进行报复。根据霍贝尔的推断，这种程序足以算作法律的程序。

很有意义的。① 马克斯·韦伯把国家描述为具有使用暴力的"垄断权"(即合法性暴力)的体制。② 这里的"公共性",即法律的制度方面,是本书整体强调的特征之一——虽然本书并不完全排斥广义的"法律"。

仍有其他区别法律与非法律的方法,那就是考察其是否具备正规的形式(formality)。家庭内部的规则通常不是正式的规则。更没有人将这些规则以成文的方式加以表述,不存在系统的规定,没有法典,也没有法律汇编。此外,在家庭内部,"程式"和"程序"几乎都是特殊的和不正规的。在整体上,国家法比"私人"法更正式:它是成文规则,是正规的程序,相对固定,具有持久性,并被模式化。

无论如何,正式与非正式的区分是模糊且困难的。一个公司的人事部门作为"私域"的一部分,却可能如同政府科层制机构那样正式。在任何实行科层制的机构内部,无论是国家还是私人性机构,都可能有大量非正式的惯例,这些规范和行为规则涉及的是官方规则所未包括的内容。不正式的程序在社会中普遍存在。研究法律和行政体制的社会学把非正式的规则作为主要研究对象,它关注不依循官方路线的权威与规则,或基于广泛的裁量

---

① 罗伯特·戈登批评了在"法律"与"社会"之间划线的做法,认为这种划分是一种误导,参见 Robert W. Gordon, "Critical Legal Histories," *Stanford Law Review*, 36 (1984), 57。但这种划分是一种常识。

② Max Weber, *Economy and Society*, ed. G. Roth and C. Wittich (New York: Bedminster Press, 1968), vol. 1, pp. 56, 65;也参见 Donald Black, *The Behavior of Law* (New York: Academic Press, 1976), p. 2,把法律界定为"政府性对社会的控制"。这种定义意味着"许多社会是无政府的,即没有法律"。

权而发挥作用的那些权威与规则。①

许多法律制度(即每个人认作法律的制度)主要表现出非正式的特征，或具有高度非正式的因素。不仅在简单的社会中是这样，即便在西方社会，社会底层的基层司法也表现为非正式的和家长式的风格。② 在复杂的社会中，"法律"具有独特的和重要的形式特质，这种特质使它区别于那些虽然遵循规则但缺乏任何形式的过程。

二、权威

无论如何定义法律，法律都是权威的一个维度。但法律并不等同于权威。许多种类的权威并没有法律地位，也不依据法律来行使。实际上，某些权威在立场上与法律不同，甚至与法律相反，例如处于现代世俗社会中的宗教权威就是这样，叛乱分子、黑帮以及有组织犯罪的领导者的权威等也是这样。在特定的社会中，法律与权威形式的真实关系通常是相当复杂的。只有在简单的社会中，才可以把法律与权威作为基本相同的事务加以对待。

置身权威中的人即是掌权之人，但人们所使用的权威一词不

---

① 论述行政机关非正式行为和自由裁量的文献很多。参见 Kenneth C. Davis, ed., *Discretionary Justice in Europe and America* (Urbana, Ill.: University of Illinois Press, 1976)，其中涉及对自由裁量问题的跨文化抽样调查研究。

② 关于非正式的警察行为，参见 Jerome Skolnick, *Justice without Trial: Law Enforcement in Democratic Society* (New York: J. Wiley, 1966); Johnnes Feest and Erhard Blankenburg, *Die Definitionsmacht der Polizei: Strategien der Strafverfolgung und soziale Selektion* (Düssldorf: Bertelsmann Universitätsverlag, 1972). 关于一般的非正式司法制度，参见 Richard L. Abel, ed., *The Politics of Informal Justice*, 2 vols. (New York: Academic Press, 1982)。

仅仅意指权力本身。权威是合法的权力，至少部分是如此。它是一种制度化并为正当性（rightness）理论所支持的权力。[1] 实际上，这种理论很可能就是权力的实际源泉。[2] 一个持枪的人可使其他人服从自己，他虽然有权力，但却没有权威。另一方面，有些指挥军队的领导，无须借助枪支、暴力或任何物质手段来推行其意志，就能使数以千计的人听从他们的指挥。权威是他们的后盾并赋予了他们以行动的力量。事实上，任何社会要存续下来，它的管理结构无论如何都要依赖强制力与权威的结合。权威具有基础地位。

有时，问题也有些神秘。正如上文所述，权威明显与合法性的概念相关联。权威根本上是指权力的授予方式。如同人们所认为的那样，社会理论的核心命题是权威及其类型与源泉。韦伯描述了证明统治合法性的三个"终极性原则"，[3] 其中两项原则基于"个人的权威"。第一，例如，部落首领或世袭君王的权威基于"传统的神圣性"，即"它是习惯性的和一向如此的，并指示服从特定的个人"。第二，存在一种来自"克里斯玛"的权威，韦伯把它界定为"依赖……救世主、先知或英雄而获得的神启或恩典"。"克里斯玛"型的权威在某种方式上是传统型权威的相对一极：它基于某种卓越的和独特的人格的影响力，是一种没有

---

[1] Ann Swidler, *Organization without Authority* (Cambridge, Mass.: Harvard University Press, 1979), pp. 15-16.
[2] "以权威为基础的权力有两个基本要素：一是尽量适当和合法地行使权力，进行管理；二是服从被管理者所施加的内在的、道德的约束。"参见 Gresham Sykes, *The Society of Captives: A Study of a Maximum Security Prison* (Princeton, N. J.: Princeton University Press, 1958), p. 46。
[3] Max Weber, *Economy and Society*, ed. Max Rheinstein (Cambridge, Mass.: Harvard University Press, 1954), p. 336.

先例的和具有魔力的权威。韦伯意义上的"克里斯玛"是少有的和几乎是奇迹性的权威，但它在历史上却具有重要性。

第三个原则是"在有意制定理性规则的体制中所表达出来的"合法性，臣民服从的是"规范而不是个人"。韦伯这个短语立即使人们联想到一个口号——"法治而不是人治"。这个口号经常被用来作为现代民主基石的一种理念。这个原则，即权威的非人格形式和在性质上为理性的法律，（相对而言）是现代世界支配性的权威类型。至少在西方的民主体制中，这项原则已经塑造了政府结构，取代了较为人格化的权威形式。法律已经代替了先知和君主。

在某种方式上，理性-法律型权威在韦伯的三种类型中是最繁琐的类型。在某种程度上讲，它包含了其他两种类型以外的权威类型，即去掉传统型权威和"克里斯玛"型权威之后所余下的所有权威形式。但无论如何，这种理念至少把握了现代国家的一个特征。今天的政府是形式化的，具有科层制结构并且依法运行。与历史上大多数各种类型的政府相比，它是理性的和工具性的。它有义务服从规则和法律程序，① 拒斥古代政府的那种人格主义。它基本上是依赖普遍的规范而不是凭靠特定掌权者的恩赐和关爱。在理论上，它宣布专断和特别对待（ad hoc）行为为非法。当然，现实是较为复杂的。

韦伯所讨论的权威是我们（因为找不到一个更好的词）称为政府的事物的一个方面，但权威也有更广泛的含义。人们出于各种原因，且由于各种各样的情境而服从或跟随他人。人们让自己

---

① 参见 Niklas Luhmann, *Legitimation durch Verfahren*, 2nd ed. (Darmstadt: H. Luchterhand, 1975); 也参见 Klaus F. Röhl, *Rechtssoziologie, ein Lehrbuch* (Köln: Heymann, 1987), pp. 409-420。

服从某种权威形式,例如服从大众眼中的英雄等。人们想像某些摇滚乐的明星那样穿着、行动和唱歌;人们还追随某些宗教领袖;如此等等。

三、人格与文化

探讨社会中的法律与权威的作用暗示了人格与文化的概念。如果我们宣称美国人是好诉的,或者某些人是消极的和乐于服从的,而其他人是好动的和不受约束的,那么,我们所谈论的问题就涉及人格或文化,或者两者都涉及。

在这两个问题上,本书采取作为常识的观点。"人格"是指因个人而异的特性。① "文化"则限定了该变异的范围。例如,某些人矮,某些人高,这表明变异的空间较大,但变异毕竟都在限定的范围之内,没有人身高五英寸或十英尺。"人格"如同高矮的程度,而"文化"则如同变异的允许范围。如继续进行类比,我们可以说在人群之间以及人群内部都存在差异:平均而言,美国人比日本人高,男人比女人高,现代人比中世纪的人高。

这里我们感兴趣的地方在于人格和文化的某些方面,即那些影响人们对待权威和法律的态度与行为的方面。换言之,我们所感兴趣的是法律人格和法律文化。如同我所指出的,法律文化意

---

① 一本流行的教科书是 Rita L. Atkinson, Richard C. Atkinson, and Ernest Hilgard, *Introduction to Psychology*, 8th ed. (New York: Harcourt, Brace, Jovanovich, 1983)。此书根据"个人的差异"界定人格,这种差异是指"决定一种适应环境的具有特色的行为模式和思想模式",参见第383页。

指特定社会中的人们对法律所持有的看法、态度、期待和意见。[1] 它是"价值和态度的网络……决定着人们何时、为何以及在何种情况下求助于或回避法律或政府"。因此它是"法律变化的直接源泉,而无论其终极源泉是什么"。[2] 这个词语包括了那些驱动和激励着"法律的行为"的思想与观念,这些思想与观念引导着人们的行为,即诉诸还是避开法律规则、法律制度,决定运用法律还是不用法律。

相似地,人们可以谈论法律人格或法律性格,即法律文化关系中所限定的具体的人格类型和性格类型。毕竟在我们的复杂社会中,不存在单一的法律文化,而是有着令人眼花缭乱的各类法律文化。在美国,法律文化有穷人与富人之分,黑人与白人或亚裔之分,炼钢工人与会计之分,男人、女人或儿童之分,如此等等。每个社会都有不同的文化共存着。与这些文化相对应,也有某些人格或性格类型。在好诉型文化中,某些人不好诉;在任何文化中,都存在某些人知晓法律,而某些人不知晓法律;但在不同的社会中,平均状况(median point)则是有差异的。情况看来大体就是这样。

---

[1] Lawrence M. Friedman, *Total Justice* (New York: Russell Sage Foundation, 1985), p. 31.
[2] Ibid., p. 32.

索 引

一、本索引译自原书，为了方便读者对照，特保留原文。
二、名称后数字为原书页码，即本书边码。

Abortion：and privacy rights 堕胎：与隐私权 183-185；controversy over 有关堕胎的争论 184-185；legal status 法律地位 185, 201

Adoption, law of 收养法 178-179

Adultery 通奸 156；as crime 作为犯罪 142-143, 153；as grounds for divorce 作为离婚的理由 143

Advertising 广告 130-131

Age discrimination 年龄歧视 104；laws against 反对年龄歧视的法律 172-173；in Canada 在加拿大 174

Age discrimination in Employment Act《就业年龄歧视法》172

Age of consent 同意年龄 149, 151

Agriculture, laws regulating 管理农业的法律 66-67

AIDS 艾滋病 36, 59

Airlines, regulation and deregulation 航空管制与解除管制 73-74

Alienation 异化 88

"Aliens" in popular culture 大众文化中的"外星人" 116

Ancient Law《古代法》24

Anthropology, and the persistence of culture 人类学，与文化维持 203

Anti-vice movement 反道德败坏行为运动 149

Argentina, 阿根廷 176

Assimilation, and ethnic pluralism 同化，与种族多元主义 152-153

Atiyah, Patrick 帕特里克·阿蒂亚 29; on contract law 论合同法 80-81

Authority: crises and problems 权威：危机与问题 11-13, 17; in Weberian thought 在韦伯思想中 23, 211-212; and nineteenth-century individualism 与19世纪的个人主义 32-33; in modern government and society 在现代政府与社会中 38, 212; legitimation 正当性/合法性 39; breakdown and decay 解体与衰落 48, 50, 53; vertical and horizontal 平行的与垂直的 54, 112-113, 205; and celebrity culture 与名人文化 112-113, 117, 126-127, 129; in traditional societies 在传统社会中 121-122, 123, 126-127; and mass media 与大众传媒 130; and penitentiary system 与监狱制度 145-146; centralization of 集中化 205; definition of 界定/定义 211-212

Automobiles: and social change 机动车：与社会变革 52-53; impact on law 对法律的影响 69; regulation 管理 73

Autonomy, of law 法律自治 3-4

Autonomy, personal, see Individualism 个人自治，见"个人主义"

Ayers, Edward L. 爱德华·L. 艾尔斯 41

Baby M. 婴儿梅丽萨 117

Baker, Russell 罗素·贝克尔 113

Bankruptcy 破产 103, 110

Barnum, P. T. P. T. 巴纳姆 118

Basques 巴斯克人 153

Beaumont, Gustave, on penitentiary system 古斯塔夫·博蒙特，论监狱制度 33; 145-146

Beck, Ulrich 乌尔里希·贝克 127

Belgium: legal profession 比利时：法律职业 10; Flemish population 佛拉芒人 152; law relating to abortion 关于堕胎的法律 185

Bell, Daniel 丹尼尔·贝尔 43

Bellah, Rober 罗伯特·贝拉 42, 44

Bill of Rights《权利法案》21, 40; and privacy 与隐私 183; see also Constitution (U.S.) 也见"（美国）宪法"

Birth control, and right of privacy 生育控制，与隐私权 182

Birth order 出生顺序 162

Blacks, in United States 美国的黑人 49; see also Race 也见"种族"

Blasphemy 渎神 165

Bok, Dered, on numbers of lawyers 德莱德·博克，论律师的数量 13

Brandeis, Louis 路易斯·布兰代斯 180, 181

Braudy, Leo 列奥·布劳迪 118

Brown, Joyce 杰西·布朗 189-190

Brown v. Board of Education 布朗诉教育委员会案 63

Bryce, James 詹姆斯·布赖斯 120

Buchanan, James 詹姆斯·布坎南 123

Bureaucracy 科层制/官僚制 122; responsiveness of 科层制/官僚制的响应性 21-22

Bush, George 乔治·布什 185

Business: and social meaning of law 商业：与法律的社会意义 83-84; and civil rights laws 与民权法 85; and American culture 与美国文化 124-125;

California 加利福尼亚州 157; adult probation 成年人缓刑 103; age of consent 同意年龄 149; decriminalization of victimless crimes 无受害人犯罪非刑事化 153; retirement laws 退休法 172; "no-fault" divorce law "无过错"离婚法 177

Canada, bill of rights 加拿大，权利宪章 10; French Minority 法裔少数群体 152; age discrimination laws 年龄歧视法 174; law relating to abortion 关于堕胎的法律 185

Capital punishment 死刑 102, 110; and public opinion 舆论 197-198

Casper, Jonathan 乔纳森·卡斯珀 136

Catholic church, and divorce 天主教会与离婚 176

Celebrities: and wealth 名人：与财富 94; definition 定义 113; as authorities 作为权威 113; families of 名人家庭 119; leaders as 作为名人的领导人 122-123; lawyers as 作为名人的律师 125-126; vehicles for conveying information 传递信息的载体 128-129; and privacy 与隐私 181; see also Celebrity culture 也见"名人文化"

Celebrity culture 名人文化 113, 118, 131; and Modern individualism 与现代个人主义 114-116; and mass media 与大众传媒 121-122; and the rich 与富人 124-125; and authority 与权威 126-127, 129

Census, as political issue in Germany 人口调查, 作为德国政治问题 180-181

Certification, see Occupational licensing laws 证件, 见"职业许可法"

Chain stores 连锁店 66

Change, sense of rapid 变化/变革, 迅速感 18

Charisma "克里斯玛"/魅力型人格 38, 118, 211

China, People's Republic 中华人民共和国 119

Choice, concept of 选择的概念 2, 5-6, 19, 26-38, 83; and legitimacy 与正当性 23, 39, 67-69; social theories 社会理论 25-26; expansion in twentieth century 20 世纪的扩展 37; rights and rights-consciousness 权利与权利意识 40, 97-98; and popular culture 大众文化 45-46; in nineteenth century 在 19 世纪 46-47; and freedom 与自由 47; in modern welfare regulatory state 现代福利-规制型国家 65-70, 82-83, 129; and social interdependence 与社会相互依赖 72-73; restrictions in modern law 现代法的限制 74-79; and problem of information 与信息问题 77-79; and sexuality 与性 80-81, 141, 154-156; and legal culture 与法律文化 96, 192; absence of choice 缺乏选择 90-91, 99-100; sense of fairness 公正意识 96; control over physical world 对物质世界的控制 99; and irreversibility 与境况的不可逆转性 101-104; and security 与安全/保障 109; and individualism 与个人主义 128; reality of 其现实 129, 131-132, 199; and crime 与犯罪 135-141; and religious affiliation 与宗教归属 165, 166-167; and diet 与节食 168-169; and life-cycle 与生活过程 170-171, 174; decisions about children 关于子女的决定 178; and privacy 与隐私 183-184; and informed consent 与知情同意 186-187; control of body 对身体的控制 187; and mental illness 与精神疾病 188-190; and responsibility 与责任 193-194; and gender 与性别 197; and ethnicity 与种族特性 206

Christianity, in United States 美国的基督教 166-167; see also Religion 也见

"宗教"

Churchill, Winston 温斯顿·丘吉尔 119

Church-state law 教会-国家法 168；see also Religion 也见"宗教"

Citizenship, in modern legal culture 现代法律文化下的公民身份 107-108

Civil rights: movement 民权：运动 8, 100, 158, 172；laws 法律 63-65, 85, 86-87, 91；and legal culture 与法律文化 95-96；and celebrity culture 与名人文化 116；age discrimination laws 年龄歧视法 172；privacy 隐私 181

Claims-consciousness 权利诉求意识 192；and precariousness of life 与生活的不稳定性 58；and loser's justice 与失败者的正义 105；cultural variations 文化差异 199-202

Cleveland, Grover 格罗弗·克利夫兰 119

Cohabitation 同居 157-158；and privacy rights 与隐私权 184

Cohen-Tanugi, Laurent 劳伦特·科恩-塔努吉 201

Communication 通信 57；see also Mass media；Television 也见"大众传媒"；"电视"

Comparative negligence 比较过失 102

Competition, and independence 竞争，与独立 76-77

Comstock law《康斯托克法》149

Confessions 供认 140

Confidence game 信任骗局 114

Conformity 一致性 74；and individualism 与个人主义 128

Connecticut, statute on birth control 康涅狄格州，节育控制法 182

Consent, and sexual behavior 同意，与性行为 154；as element in criminal convictions 作为形式犯罪的要素 139-140；see also Choice 也见"选择"

Constitution (U.S.)（美国）宪法 35-36, 40, 112；and Civil rights 与民权 64, 84；concept of immutability 稳定性的概念 89；and religion 与宗教 164-165；and privacy 与隐私 182-184

Constitutionalism, in twentieth century 20世纪宪法政治 40

Consumer sovereignty 消费者主权 130-131

Contract, in nineteenth-century law 19世纪法律中的契约/合同 27；freedom of 契约/合同自由 47；meanings of 合同含义 80-81；in modern law 在现代法律中 80-83；in liberal thought 在自由主义思想中 81；adhesion 附合合同 82；critique of 有关批评 82

Contributory negligence 共同过失 102

Courts 法院 16；as lawmakers 作为造法者 21

"Creationism""神创论"166

Crime, measurement problems 犯罪，计量标准问题 133；rates of 犯罪率 133-134；causes 原因 134-138；biological theories 生物学理论 134，147-148；social theories 社会理论 135，138；definitions 定义 141；environmental theories 环境理论 148；see also Victimless crimes 也见"无受害人犯罪"

Criminal justice, and "second chances" 刑事司法，也见"第二次机会" 103；and crime rates 与犯罪率 137-138；criticism of system 对这种制度的批评 138-139；routinization 常规化 139；and decriminalization 非刑事化/去犯罪化 149；and public-opinion 与舆论 197-198；

"Cult of the personality""人格崇拜"124

Culture 文化 6；concept of 文化的概念 6，212-213；and crime 与犯罪 135-136；see also Legal culture 也见"法律文化"

Custom 习惯 23-24

Czechoslovakia 捷克斯洛伐克 152；

Dalai Lama 达赖喇嘛 118

Davies v. Mann 戴维斯诉曼恩案 102

De Gaulle, Charles 夏尔·戴高乐 119

Deinstitutionalization, 精神病患者出院 187，188-190

Deregulation 解除管制 73-74

Desegregation of schools 学校隔离 63

Deviance, in nineteenth century 19 世纪的越轨行为 58；as status 地位 159

Dignity, concept of 地位的概念 41-42

Dionne quintuplets 戴欧妮的五胞胎 117

Discipline, see Self-control 纪律，见"自我控制"

Discrimination 歧视 158；see also Civil rights；Race；Feminism 也见"民

权";"种族";"女权主义"

Disraeli, Benjamin 本杰明·狄斯累利 123

Divorce 离婚 143; law of 离婚法 107, 175-178, 201; among the middle-aged 中年人中 174; in England 在英国 176; "no-fault""无过错离婚" 177-178

Doctors: relations with patients 医生：与患者关系 77, 186-187; lawsuits against 针对医生的诉讼 186-187

Douglas, William O., on privacy 威廉·O. 道格拉斯，论隐私 183

Drugs and drug addiction 毒品与毒瘾 101, 144

Due process 正当程序 9, 15; in nineteenth century 在 19 世纪 84

Durkheim, Émile 埃米尔·涂尔干 24

Economic thought, in nineteenth century 19 世纪的经济思想 27-28; and individualism 与个人主义 31; models of man 人的模式 44; and regulation 与管理 73

Education, in twentieth-century culture 教育，在 20 世纪的文化中 36; in nineteenth-century culture 在 19 世纪的文化中 36-37; and "second chances" 与"第二次机会" 104; compulsory 义务教育 109

Elderly: as interest group 老年人：作为利益集团 170-172; retirement 退休 171; pensions 养老金 171; sex life 性生活 174; political action 政治行动 174-175

Elizabeth II 伊丽莎白二世 120, 124; as celebrity 作为名人 117

Emulation, in Victorian society 维多利亚时代的效仿 114; and celebrity culture 与名人文化 114

Engel, David 大卫·恩格尔 43

England 英国 108; legal profession 法律职业 10; mobility 流动性 56; deference and civility 顺从与礼貌 122; crime and criminal justice 犯罪与刑事司法 134, 140; plea bargaining 辩诉交易 139; victimless crimes 无受害人犯罪 142; penitentiary system 监狱制度 145; primogeniture 长子继承制 162; religion 宗教 164-165; blasphemy prosecution 渎神指控 165; divorce laws 离婚法 176; tort law and litigation 侵权法与诉讼 199-200

Equality, concept of 平等的概念 160
Eskimos, legal system of 爱斯基摩法律制度 210
ET《外星人》116
Ethnicity 种族特性 152-153, 206; in modern state 在现代国家 152; and affiliation 与归属 153
Eugenics 优生学 147
Experts, licensing of 专家的许可证 75-76
Family law 家庭法 175-179; see also Marriage; Divorce 也见"婚姻";"离婚"
Family life, transformation of 家庭生活的改变 56-57; decisions to have children 生育孩子的决定 178; fragmentation of form 形式的分裂 179
Farmers, and price support laws 农民，维护价格的法律 66-67
Feminism 女权主义 8; ideology of 意识形态 163; and legal culture 与法律文化 197; and choice 与选择 197; see also Women 也见"妇女"
Fitzgerald, F. Scott F. 斯科特·菲茨杰拉德 115
Folk-tales 民间故事 118
Fontane, Theodor 特奥多尔·冯塔纳 41
Food, laws on 食品法 71; as aspect of culture 作为文化现象 168-169
Formalism 形式主义 10
Fornication 私通 155, 156; as crime in colonial Massachusetts 作为马萨诸塞殖民地的犯罪 142; decriminalized 非刑事化 153
Foucault, Michel, and the "carceral society" 米歇尔·福柯，与"监狱式社会" 44-45
France 法国 16, 145; legalization 法律化 15; rent control 租金控制 108; legal culture 法律文化 201
Freedom, concept of 自由的概念 40; and choice 与选择 47; and welfare state 与福利国家 67-69; libertarian conception 自由主义的概念 68-69; threats to 威胁 70; speech and expression 言论与表达 79; and privacy 与隐私 184
Freedom of contract, see Contract 契约/合同自由，见"契约/合同"
Freedom of Information Act《信息自由法》182

Freud, Sigmund, on repression 西格蒙德·弗洛伊德，论压抑 34

Friedman, Milton 米尔顿·弗里德曼 86，87

Fuhrerprinzip 领袖原则 97

Fuller, Lon, on polycentric disputes 朗·富勒，论多中心特征纠纷 15-16

Fundamentalism, see Religion 原教旨主义，见"宗教"

Gay rights 同性恋者权利 92，149，153，155，156，159；and privacy 与隐私 184；see also Sexual behavior 也见"性行为"

Gender, as socially defined 作为社会定义的性别 90；laws relating to 相关法律 162-164；issues 问题 196-197；see also Feminism；Women 也见"女权主义"；"妇女"

General expectation of justice 对正义的一般期望 60，99，100，174，190，192

Germany, Federal Republic 德意志联邦共和国 108；judicial review 司法审查 10；legalization 法律化 15；fundamental law (Grundgesetz) 基本法 21，35，185；constitutional arrangement 宪法性安排 48；penal orders 刑罚令 140；Marriage Reform Act《婚姻改革法》177；census issue 人口调查问题 180-181；abortion decision 堕胎判决 185；informed consent 知情同意 186

Germany, Nazi regime 德国，纳粹政权 97

Gideon v. Wainwright 吉迪恩诉韦恩莱特案 93

Gilligan, Carol 卡罗尔·吉利根 196-197

Gilmore, Grant 格兰特·吉尔摩 80

Gladstone, William 威廉·格莱斯顿 123

Glendon, Mary Ann 玛丽·安·格兰顿 201

Globalism 全球主义 202-203

Godcharles v. Wigeman 高德查理诉威格曼案 84

Goldberg, Arthur, on privacy 阿瑟·戈德堡，论隐私 183

Gorbacheva, Raisa 赖莎·戈尔巴乔娃 119

Graham, Sylvester 西尔威斯特·格雷厄姆 34

Gray Panthers 灰豹乐队 171

Great Awakening 大觉醒运动 166

Great Britain, see England 大不列颠，见"英国"
"Great Chain of Being" "存在巨链" 30
Griswold v. Connecticut 格里斯沃尔德诉康涅狄格州案 182-183
Handicapped, right of 残疾人的权利 100-101, 160-161
Harvard Law Review 《哈佛法律评论》180
Hay, Douglas, on English criminal justice 道格拉斯·海伊，论英国刑事司法 140, 146
Herrnstein, Richard J., theories of crime 小理查德·J. 海因斯坦，犯罪理论, 135
Hirschman, Albert 阿尔伯特·赫希曼 108
Hoebel, E. Adamson E. 亚当森·霍贝尔 210
Honor, concept of 荣誉的概念 41
Hruska, Roman 罗曼·赫鲁斯卡 120
Hurst, Willard 威拉德·赫斯特 27
Ignatieff, Michel, on Penitentiaries 迈克尔·伊格纳季耶夫，论监狱 145
Illinois, laws against adultery 伊利诺伊州，反对通奸的法律 143
Individualism 个人主义 2, 7, 17, 23, 56, 61, 192; concept of 个人主义的概念 2, 3, 5-6, 23-24, 41-47, 105; nineteenth-century meaning 19 世纪的含义 2, 27-35; twentieth-century meaning 20 世纪的含义 3, 35-38; and popular culture 与大众文化 7, 43, 114-116; history of social meaning 社会意义的历史 26-38; types of 类型 42, 43, 53; and autonomy 与自治 44; and social science thought 与社会科学思想 44-45; in European societies 在欧洲社会中 48, 49; group rights 团体/群体权利 64; occupational choice 职业选择 76; and government regulation 与政府管理 82-83; big business and large-scale organization 大型商业与大规模组织 85-86, 87-88; and work life 与工作生活 88; and sex discrimination 与性歧视 89; and "loser's justice" 与"失败者的正义" 105-106; and quasi-citizenship rights 与准公民权 108-109; in the welfare state 在福利国家中 109-110; and choice 与选择 128; and crime 与犯罪 135-136, 137-138; and victimless crime 与无受害人犯罪 143-144; and mobility 与流动性 152; sexual permissiveness 与性放

纵主义 154; and cohabitation 与同居 157-158; and religion 与宗教 166-167, 168; and litigation 与诉讼 191; narcissism and personality 自恋与人格 191, 193; and gender 与性别 196-197; in Western culture 在西方文化中 201-202; and ethnicity 与种族特性 206

Information, problem of, and choice 信息, 问题, 与选择 77-79

Informed consent 知情同意 185-187

Inglehart, Ronald 罗纳德·英格尔哈特 43

Inkeles, Alex 阿利克斯·英克莱斯 54; on modernization 论现代化 203, 204

Insolvency systems 破产制度 57

Interdependence, and law 相互依赖, 与法律 56, 70-74, 75

Interest groups 利益集团 88, 127-128

Iran 伊朗 164

Ireland: divorce law 爱尔兰: 离婚法 176; abortion in 爱尔兰的堕胎 185

Irreversibility, norm against 反对境况不可逆转性的规范 101-104, 110

Italy 意大利 176; divorce law 离婚法 177

Japan 日本 152; legal profession, 法律职业 13; Emperor 天皇 124; litigation 诉讼 199; culture 文化 201, 203-204

Jefferson, Thomas 托马斯·杰斐逊 26, 40, 79

John Paul II 约翰·保罗二世 113; as celebrity 作为名人 117, 124

Judaism, as ethnicity and religion 犹太教, 作为种族和宗教 91

Judges, as lawmakers 法官, 作为法律的创制者 21

Judicial review 司法审查 10, 22

Judicial systems, see Courts 司法制度, 见"法院"

Juvenile courts 未成年人法庭 103

Juvenile justice, and "second chances" 少年司法, 与"第二次机会" 103-104

Kessler, Friedrich, on contracts of adhesion 弗里德里希·凯斯勒, 论附合合同 82

Khomeini, Ayatollah 阿亚图拉·霍梅尼 164

Kohl, Helmut 赫尔穆特·科尔 122

Kritzer, Herbert 赫伯特·克里特泽 200，201

Labor law 劳动法 79-80；in nineteenth century 在 19 世纪 83-84；and U. S. Supreme Court 与美国最高法院 84；and job security 与工作保障 106-107，110-111；"bad faith" termination 以"不忠诚"为由中止雇佣合同 107，111

Laissez-faire 自由放任 37

Landlord and tenant, law of 房东与房客法 85-86，182；security of tenure 保有权的保障 108

Lane, Roger 罗杰·莱恩 34

"Last clear chance" "最后避免机会" 102

"Law explosion" "法律爆炸" 9-10，13-14，48

Law：autonomy of 法律：自治 3-4；zones of immunity 豁免领域 15-17；theories of legitimacy 合法性/正当性理论 22，23，39-41，53，112；symbolic functions 符号/象征功能 33；and individualism 与个人主义 37-38；and social interdependence 与社会相互依赖 56，70-74；and technology 与技术 62，69；as system of rights 作为权利制度 97，194；and interest groups 与利益集团 127；and life-cycle 与生活过程 170；pervasiveness 无所不在 192；and public opinion 与舆论 197-198；definition 定义 209-211；universality 普遍性 209-211；formality 形式性 210-211

Lawyers：increase in number 律师：数量的增长 9，10，13；women as 妇女作为律师 164；celebrity status 名人地位 125；and publicity 与抛头露面 125-126

Leadership, and celebrity status 领袖，与名人文化 119-120

Lebanon 黎巴嫩 164，167

Legal culture 法律文化 4，9，17，60，74，111，197；and popular culture 与大众文化 43-44，99；and freedom of choice 与选择自由 85，174；and individualism 与个人主义 86-87，192；and civil rights law 与民权法 95-96；basic norms of 基本规范 95-96；and mass media 与大众传媒 129；and crime 与犯罪 141，148-149；and religious pluralism 与宗教多元主义 168；and family law 与家庭法 178；and abortion 与堕胎

185; and liability crisis 与责任危机 190-192, 199; assessment of 法律文化的评价 194-196; and gender 与性别 196-197; cross-cultural aspects 跨文化现象 199-206; definition 定义 213

Legalization, concept of 法律化的概念 15; and internal life of institutions 大学体制内的生活 17

Legitimacy 正当性/合法性 48; concept of 正当性的概念 15; theories of 其理论 22-23; autocracies 独裁统治 30; democratic systems 民主制度 30-31; rational-legal systems 理性-法律制度 30; and technology 与技术 53-54; inequalities of wealth 财富的不平等 93-94; and authority 与权威 211

Liability crisis 责任危机 190

Libertarians 自由论者 73; on rights 关于权利 86

Life-cycle 生活过程 169-175; defined 定义 169; fluidity 流动性 169-170, 172-175; age-specific behavior 与年龄相符的行为 173; literature on transitions 有关转变的文献 173-174

Lincoln, Abraham 亚拉伯罕·林肯 119

Lipset, Seymour Martin 西摩·马丁·李普塞特 205

Litigation 诉讼 16; quantity of 诉讼量 9, 13-14; crisis over 危机 190-191; side-effects 副作用 190; benefits of 益处 191-192; and responsibility 与责任 193; personal injury 人身伤害 199; and personality 与人格 202

Locke, John 约翰·洛克 25, 40, 79

London, crime in 伦敦的犯罪 133, 134

"Loser's justice" "失败者的正义" 104-106, 110; and "quasi-citizenship" "与准公民身份", 108

Luckmann, Thomas 托马斯·卢克曼 166

Main, Sir Henry 亨利·梅因爵士 24, 25, 27, 80

Malpractice, see Medical malpractice 事故, 见"医疗事故"

Mann Horace 贺瑞斯·曼恩 36

Mann Act《曼恩法》149, 150, 155

Marcuse, Herbert 赫伯特·马尔库塞 44

Marijuana 大麻 144

Marriage, and cohabitation 婚姻，与同居 157-158；as contract 作为合同 176-177；in nineteenth century 在 19 世纪 176；sanctity of 神圣性 176-177；and family life 与家庭生活 178；and privacy rights 与隐私权 182-183

Marvin, Lee 李·马文 157-158

Marvin, Michele, 米歇尔·马文 157-158

Marvin v. Marvin 马文诉马文案 157-158

Marx, Karl 卡尔·马克思 24

Mass media, and celebrity culture 大众传媒，与名人文化 121-122，126-127；and electoral campaigns 与竞选活动 122-123；and religion 与宗教 168；and modernization 与现代化 204

Massachusetts, adoption law 马萨诸塞州收养法 178

Massachusetts Bay Colony, victimless crimes 马萨诸塞湾殖民地，无受害人犯罪 142

Medical malpractice 医疗事故 100，185-187

Medicine, practice of 医疗实践 58-59

"Melting pot", as ideology 作为意识形态的"熔炉" 152

Mental health care 精神健康保障 188-190

Mercy, as element of criminal justice 宽宥，作为刑事司法的要素 146-147

Minority rights 少数者权利 8，152-153；see also Civil Rights 也见"民权"

Mobility 流动性 129；in nineteenth century 在 19 世纪 30；in European societies 在欧洲社会中 48，56，57；costs and side-effects 代价与副作用 55；in modern society 在现代社会中 55-57；and rights 与权利 97-98；and legal code 与法律 151

Modernization 现代化 5，23，54；concept of 现代化的概念 19；and traditional culture 与传统文化 204；and liberation movements 与自由运动 206

Morality, traditional 传统道德 151，155

Mormons 摩门教 153，167

Mother, Teresa 特蕾莎修女 113

Motherhood, as option 祖国，作为选择 179

Natanson v. Kline 纳坦森诉克兰案 186

National Health Service (Great Britain) 国民保健服务署(英国) 200

Nationalism 民族主义 152

Neo-corporatism 新社团主义 87

Neugarten, Bernice 伯尼斯·纽加滕 172

New Deal 新政 79

New York: crime rates 纽约：犯罪率 133, 134; homelessness 无家可归者 190

Nissenbaum, Stephen 史蒂文·尼森鲍姆 35

Nixon, Richard 理查德·尼克松 120

Northern Ireland 北爱尔兰 11, 164, 167

Norway, legal profession in 挪威的法律职业 10

Obscenity 淫秽 149

Occupational licensing laws 职业许可法 75-77, 83

Official Secrets Act (Great Britain) 《官方秘密法》(英国) 182

Old age, see Elderly 老龄，见"老年人"

Ombudsman 议会监察专员 22

O'Neill, William, on marriage and divorce 威廉·奥尼尔，论结婚与离婚 176

"Open" societies "开放的"社会 19-21

Organizations, and individualism 组织，与个人 87-88

Ottoman Empire 奥斯曼帝国 91

Packer, Herbert 赫伯特·帕克尔 137, 140

Parke, Richardson 理查森·帕克 34

Peer group, as exerting authority 同辈群体/同等身份群体 112

Penal codes, universalism of 刑法典的普遍性 151

Penitentiary system 监狱制度 33, 145-147

Pensions 养老金 109

Pentonville prison 潘敦威尔监狱 145

People magazine 《人物》杂志 113

Personal injury litigation 人身伤害诉讼 190; see also Litigation 也见

"诉讼"

Personalism, see Individualism 人格主义，也见"个人主义"

Personality 人格 6; and modernization 与现代化 54; and individualism 与个人主义 200; and criminality 与犯罪 202; concept of 人格的概念 212-213

Plea bargaining 辩诉交易 139-140

Plural equality 多元平等 160

Pluralism 多元主义 127-128, 158; ethnic 种族的 152-153; Religious 宗教的 167-168; cultural 文化的 205-206

Police strikes 警察罢工 138

"Polycentric" disputes "多中心特征的"纠纷 15-16

Poor laws 济贫法 33, 57

Popular culture, concept of choice 大众文化，选择的概念 45-46; concept of freedom 自由的概念，73-74; attitudes toward wealth 对待财富的态度 94, 124; see also Legal culture 也见"法律文化"

Population growth 人口增长 60

Pornography, and freedom of speech 色情物品，与言论自由 79

Presidency, and the public 总统职位，与公众 119-120; campaigns for 竞选运动 123; and public opinion 与舆论 130

Presley, Elvis 艾尔维斯·普莱斯利 113, 114, 117, 129

Price-discrimination laws 价格歧视法 66

Primogeniture 长子继承制 91, 162

Prisons, see Penitentiary system 监狱，也见"监狱制度"

Privacy 隐私 179-185, 187, 196, as legal concept 作为法律的概念 179-181, 182-184; contemporary meaning 当代含义 181-182, 184; and abortion rights 与堕胎权 183-185

Products liability 产品责任 100

Progress, concept of 进步的概念 24-25, 60

Prohibition 禁酒令 144, 149-150, 155

Propaganda 宣传 120-121

Prostitution 卖淫 150

Public defenders 公益律师 139

Public opinion 舆论 21，130；as source of law 作为法律渊源 197-198

Public relations 公共关系 130-131

Qualter, Terence 特伦斯·科特 120-121

"Quasi-citizenship" "准公民身份" 108-109

Quick《快讯》125

Race：as issue in the United States 种族：作为美国的一个问题 49，96；as "immutable" characteristic 作为"不可改变的"特征 89-90；as socially defined 作为社会定义的 90

Rape 强奸 149，154

Rationality, concept of 理性的概念 38；and penal laws 与刑法 137

Rawls, John 约翰·罗尔斯 26

Raz, Josephs 约瑟夫·拉兹 44

Reagan, Ronald 罗纳德·里根 118，119，184

Regulation 规章/规定 80，81，125；and individual autonomy 与个人自治 65-70；and conditions of modern life 与现代生活条件 71-74

Regulatory state, see Welfare state 规制型国家，见"福利国家"

Reid, John Philip 约翰·菲利普·瑞德 138

Religion 宗教 8，54；in law and legal culture 在法律与法律文化领域中 64，91，164-167；as ascriptive 作为可归因的 91-92；fundamentalist 原教旨主义者 154，159，166-167；pluralism and tolerance 多元与宽容 165-166，167-168；as affiliation 作为可归属的 166，206；and personal salvation 与个人拯救 168；and mass media 与大众传媒 168

Repression 压制 156

Responsibility, concept of 责任的概念 193-194

Retirement 退休 171，172，175；mandatory 强制性的 172，175；early 提前的 175

Riesman, David 大卫·里斯曼 42-43，112，113，114

Right to privacy, see Privacy 隐私权，见"隐私"

Rights 权利 50，193；in modern law 在现代法律中 97-98；of handicapped 残疾人的 100-101；concept of 权利的概念 193

Rights-consciousness 权利意识 97-98

Robinson-Patman Act《罗宾逊-帕特曼法》66

Rockefeller, John D. 约翰·D. 洛克菲勒 124

Roe v. Wade 罗伊诉韦德案 183-185

Roosevelt, Franklin D. 富兰克林·D. 罗斯福 119

Rothman, David 大卫·罗斯曼 146

Rousseau, Jean-Jacques 让-雅克·卢梭 25

Rules, in technological era 技术时代的规制 62; and general expectation of justice 对正义的一般期望 99; see also Regulation 也见"规章/规定"

Safety net concept 安全网概念 98; and "loser's justice" 与"失败者的正义" 105

San Francisco, litigation 旧金山,诉讼 190-191

Schultz, George 乔治·舒尔茨 181

Science fiction 科幻小说 116

"Second chances", and age discrimination "第二次机会",与年龄歧视 174; see also "Loser's justice" 也见"失败者的正义"

Securities laws 证券法 78

Segregation, in the United States 美国的种族隔离 49

Self-control, in nineteenth-century individualism 19 世纪个人主义中的自我控制 30-32, 34-35; and economy 与经济 34; and prison system 与监狱制度 145-146; in twentieth century 在 20 世纪 156

Sex discrimination 性别歧视 63, 89, 91, 162-163

Sex roles, as socially defined 性别角色,作为社会定义的 90

Sexual behavior, legal control of 性行为的法律控制 141-145, 149; decriminalized 非刑事化/去犯罪化 153-156; and right of privacy 与隐私权 182-185

Sexual harassment 性骚扰 154

Sexual orientation, and choice 性取向,与选择 92, 155-156

Sexual minorities 性少数派 63, 92, 155, 158, 159; see also Gay rights 也见"同性恋者权利"

Sexuality, in nineteenth-century thought 19 世纪思想中的性 34; in twentieth-century culture 在20世纪的文化中 36; and Mann Act 与《曼恩法》150

Shapiro, Marin 马丁·夏皮罗 186-187

Sherman Anti-Trust Act《谢尔曼反托拉斯法》65-66, 83

Slavery 奴隶制 48-49, 83, 101

Small business, and the regulatory state 小企业, 与规制型国家 65-66

Smith, Adam 亚当·斯密 27, 31, 44, 54, 204

Social change, rapidity of 社会变革的急速性 51

Social insurance 社会保险 67, 79

Social science thought, and individualism 社会科学思想, 与个人主义 44-45

Socialization, and crime 社会化, 与犯罪 135, 138

Soviet Union 苏联 121

Spain, abortion decision 西班牙, 堕胎判决 185

Sports Illustrated《体育画报》125

Stalin, Joseph 约瑟夫·斯大林 119

Status, and concept of choice 地位, 与选择的概念 88-92

Strangers, and social interdependence 陌生人, 与社会的相互依赖 70-71, 72, 75

Success, in modern culture 现代文化中的成功 200-201

Supreme Court (U.S.)（美国）最高法院 10, 35, 48; on rights of corporations and unions 关于公司与工会的权利 84; on wealth discrimination 关于财产歧视 93-94; on abortion rights 关于堕胎权 183-185

Susman, Warren 沃伦·苏斯曼 43

Switzerland 瑞士 11, 164, 205-206

Technology, influence on law 技术, 对法律的影响 6, 62; and social change 与社会变革 51-53, 54-55; and mobility 与流动性 57; side-effects 副作用 59-60; transforms society 改造社会 58-59, 69-70; and general expectation of justice 与对正义的一般期望 60; and individualism 与个人主义 61; and rights-consciousness 与权利意识 98-99; and celebrity culture 与名人文化 120, 121; and privacy 与隐私 180-181; and modernization 与现代化 204

Television, and modern culture 电视, 与现代文化 127, 131; and horizontal interest groups 与平行利益集团 127；as source of information and models 作为信息和典范的来源 128；and mobility 与流动性 129；and traditional culture 与传统文化 204；and homogenization of culture 与文化霸权 205；see also Mass media 也见"大众传媒"

Tennessee；occupational licensing laws 田纳西州，职业许可法 75

Tenure disputes, at universities 大学中的教职解聘争议 15，16-17

Tenure principle 保有权原则 106-111

Thatcher, Margaret 玛格丽特·撒切尔 122

Tocqueville, Alexis de 阿列克西·德·托克维尔 28，29；on penitentiary system 论监狱制度 33，145-146

Tönnies, Ferdinand 斐迪南·滕尼斯 24

Tort law 侵权法 100，102；and liability crisis 与责任危机 190；in Europe 在欧洲，191；in United States 在美国 191

Torture 刑讯 140

Tradition and traditional authority 传统与传统权威 211；legitimacy 合法性/正当性 53；decay of 传统与传统权威的衰落 203-206；and Western culture 与西方文化 203-206；and mass media 与大众传媒 204-205；see also Authority 也见"权威"

Traffic laws "交通"法 62-63，71

Tribalism 部落主义 205，206

Trollope, Anthony, and American manners 安东尼·特罗洛普，与美国人的举止 122

Trollope, Frances 弗朗西丝·特罗洛普 28，122

Truth-in-lending laws 诚实借贷法 78

Unemployment, in Europe 欧洲的失业 175

United States, mobility 美国，流动性 30，56-57；individualism 个人主义 28，48-49；class structure 阶级结构 31；constitutional law 宪法性法律 35-36；influence in world 在世界上的影响 49；and celebrity treatment of leaders 将领导人作为名人对待 122；problem of crime 犯罪问题 133-134；plea bargaining 辩诉交易 139；penitentiary system 监狱制度 145-147；melting pot ideology 意识形态的熔炉 152；treatment of the mentally ill 对待精神病人 189-190; litigation 诉讼 199-200; health insurance 健康保险 200; legal culture 法律文化 201, 213

Utopian communities 乌托邦社会 168

Victimless crimes 无受害人犯罪 141-145; in nineteenth-century 在 19 世纪 142-143; attempts to control 尝试控制 143-145; decriminalization 非刑事化/去犯罪化 153-155

Victoria, Queen 维多利亚女王 123

Warren, Earl 厄尔·沃伦 63

Warren, Samuel 萨缪尔·沃伦 180, 181

Washington, George 乔治·华盛顿 119

Wealth, discrimination on basis of 基于财产的歧视 93; in popular culture and literature 在大众文化和文学中 94, 160

Weber, Max 马克斯·韦伯 118, 146; on authority 论权威 23; sociology of law 法律社会学 25; on rationality of law 论法律的理性 38; on types of authority 论权威类型 53, 211-212; on the state 论国家 210

Weisbrod, Carol 卡罗尔·威斯布劳德 168

Welfare state 福利国家 59, 60, 79-81, 109, 192-195; as regulatory state 作为规制型国家 65; ideology of 福利国家的意识形态 67-68; and quest for security 与对安全的需要 74; and contract law 与合同法/契约法 80-83; and rights of labor 与劳动权 84-85; and "safety net" concept 与"安全网"的概念 98; and crime 与犯罪 134; and unemployment 与失业 175

Welsh nationalism 威尔士民族主义 153

"White Slavery," see Mann Act "白人奴役",见"《曼恩法》"

Wilson, James Q., theories of crime 詹姆士·Q.威尔逊,犯罪理论 135

Wilson, Woodrow 伍德罗·威尔逊 119

Women: and law of sex discrimination 妇女:与性别歧视法 89; political movement of 妇女政治运动 158-159, 162-164; and expressive individualism 与表现型个人主义 196-197; see also Feminism 也见"女权主义"

Youth culture 青年文化 170

新版译后记

18年前，我们师生合作，翻译了这部著作。译著出版后，第二年就重印过一次。劳伦斯·弗里德曼是美国著名法律社会学家，著作等身，他的大部分著作都有中译本。但我们并不十分看重这些。我们所看重的是他在这本书中表达的一种理想。

在本书中，弗里德曼描述了美国法律文化从19世纪到20世纪的一个重要转变：人们从追求功利转向追求独特的生活方式。追求功利意味着满足成功学的一般标准，如政治上平步青云，经济上富可敌国。追求独特的生活方式则意味着自己定义"成功"，或鄙视世俗所谓的"成功"，按照兴趣和爱好选择自己的活法，实现自我。因此，权利的含义也发生了变化，即由重视利益转向选择自由。

当然，选择自由需要基本的物质生活条件，也需要宽容的文化环境。美国是否或在多大程度为公民自由选择提供了物质条件或文化环境，存而不论。我们所珍视的是选择自由这种理想——一种需要长期努力、不懈追求的理想。

18年来，中国在许多方面都发生了变化。社会更加多元化，选择自由比以往更多，跟着感觉走、活成自己的人越来越多，逃离"内卷"的特立独行者也越来越能够得到包容。昔日的学生译者都年至不惑，天南地北，各从其业。他们得知本书再版，或许会感到意外和惊喜。

商务印书馆重出此书，对于中国的现代化和民主法治事业的发展，有一定启示意义。感谢商务印书馆的厚爱和提携，也感谢责编的尽心编辑；鲁楠君玉成其事，出力甚多。在此向所有人特致谢忱。

借本次出版机会，我对全书译文进行了修订。错误和不当之处，请读者诸君批评指正。

高鸿钧

2023 年 3 月

附：译者分工

高鸿钧（译者导言、第1章、第10章、附录和索引、审校全书）
赵红军（第2章）
马剑银（第3章）
郜永军（第4章）
沈　明（中文版序言、第5章）
俞静贤（第6章）
肖　浩（第7章）
刘　辉（第8章）
傅建奇（第9章）

图书在版编目（CIP）数据

选择的共和国：法律、权威与文化／（美）劳伦斯·弗里德曼著；高鸿钧等译．—北京：商务印书馆，2023
（法律与社会丛书）
ISBN 978-7-100-21400-1

Ⅰ.①选… Ⅱ.①劳… ②高… Ⅲ.①法律－文化研究－美国 Ⅳ.① D971.29

中国国家版本馆 CIP 数据核字（2023）第 096336 号

权利保留，侵权必究。

法律与社会丛书
选择的共和国
法律、权威与文化
〔美〕劳伦斯·弗里德曼　著
高鸿钧　等　译

商 务 印 书 馆 出 版
（北京王府井大街36号　邮政编码100710）
商 务 印 书 馆 发 行
南京鸿图印务有限公司印刷
ISBN 978-7-100-21400-1

2023年7月第1版	开本 889×1240 1/32
2023年7月第1次印刷	印张 11½

定价：68.00元